教育部 重庆市
重点规划项目·教

教育部卓越教师培养计划
"三级立体大课堂"卓越幼儿教师行动计划

主编 朱德全   副主编 王牧华 唐智松 李 静 张家琼

学前比较教育

XUEQIAN BIJIAO JIAOYU

主 编   张家琼 刘小红

西南师范大学出版社
国家一级出版社   全国百佳图书出版单位

图书在版编目(CIP)数据

学前比较教育 / 张家琼,刘小红主编. —重庆：
西南师范大学出版社,2016.7
ISBN 978-7-5621-7935-1

Ⅰ.①学… Ⅱ.①张… ②刘… Ⅲ.①学前教育—比
较教育—研究Ⅳ.①G610

中国版本图书馆 CIP 数据核字(2016)第 117766 号

学前比较教育

主　编:张家琼　　刘小红

责任编辑:郑先俐
封面设计:**嵩品** CASTALY 周　娟　尹　恒
排　　版:重庆新综艺图文广告有限责任公司
出版发行:西南师范大学出版社
　　　　　地址:重庆市北碚区天生路 1 号
　　　　　邮编:400715　市场营销部电话:023-68868624
　　　　　http://www.xscbs.com
经　　销:新华书店
印　　刷:重庆市正前方彩色印刷有限公司
幅面尺寸:185mm×260mm
印　　张:15.75
字　　数:380 千字
版　　次:2016 年 8 月　第 1 版
印　　次:2019 年 11 月　第 2 次印刷
书　　号:ISBN 978-7-5621-7935-1

定　　价:38.00 元

前　言

∷∷∷

一、学前比较教育的性质、研究对象与学习意义简介

1817年,朱利安在《比较教育的研究计划与初步意见》中提出"比较教育"这一概念,把比较教育研究的范围界定为别国的教育机构、制度、教育方式、学校系统、课程目标以及教学法等。1983年,美国出版了世界上第一本学前比较教育专著,促进了学前教育研究国际视野的拓展和深化。

学前比较教育(comparative study on preschool education),是比较教育的组成部分,是教育学科中的一个新的分支;是研究世界各国幼儿教育的理论、教学和教育实践的共同性与个别特点及其发展规律和趋势,揭示各国政治、经济、文化以及民族特性等因素对幼儿教育理论与实践的影响的一门新的学科。[①]

学前比较教育的价值在于呈现学前教育发展及理论的事实,发展学前教育思想;帮助了解各种学前教育问题在特定国家、民族背景下的原因;提供他国可以借鉴的经验,改善本国乃至全世界的教育。基于此,学习和研究学前比较教育可以帮助我们:(1)认识和了解不同国家、不同民族和不同地区的学前教育活动;(2)了解其他国家的学前教育制度,以便更好地理解我们自己国家的学前教育制度;(3)了解世界学前教育发展的主要趋势,以助于选择更好的学前教育发展的途径;(4)提出和实施学前教育改革,制定适宜的教育政策;(5)有助于增进国际理解和世界和平,能为消除种族主义、民族主义和沙文主义等做出决定性贡献。[②]

二、本书编写的立意和追求

如果把1903年清政府开办第一所蒙养院作为中国学前教育的开端,中国学前教育从开始发展至今,一直与世界尤其是欧美和日本的学前教育关系紧密——主要是不断学习和借鉴。对发达国家学前教育理论和实践活动的学习与借鉴促进了我国学前教育事业的发展,但长期以来的"学徒"心态,使得中国本土学前教育理论建构不足,在世界学前教育舞台上话语权较弱。这也反映出长久以来,我国学前教育的"比较"大多处于一种谦卑的"他优我劣"状态,比较的目的是单纯的学习,比较的内容是静态事实——本质上并非比较,而是分国别或区域各自为政的介绍。基于这样的认识,本书的编写把下面三点作为基准和追求:

1. 全球化的时代,"比较"不应再局限于静态的描述,而应追求一种跨国别的"整体"和"互动"。

[①]　姜文闵,韩宗礼.简明教育辞典[M].西安:陕西人民出版社,1988:352.

[②]　周采.比较学前教育[M].北京:人民教育出版社,2010:10.

2."比较"的目的非立于某个单一立场评论其优劣,而应着力于探寻不同国家或地区学前教育多样性的影响因素,努力为我国学前教育发展提供借鉴。

3."比较"的单位或编写方法不局限于逐国叙述或列国并举,而是采用问题研究法,以学前教育的核心问题及当前世界学前教育发展的热点问题为比较单位和逻辑起点来确定有价值的比较对象,以追溯问题的历时流变、国际互动、典型事件或案例为研究重心。

三、本书的结构与特点

基于上述的立意和追求,本书在体系上由三个板块构成,共八章。体系构成逻辑为历史发展-现实比较-未来趋势。第一章作为一个单独板块,立于"全球史"视界展现世界学前教育发展演变的历史脉络;第二章至第七章构成本书的第二个板块,分主题比较各国学前教育事实或经典理论;第八章作为本书体系中的第三个板块,总结世界学前教育发展面临的问题,展望未来发展趋势。

本书的特点主要表现在以下几个方面:第一,对国际学前教育发展演变进行了全景式呈现,能够帮助读者轻松厘清世界学前教育的发展脉络,有利于形成学前教育比较的整体观和历史感;第二,分专题编写,能够帮助读者找到比较的维度和基准,有利于形成学前教育比较的取向和问题意识;第三,专业性和可读性兼具,书中既有专业视角和专业思维的流露,又增添有"知识索引""拓展阅读"等益趣性材料,可以满足读者的不同需求;第四,比较的对象既有学前教育发展事实,也包括学前教育经典或热点理论,非面面俱到,但求以经典的"点"引向无际的"面",符合现代教材和大学学习的取向与规律。

四、本书的使用建议

好的教材是进入专业领域的一把钥匙或一架梯子,我们希望大家使用好这把钥匙或利用好这架梯子。因此,对使用本书,有如下建议:

1.认真阅读并分析"案例链接"。建议在进行章节学习前,先自己分析链接的案例——每一个案例背后都蕴藏着相关理论和研究主题。带着自己的理解去进行正文的学习,会有更深刻的印象和不同层次的收获。建议在教学过程中教师组织学生就案例进行现场讨论。

2.注意把握正文的信息并进行比较,尝试结合不同国家国情、不同时代背景分析事实背后的原因。正文中信息容量较大,需要储存相关信息。如前本书立意与追求中关于比较目的的叙述,希望读者不仅比较事实是什么,还要养成分析是什么造成了事实如此的学习和研究思维。

3.有效利用"知识索引"及"拓展阅读"。本书各章节都有相关"知识索引"或者"拓展阅读"。"知识索引"是为了帮助读者更容易读懂正文,是对行文过程中出现的相关概念、名词等进行的解释。"拓展阅读"是为了帮助读者更加深入地了解相关事实,是对正文中出现的或与正文相关的事实、人物等进行的资料链接。建议读者以二者为线索,根据兴趣,进行文献式延伸学习。

4.利用"阅读导航"进行课外学习。大量阅读是大学生学习的主要方式。本书每章的"阅读导航"部分,推荐了与各章主题相关的书籍、文章或网页文献及其简介。建议读者课后阅读推荐的这些文献资料,以聚焦和深化各章节的专题学习与研究。

5.积极开展扩展性学习。各章节最后有"拓展练习"部分,既包括基础知识和理论,也包括相关研究性、技能性训练,是对章节内容的延伸。建议积极利用,以检测章节学习效果及促进学以致用。

本书适合作为学前教育专业本、专科师生的教材和学材,也适合作为幼儿园教师等早期教育工作者自主学习的材料,以及学前教育专业或比较教育专业研究者学习与研究的参考书。

五、本书编写人员

本书系重庆第二师范学院学前教育学院特色专业建设研究成果之一,也是学校学前教育课程与教学科研创新团队研究成果之一。为了保障每一章、每一专题的质量,对编写人员的选择充分考虑其专业背景和研究方向。编写组人员组成和分工如下:

本书由重庆第二师范学院学前教育学院张家琼博士与刘小红博士担任主编,负责框架体例设定、策划定稿与组织协调工作。各章节作者分别是:第一章(任军鹏,刘小红),第二章(王婧文,刘小红),第三章(王忠惠,张家琼),第四章(岳慧兰,刘小红),第五章(何孔潮,张家琼),第六章(孙亚娟),第七章(刘小红,张家琼),第八章(赵景辉)。

本书参考了许多国内外学者的研究成果,在书中具体做了注明,在此表示衷心感谢。此外,感谢教育史专业的研究生杨均和金淑洁帮忙查找大量资料。最后,要特别感谢西南师范大学出版社的张浩宇先生、郑持军先生、郑先俐女士,他们为本书的策划、编辑和出版做了大量工作。

关于本书的基本情况,我们已做大致说明。希望它能够对您有所帮助,能够成为您了解世界学前教育的一个阶梯或起点。此外,由于时间和精力等因素,本书尚存不足之处,欢迎您来函(dreamy_life@163.com)批评指正,并望海涵。学无止境,术无定式,我们一起努力!

《学前比较教育》编写组

2015 年 6 月

目　录

第一章
世界学前教育发展的历史脉络

意大利历史学家克罗齐指出,历史的真正价值在于解答现实生活中的某些问题。他认为,现实生活中发生的某些问题,与历史有关……历史的作用就是帮助人们去看清现实。英国哲学家罗素也说,历史所能够做的和应该做的,不仅是为历史学家们,而且为所有那些受过教育因而有开阔眼界的人,表现出某种精神气质,即关于当代事件及其与过去、将来的关系的某种思维方式和感觉方式。因此,要理解今天世界学前教育的境况,理解不同国家学前教育的差异,我们需要具备关于世界学前教育发展的历史和这"某种思维方式和感觉方式"。

本章的内容即为世界学前教育发展的历史脉络,将从世界学前教育发展的"前史"时代、专门化学前教育机构的产生与初步发展、儿童中心思潮与世界学前教育改革运动三个部分展开。

◆案例链接

下面三则材料分别是三个不同时期幼儿园活动的案例：

让所有的孩子围成一个圈，轻快地哼着歌走动。然后请他们坐在一个长桌前，自己想象玩什么，不论这种想象在他们的脑子中是清楚的还是模糊的。根据儿童的要求，给他们一些小盒子，让他们按照自己的思路，玩自己想玩的东西。一个小孩可能做一个早餐桌，另一个小孩做一个壁炉，第三个小孩可能做他的羊群的牧羊犬。这些活动能让儿童按照自己的兴趣玩耍。

教师提供的游戏材料使孩子们有机会充分表达他们在现实生活中受到约束的感受和情绪。一顶上校的军帽给了一个小男孩做个勇敢而独立的首领的机会；而洋娃娃则让一个温顺的小女孩有机会成为充满母性的一家之主；在扮演狮子的同伴面前，孩子们可以毫无顾忌地表现出自己的害怕。纸上大胆的涂画、色块的堆积，都表达着孩子们用其他形式无法恣意宣泄的情感。

露易丝陪着她最小的孩子到户外漫步，阳光明媚的大院子里满是乐趣。被自行车小径包围着的长满青草的小丘，正是孩子们的最爱，他们喜欢在小丘上跑上跑下。院子里还有果树以及爬满藤蔓的篱笆。在院子的一角是两个大型木质攀登架，一个架上有秋千，一个架上有滑梯，另一个角落里有个沙箱。在一个遮阳棚下有个画架，上面有刚画好的画。伊薇特和布赖恩径直奔向水池玩水。他们准备玩"宝宝洗澡"的游戏，池里有充满泡泡的温水，还有玩具娃娃和浴巾。

◆问题聚焦

1. 当今世界学前教育的主导价值理念是什么？是如何发展而来的？
2. 不同的学前课程方案背后透视着什么样的儿童观、课程观？
3. 儿童早期教育的过去如何影响它的未来？
4. 如何正确评价伟大教育家的思想和教育实践在世界学前教育发展史上的价值和贡献？他们的基本信念是什么？

◆学习目标

1. 概述世界学前教育发展的历史脉络。
2. 厘清影响世界学前教育发展的几次教育改革运动。
3. 清楚影响世界学前教育发展的几位重要人物和他们的幼儿教育思想。
4. 了解世界学前教育的民主化与普及化进程。

| 第一节 |

世界学前教育发展的"前史"时代

在专门化的学前教育机构产生之前,人类历史上即存在不同的幼儿教育实践模式和朴素丰富的幼儿教育理论。正是这漫长的原生实践与朴素理论的日益推进,促生了世界学前教育机构的萌芽。我们把这段历史时期称为世界学前教育发展的"前史"时代。

一、文艺复兴运动之前的世界学前教育

各个时期生产力发展水平不同,对未来生产者的要求也不同,造成教育内容、教育形式及发展水平的不同。原始社会生产力水平低下,学前教育内容简单化,主要以生产经验和生活经验为主;学前教育形式靠口头传授和机械模仿。农业社会生产力水平有了很大的提高,学前教育主要是在家庭中进行的,教育内容扩大了,除了生活照料和身体养护外,还比较重视品行教育和训练。工业社会早期的学前教育,随着生产社会化的提高和生产工序的分解,妇女、儿童、失去土地的农民加入到工厂,工人不能离开机器,为此出现了专门看管学前儿童的机构或场所,这是最早出现的幼教机构。真正意义上的学前教育机构直到 19 世纪末才出现。文艺复兴之前的学前教育特点主要体现为原始社会的不成体系和中世纪的严苛压抑。

（一）原始社会的幼儿教育

原始社会是人类历史发展的第一阶段、文明社会的前身,也是人类教育产生和发展的历史起点。原始社会是一个极其漫长的历史时期,目前,人类主要依据 3 个途径来了解这一社会的概况:考古学、人类学的科研成果;民族学的资料;古代典籍中的有关记载。由于年代久远且无文字记载等原因,对原始社会幼儿的教育只能采取类比或推论的方式去进行研究。

1.幼儿教育的性质及形式

在人类历史的最初阶段,一夫一妻制的家庭尚未出现。在这种情况下,原始部落或公社内实行儿童公有和儿童公育。在原始社会发展的不同时期,有关情况则不尽相同。总的来说,幼儿的养育及教育与社会分工、婚姻形式、男女的社会地位等有密切联系。

（1）前氏族时期

前氏族时期距今 400 多万年至 1.5 万年。此时期生产力水平极端低下,人们使用旧石器或中石器,他们共同生产、共同消费,没有阶级,没有剥削。婚姻上实行群婚制,即一个群体中的女子与另一个群体中的男子互为共同的妻和互为共同的夫,儿童只知其母不知其父,属于整个部落所有。

由于这一时期的劳动尚无男女两性的分工,成年男女白天都须出外猎捕野兽,老人体弱不能胜任猎捕,于是便留下来照顾儿童,并成为儿童的教养者。有苏联人种学者在1951 年克鲁霍—玛克拉伊报告中指出:"在前氏族社会中,每个人都要在老人、儿童和少

年群中度过他一生最初的几年,然后,达到一定年龄时,就转入猎人群,老了的时候又回到老人、儿童和少年群中。"由此可见,知识、经验丰富的老年人在儿童教育中发挥着特殊的作用。

(2)母系氏族时期

进入母系氏族时期以后,人们使用新石器,原始的畜牧业和种植业成为氏族公社成员的主要生活依靠。男女两性分工加强,开始产生对偶婚制。在这种社会中,女子处于主导地位,幼小儿童主要在妇女身边受教育。男女儿童在8岁之前,不分性别地生活在一起,统一由妇女负责照管。据民族学者对中亚原始部落的考察,发现在这种部落中,"一个婴孩属于共同喂奶并一起照护所有儿童的、该群的所有母亲们,不管他们同婴孩的个人关系如何"①。8岁以后,男孩由成年男子指导,学习男子应做的事;女孩由妇女教导,学习女子应尽的职责。

(3)父系氏族时期

进入父系氏族时期后,人们发明了金属工具,实行金、石、木工具并用,并产生了第一次社会大分工(游牧部落和农业部落的分化)。男子的劳动占据了主导地位,并取代妇女,在公社中占据主导地位。这时,对偶婚制继续发展,并开始向一夫一妻制过渡。在许多部落中,儿童的教育由以父系为主的大家庭来承担。所谓"大家庭",是指具有独立生产能力的父权维系的若干代近亲构成的家庭形式。儿童在幼儿时期一般全是由大家庭中的成年妇女教导的,但在施行某些严格训练时,生母的弟兄予以协助,祖父和外祖父有时也来帮助。在这种制度下,儿童感到全家男女成人都是可以依靠的,必须服从他们的教导。这种情况在近代美洲印第安人中时常可以看到。"大家庭"与现代家庭不同,由它负责儿童教育的任务,仍然具有公育的意味。

2.幼儿教育的内容

(1)生产劳动教育

在原始社会中,生产和劳动浑然一体,教育与生产劳动紧密结合。由于生产力极为低下,每个有劳动能力的人都必须从事生产劳动,才能取得氏族必需的生活物质,故每个儿童自幼年起就要向年长一代学习劳动技能。根据人种学者的报告,在美洲印第安以及非洲和大洋洲的土著居民中可以看到这一现象:每当成年人制造器具、设陷阱捕兽、养育动物、播种、收割或建造房屋时,儿童就从旁观察并模仿这些生产劳动。之后随着年龄增长,儿童逐渐由观察模仿者成长为帮手,再成长为独立的劳动者。

(2)社会知识及道德规范教育

幼儿生活在复杂的血缘关系和氏族部落中。从孩提时代开始,他们就必须接受一般的社会方面的训练。以美洲印第安人为例,他们的这项教育内容包括:第一,认识各种亲属和血缘关系,如夫妻、父子、母子、兄弟、姐妹、姐弟、兄妹等,第一代就有8种关系,第二代发展到33种,到第三代这种血缘、亲属关系更增加到151种,这是一种按几何级数增加的血缘关系;第二,接受部族的传统,恪守部族的惯例。具体而言,诸如氏族部落的成训礼法、历史传说、风俗习惯、禁忌、图腾崇拜等均构成教育内容。总之,适应这密密层层

---

① 〔苏〕力古米·马左金.东亚和中亚的母权世系[J].东方研究所公报(英文版),1931,36:15.

的家庭关系和社会关系,乃是儿童应接受的第一课。此类学习自幼年开始,直至长大成人,其目的在于养成氏族、部落或大家庭的自豪感、责任感,以及忠于氏族和部落,勇于为集体而奋斗和牺牲的精神。

(3)其他

除上述内容外,宗教教育、美育、军事体育在儿童教育中也占有重要地位。在原始社会中,由于人们驾驭自然的能力极为低下,对许多事物无法解释,对控制自身的命运感到惶惑,于是产生了宗教。原始人崇拜的对象包括图腾、祖先、太阳、山川以及各种动植物及精灵古怪,并经常举行宗教仪式。这些仪式的举行通常与唱歌、讽诵、舞蹈相结合。这些宗教信仰、仪式、音乐、舞蹈都是原始部落的每一个未来成员所必须掌握的,故构成教育内容。至于军事体育教育,包括学习使用武器和作战方法、锻炼强健的体魄,由于生活的需要,也成为原始社会中年轻一代不可或缺的教育内容。美洲印第安人的儿童从四五岁起就学习使用弓箭,这是生产技术,也是作战本领。

3.幼儿教育的方法

在原始社会中,对幼儿的教育或幼儿的学习,主要是通过参加实际活动,在社会生活和生产劳动过程中进行的。

(1)观察与模仿

观察与模仿即让幼儿在生活及游戏中观察、模仿成人的行为。美国教育史学家孟禄(Paul Monroe)指出,在原始社会中,"儿童仅凭观察和尝试成功的方法,学习如何使用弓箭和射击,如何拾掇杀死的野兽,如何烹调,如何编织,如何制陶,其技巧几乎全部是通过失败愈来愈少的重重模仿的方式学到的"。

此外,游戏中的模仿也是一种重要的方式。以生产劳动为例:非洲儿童以模仿成人设陷阱猎兽为游戏;美洲爱斯基摩儿童以仿照母亲为玩具娃娃做衣服为游戏;亚马孙河谷的儿童以仿制陶器为游戏;维达(Vedda)的儿童以模仿采蜜为游戏。这样,游戏就为儿童学习和掌握实际劳动本领提供了机会。等到适当的年龄,他们就要到现场由观察者逐步成为合乎规范的劳动者。除生产劳动之外,有关社会生活、宗教生活等方面的学习也都是如此。

(2)尊长的讲授及示范

长辈的解说、训诲和启发诱导,同样是原始社会中经常采用的重要教育方法。这在社会道德的培养方面尤为明显。以美洲印第安人为例:每到寒冬,合家老少都围着火炉,听长辈讲述氏族传统和历史故事。有时一个故事连续讲述达数夜之久。这些故事通常十分有趣,以致儿童心醉神迷。有时讲到精彩情节,合家老少鼓掌欢腾,齐声喝彩。长辈不只讲述故事,还时常对故事中的情节进行分析评价,并且令儿童在第二天复述,目的是使儿童牢记在心。成人在将劳动技能传授给青年一代时,也常采用讲解及示范的方法。19世纪法国社会学家利托尔诺(Charls Letourneau)在描述位于南太平洋美拉尼西亚群岛的原始部落时曾写道:"当儿童年龄稍长时,男子就教他们投枪、使用石斧、使用树皮制的盾、棍棒,教他们爬树、掘土、学习用网。"①

---

① [法]利托尔诺.各人种的教育演化[M]//[苏]哥兰塔,加叶林.世界教育学史.柏嘉译.作家书屋,1953:10.

（3）其他

经过长年累月的教育实践，原始部落也摸索出一些比较成熟的教育技巧。例如，印第安人的苦美（Kwoma）族人就会将激励（包括赞誉、奖品）及警告、申斥等作为引发儿童学习动机或鼓舞优良成绩的手段，利用表演作为指导学习的方法。其他的印第安民族也曾以奖励、授予特权、火女赐名等方法鼓励品学兼优的儿童。

4.原始社会的儿童观

原始人的儿童观以及对亲子关系的看法与现代人的观念存在巨大差异。在许多原始部落中，人们不将新生婴儿当作人，而将其视为父母的隶属物品。在这些部落中，还流行杀婴、弃婴（特别是残疾婴儿）或杀婴献祭等现象。究其原因，可能是由于人们的认识能力低下，迷信、朦胧的宗教意识或宗教目的所使然。研究原始思维的法国著名学者列维-布留尔指出，甚至连害怕被丈夫遗弃，也可成为原始人杀婴的原因。[①]

综上所述，原始社会的幼儿教育具有以下主要特点：对儿童实行公有公育，教育无阶级性，人人享有平等的教育权；为社会的需要和生产劳动的需要而培养儿童，始终保持学用结合；没有专门的教育机构，在一般社会实践中附带进行教育；教育的内容在简陋、粗率的形式中具有多方面性。原始社会的教育受历史条件的限制，具有原始性，尤其在文化上有其局限性。此外，还保留着不少诸如弃婴、杀婴等落后的习俗。

（二）中世纪的幼儿教育

以公元476年西罗马帝国灭亡为标志，西欧自此进入了中世纪，即封建社会。西欧封建化的过程相当漫长，约到11世纪才完成。在中世纪，基督教会在思想意识上大力提倡"原罪说"及"禁欲主义"。教会宣布"肉体是灵魂的监狱"，要求禁绝或抑制一切成为万恶之源的欲望（包括犯上作乱的念头和饮食男女等生理本能的要求）。教会为了使这种荒唐说教为人所接受，公开宣扬蒙昧主义，实质就是禁止文化教育传播的愚民政策。为了推行蒙昧主义，除了欺骗，教会还实行文化专制主义，即用强制手段禁止并扼杀一切与基督教教育不同的精神文化的滋生传播。中世纪封建社会政治、经济和社会生活的特点，决定了西欧这一时期的教育带有浓厚的宗教性和明显的等级性，其教育目的在于培养教会的僧侣、封建官吏和骑士。幼儿教育也为之服务。

1.性恶论的儿童观及畏神禁欲的教育

中世纪的教会地位独尊，在控制了人的精神、思想、文化的情况下，也就获得了教育的垄断权。基督教会将奥古斯丁提倡并系统化的性恶论的儿童观大加渲染，并进一步强化，据此在幼儿及儿童教育中大力推行畏神禁欲的教育；鼓吹由于儿童是带着"原罪"来到人世的，故生来性恶，人人必须历经苦难生活的磨炼、不断赎罪才能净化灵魂。为了得到未来天堂的幸福，人人应当听从教会的训诫，常年敬畏上帝，实行禁欲；应当从幼年起就抑制儿童嬉笑欢闹、游戏娱乐的愿望，并采取严厉措施来制止这类表现。在教会学校中，宗教居于所有学科的"王冠"地位；儿童从小要盲信、盲从圣书及其讲解人——教师的权威，不允许有任何自主性及独立意识的流露。以性恶论及禁欲主义为依据，教育要求摧残肉体以使灵魂得救，故教育中体罚盛行，且完全取消了体育。教会对多神教徒所创

---

① ［法］列维-布留尔.原始思维［M］.丁由译.北京：商务印书馆，1981：335.

造的古代文化,特别是崇尚和谐发展的雅典文化教育持鄙视态度。

2.预成论的儿童观及幼儿教育的成人化

有学者提出:"胚胎学的预成论(predetermination theory)至少可以追溯到公元前5世纪,而且在以后的若干代中一直支配着科学思想。"①预成论认为,当妇女受孕时,一个极小的、完全成形的人就被植于精子或卵子中,人在被创造的一瞬间就形成了。儿童(或新生婴儿)是作为一个已经制造好了的小型成年人降生到世界上来的,儿童与成人的区别仅是身体的大小及知识的多少不同而已。因此,在社会上,儿童被看成小大人,一旦他们能行走和说话,就可以加入成人社会,玩同样的游戏,穿同样的服饰,要求有与成人同样的行为举止。总之,按照预成论的观点,儿童与成人不应有重要区别,从幼儿开始,儿童的身体和个性已经成人化了。由于受预成论的影响,欧洲14世纪以前的绘画,总是不变的以成年人的身体比例和面部特点来画儿童的肖像。显然,预成论的要点是否认儿童与成人在身心(尤其后者)特点上的质的差异,也否认了儿童身心发展的节律性、阶段性。这一理论的形成与流行除了与古代自然科学(尤其是与人身心有关的医学、生物学、生理学及学科)的落后或滞后有关外,还有两种原因:一是古代儿童的死亡率高,人们不愿对儿童的特点予以较多关注;二是与成人的自我中心主义有关。人们在社会生活(包括学校教育)以及家庭教育中,都忽视儿童的身心特点,忽视儿童的爱好及需要,对儿童的要求整齐划一,方法简单粗暴。预成论的影响一直持续到现代。

3.中世纪学前教育的内容与方法

(1)基督教会的学前教育

中世纪时期的教育,基督教会居于垄断地位,不允许一般的世俗学校存在。教堂是唯一珍藏知识经典之地,教士就是掌握知识之人。因为一切知识都来自"神启",一切真理都来自圣经,所以,教育的主要目的就是使受教育者虔信上帝、熟读圣经,以求做一个合格的基督徒。这种教育从幼儿开始,基督教会的学前教育就是从小把他们训练成为一个个笃信上帝、服从教会的"圣童",从而为培养一个真正的基督徒奠定坚实的基础。

基督教会领域的学前教育主要是通过基督徒对子女进行宗教意识的熏陶,幼儿跟随家长参加众多的圣事礼仪和节日活动。例如,当孩子稍能懂事时,就向他们灌输诸如儿童生下来就是个犯有原罪的人,人生就要准备经受无穷的苦难,学会如何忍耐服从,逆来顺受等思想。宣扬天下老少都是上帝的子民,人人必须履行参加教会规定的宗教仪式和圣事活动的职责,从出生到死亡,要伴随终身。对幼儿来说,出生后第一件事就是要参加由神父主持的"洗礼"或"浸礼"。此后,幼儿就跟随家长到教堂或在家里欢度各种宗教节日,如圣诞节、复活节、万圣节等,从中萌生对宗教的好感,确信人的最大幸福就是爱上帝、爱人人,领受所谓圣灵无所不为、无所不能、全智、全能的神秘感。此外,幼儿还要更多地参加教会组织的圣事活动,欣赏教会音乐,陶冶其宗教情感和增强对上帝的信仰。

(2)世俗封建主的学前教育

西欧中世纪既是基督教神学垄断的年代,又是帝王贵族进行封建统治的年代。基督教会对民众的思想欺骗成为维护封建统治的精神支柱,而封建贵族对民众的政治控制、经济掠

---

① 　[美]威廉·C.格莱因.儿童心理发展的理论[M].计文莹等译.长沙:湖南教育出版社,1983:6.

夺又成为基督教会的社会保障。西欧中世纪封建统治的一个鲜明特征是实行等级森严的爵位制,国王为最高的世俗封建主,其下的封建贵族则分公、侯、伯、子、男爵士和骑士等许多等级。这些封建贵族独占世俗教育的特权。封建贵族的幼儿教育一般按等级分为两类:

第一类为宫廷学校的教育。这是一类专为王室儿童实施的宫廷教育。参加宫廷学校学习的只是皇室中的王子、王孙、公主和极少数机要大臣的子弟。公元476年,西罗马帝国灭亡之后,经过约3个世纪的征战兼并,西欧出现了一个强大的法兰克王国加洛林王朝。法兰克人原属游牧民族,虽英勇善战,但文化素质甚低,即使在上层王室贵族中习文识字者也不甚多。因疆域扩展、政务繁多,单凭勇猛和武力已不足取,培养人才是当务之急,这迫使最高统治者重视起教育来,并从王室儿童的幼儿教育抓起。早在查理·马特(Charles Martel,715—741)时期,为了培育王室后代,统治者专门在王宫内开设了一所教育王室儿童包括幼儿在内的学校,这是西欧进入封建制社会后的第一所世俗的宫廷学校,教育方法多采用问答法。

第二类为骑士早期教育。骑士教育是集封建思想意识熏陶与军事体育训练于一体的一种特殊形式的家庭教育。骑士是封建贵族中最低一等的贵族,他们立马横枪地冲杀和战斗,既是保卫和扩张封建庄园的需要,也是当时一种非常时尚的竞技活动。随着骑士的地位和作用大为提高,培训骑士的教育也应运而生并成为贵族子弟仕途的必由之路。第一阶段即骑士养成的幼儿教育时期,一般是在自己家中进行的,父母是教师。教育的主要任务首先是熏陶宗教意识,培养道德品质,使骑士听命于教会,甘为宗教而献身。教育的方法主要是由母亲从孩子懂事起就不断地向其灌输有关"全能上帝的伟大""圣母玛丽亚的慈爱""耶稣基督的殉难与复活""天堂与地狱"等宗教神学的初步概念,儿童随着年龄的增长参加一些名目繁多的宗教仪式和节日活动。道德品质的培养则是由父母共同教育儿童从小树立忠君爱国之心,仿效要人贵妇讲求礼节,谈吐文雅,以便成年后能坚定地效命于国王和上一级封建主。教育的任务其次是养护身体。为了能够横枪立马、纵横厮杀、英勇顽强、克敌制胜,骑士必须具有健壮的体魄,而从小的养护则是关键所在。幼儿身体的养护主要包括合理的饮食、适宜的锻炼、作息制度和生活习惯的遵守,这些通常都是由母亲来指导和实施的。

西欧中世纪的学前教育远不是一个明确划分的学习阶段,它按照儿童所处的社会地位不同而实施不同的教育内容,神学性和等级性是它们的共同特点。就整个学前教育来说,还是比较粗浅、简单的。

二、文艺复兴运动驱动下世界学前教育的萌芽

欧洲的文艺复兴运动发生于15世纪左右,它是新兴资产阶级在意识形态领域中所发动的一场伟大变革,是反封建的文化革命运动及思想解放运动。资本主义萌芽的出现及古典文化的广泛传播是这场运动的经济基础和必要条件。文艺复兴时期,进步的思想家号称从古典作品中重新发现了"人",在反对天主教会和宗教神学时,打出了"人文主义(humanism)"这面大旗。人文主义是一种崇拜现实、崇拜人生,并以世俗的人为中心的世界观;要求否定神权,肯定人权;主张个性自由,个人幸福;强调人能创造一切也必须享受一切。显然,它是和基督教禁欲主义对立的一种世界观。

以人文主义为指导,文艺复兴时期的人文主义教育家和思想家批判了性恶论的儿童

观,反对把儿童看成被"原罪"污染的有待赎罪的羔羊,认为儿童是自然的生物,应当得到成人的悉心关怀、照顾。他们重新提出了身心全面发展的培养目标和塑造新人的教育理想,重视教育培养人的作用,注意到儿童身心发展的一般规律和个别差异,强调体育和游戏的重要意义。他们都重视家庭教育,认为儿童虽然以 7 岁入学为宜,但在入学之前,儿童应在家庭中受到良好的预备教育,尤其是道德行为和语言文字方面的教育。他们看到了环境,尤其是家庭环境对儿童教育的影响,要求父母、教师或保育人员以身作则,为幼儿树立表率。他们要求取消,至少减轻对儿童的体罚,建议用儿童的荣誉心、竞争心去代替体罚,作为儿童学习的积极手段。在教育工作上,他们注意到儿童的兴趣与积极性的作用。所有这些,相对于中世纪前期的教育是一个巨大的进步,并深刻影响到后来的教育。

(一)文艺复兴时期人文主义思想家的儿童教育思想

文艺复兴对学前教育的驱动,主要体现在"人文主义"这一时代精神的濡染下,涌现出一批影响世界学前教育发展趋势的伟大人物及教育思想。

1.伊拉斯莫斯论儿童教育

伊拉斯莫斯(Erasmus,1469—1536)出生于尼德兰,是文艺复兴时期北欧地区著名的人文主义学者及教育家,对古典文献有独特的研究,教育思想深受昆体良影响。

在政治上,伊拉斯莫斯是王权的拥护者。他生活的时代,王权联合市民阶级反对天主教,加强王权是符合时代趋势的。伊拉斯莫斯所设想的国家是由贤明君主统治的国家,他将自己的政治理想寄托在"明君"身上,其所作的《一个基督教王子的教育》(1516年)就是一部讲述如何选就明君的著作,其中不少地方涉及幼儿教育。他的重要幼儿教育著作是《幼儿教育论》(1512 年)。伊拉斯莫斯在其著作中谈论了不少幼儿教育的问题。

(1)教育的作用及环境的重要性

伊拉斯莫斯高度评价教育改造社会、改造人性的重要性,指出教育无论是对于国家君王还是平民百姓都是极其重要的。一个国家治理得好坏与否有赖于君王是否贤明,而贤明君王的培养则有赖于教育。国家的命运在于年轻一代品德的好坏,他呼吁国家肩负起教育年青一代的责任。他还列举了儿童成长的三个因素:自然(儿童的禀赋)、教导和练习,并指出后两者起主导作用。他还指出家庭条件良好的儿童更需要加强教育,土壤的质地越好,农人如果不注意,土地就越容易长满野草而荒芜,育人的道理与之相似。伊拉斯莫斯重视儿童的成长环境,认为只能让儿童与品德优良、谦虚谨慎的儿童交朋友,应该让儿童远离顽童、酒鬼和下流猥琐的人,不要让孩子闻其声、观其影,以免受到不良影响。

(2)早期教育的意义

伊拉斯莫斯不仅提出人需要受教育,还指出人的教育应该及早开始,从襁褓时期开始。他认为幼儿尚处在有待成熟的阶段,稳定的习惯很少,喜欢模仿,容易效法良好的习惯而养成善行,也容易沾染不良习气。他要求人们应该及早给予儿童良好的范例,以使有益的影响充满孩子尚未形成的心灵。"道德的种子必须播种在他精神的处女地,以便随着年龄和经验的日益增长,它们会逐渐生长和成熟,在整个生命过程中植根。从来没有什么东西像早年学习的东西那样根深蒂固。"[①]伊拉斯莫斯的这些观点明显是受到了昆

---

① 华东师范大学教育系,杭州大学教育系.西方古代教育论著选[M].北京:人民教育出版社,1985:203.

体良的影响。

（3）儿童观及教育方法

针对中世纪教会的"原罪论"以及对待儿童的严酷手段，伊拉斯莫斯指出"儿童"这个词在拉丁语中意味着"自由者"(liberi)，因此，自由的教育是符合儿童的，用恐怖的手段来使儿童弃恶，将原本自由的儿童奴隶化是十分荒谬的。[①] 此外，他还要求教师切不可将幼小儿童视为小大人，施教时必须考虑儿童的身心特征并考虑个别差异。他主张当教师开始执教时，主要任务是观察学生，掌握学生的性情，然后有的放矢，采取措施。教师发现孩子的弱点，应用优良的理论和适当的教导来影响他，设法将他引向正处；教师发现孩子的优点，就该努力做到因势利导，扬长避短。根据儿童的特点，伊拉斯莫斯提出可以通过有趣的故事、令人忍俊不禁的寓言和巧妙的比喻来引出教师的教导。当孩子们听后，停止了笑声时教师要及时指出其中蕴含的教育性寓意。

伊拉斯莫斯还提出了教育方法的改进，提出了"事物先于文字"的口号，主张在教学中采用直观教具。他曾经引用一位教师采用"飞龙斗象"的图片进行教学的事例，指出这不失为儿童教育中有价值的教材，但他也批评有的人为了吸引儿童的兴趣不分良莠地将一些荒诞的故事和盘托出，他认为这不仅浪费了儿童宝贵的时光，而且对其成长十分有害。

2. 蒙田论幼儿教育

蒙田(Montaigne，1533—1592)是文艺复兴晚期法国人文主义思想家、散文家及教育家，主要著作是散文集《蒙田随笔》，1580 年出版并成为享誉世界的文学名著，其中有一些篇章专门论述或涉及儿童教育问题。

（1）教育必须顺应儿童的天性

蒙田认为，人类的学问中最重要并且最困难的一门就是儿童的教育。在人类生活中，生孩子容易，但要将其教育成人却是一件煞费苦心、困难艰巨的事情。他提出，生活中有一些不明智的教师，疏于研究儿童的天性，执教时往往与儿童的天性背道而驰，这些人常常花很多时间和儿童谈论他们的天性里所不喜欢的东西，企图按主观意志去支配儿童心智的发展，其结果就是他们的付出总是事倍功半。蒙田认为，作为教育工作者，不了解儿童的天性，是很难教育好儿童的。

（2）对教师的要求

蒙田十分重视教师的作用，他认为，儿童的教育与成长得当与否，完全在于导师的选择。在他看来，教育的目的是为了培养思想健全、有判断力、能够充分理解人生意义的人，而不是成为徒有其名的学者。为孩子选择的教师应该是一个头脑精明的人，而不一定是所谓的头脑塞得满满的、知识渊博的人。要采用新的教学方法，即不再采用像那种把水倒进漏斗里那样照本宣科、死读硬记的方法进行教学。作为教师，他不能老是先开口和自言自语，要像苏格拉底那样轮流听他的学生说话。教师的正确做法是让学生在前面跑，以便分析其步法，判断自己应降低到何种程度去迁就学生的学习能力。教师不应只是传授知识，而应让学生去理解所学的知识。判断儿童的进步不仅凭借他的记忆力，还要根据他各方面能力的提高，看他能否用自己的话去表达自己所学到的知识，并运用

---

① 伊拉斯莫斯.幼儿教育论[M]//[日]筑波大学教育学研究会.现代教育学基础.钟启泉译.上海：上海教育出版社，1985：26.

自如。要教育学生仔细筛选所学的知识,而不要盲从权威,要消化所学的知识,为己所用,教育工作的目的就是要培养这种消化能力。在日常生活中,教育工作者要采取多种方法来锻炼儿童的思考力、判断力、理解力。

(3)反对娇生惯养及溺爱

蒙田对父母溺爱孩子的表现及其恶果做了深入的分析。他认为,那出于天性的挚爱使作为父母的太过温柔慈爱了,他们不忍惩罚孩子的过错,不忍见孩子饮食马虎,诸如此类。然而,欲使儿童变为一个有价值的人,就必须在他年轻的时候一点也不姑息迁就,必须常用医学的"戒条",让他们常待在旷野里,在警觉中过日子。单是锻炼儿童的灵魂还不够,还要锻炼儿童的筋骨。蒙田认为,人们所训练的不单是灵魂,也不单是肉体,而是一个灵魂和肉体二者不可分割的人。

(4)重视道德教育

蒙田在儿童教育中对德育甚为重视。他要求教师应该明了其责任是用对道德的挚爱多于对道德的尊崇来填充孩子们的心,他应教育儿童树立这样的教育观——"道德崇高的价值和作用就在于实践时容易、快乐和有用",并指出"获得它的方法是自然而不是勉强",重要的问题是自幼培养。他从道德观到德育方法已经完全不同于中世纪教会那种禁欲的教条和强迫压制的方法,而采取了适应新市民阶层的世俗的、现实的内容和方法,这是一个历史的进步。尽管他没有写下系统的教育论著,却在其散文中星罗棋布地镶嵌了充满睿智的教育思想,足以警示世人。他的思想对后世的洛克和卢梭产生过很大的影响。

3.康帕内拉和他的《太阳国》

托马索·康帕内拉(Tommaso Campanella 1568—1639),公元十六七世纪意大利著名的思想家和作家、空想社会主义者。从青年时代起,他就对哲学、宗教、文学有着浓厚的兴趣和精深的研究,并且加入过多米尼克派的僧团,因自己的学识和天才而出名。他曾领导那不勒斯人民积极参加反对西班牙侵略者的斗争,并筹划喀拉布亚人民起义,因而被捕,在牢狱中生活 27 年。1602 年,在狱中写成早期空想社会主义著作《太阳国》。

在《太阳国》中,康帕内拉如此勾画儿童教育:儿童一生下来就可以送到国立公共育儿室,在母亲哺乳和医生指导下进行抚养。一经断奶,即转到图文托儿所,由国家录用的男女教养员实施教育。他们通过城市壁画和罗马字母进行语言、文字、谈话以及绘画教育,并且还进行竞赛、散步、摔跤等体育活动。他们将 3～7 岁的儿童编为 4 个组,每一组配有一位老学者。这个时期的儿童都能轮流受到以所有科学基础为内容的教育和体操、竞赛、掷铁饼等体育方面的训练,以及以参观各种工厂为中心的手艺教育,从 7 岁起开始正规学校教育。

在康帕内拉的这种幼儿教育思想中,值得注意的是:第一,将这种城市国家的所有儿童都能得到平等的保护和教育作为国家的责任,试图通过在公共机构中由专家进行集体保护和教育来保障实施,且此处已有"托儿所"的概念;第二,试图将科学基础教育、体育和劳动教育所构成的教育内容通过"娱乐的方式"进行。康帕内拉的儿童教育思想对其后夸美纽斯和傅立叶等都有深刻影响,并促进了先导性学前教育机构的产生。

4.夸美纽斯和他的早期教育思想

约翰·阿姆司·夸美纽斯(Johann Amos Comenius,1592—1670)出生在摩拉维

亚——捷克共和国原来的一个省。他把自己的一生奉献给担任教会主教、学校教学以及撰写教科书。

（1）代表著作

夸美纽斯在教育方面的代表作有《大教学论》，于 1632 年写成，为近代资产阶级教育理论的奠基之作。另一本著作《母育学校》于 1630 年写成，1633 年出版，1652 年改名为《幼儿学校》，为历史上第一部幼儿教育专著，详细论述了在家庭中进行幼儿教育的各个问题。1654 年完成，1658 年出版的《世界图解》则是历史上第一部对幼儿进行启蒙教育的看图识字课本。

（2）儿童观

夸美纽斯认为，人一生下来就带有上帝的图像，所以，每一个人都有义务和责任去接受教育，使自己的能力得到最大的发展，以至于能够实现像上帝一样的形象。正因为如此重视教育，因而在夸美纽斯看来，教育应当在儿童的早期开始。

夸美纽斯

任何事情在产生之时的性质，使得它本身能够得到定型，但是，当它成长到相当坚硬的阶段之时，它就不容易得到改变。蜡在柔软之时，很容易就被定型为不同的形状；蜡在硬化以后，很容易断裂。植物在它生长的初期，能够被种植、移植、修剪，很容易就能够使其弯曲；在它长成一棵树以后，这些过程不可能完成。

在《母育学校》第一章中，夸美纽斯提出，儿童是上帝最珍贵的恩赐，是任何事物不能与之相比拟的宝物。他说："对于父母，儿童应当比金、银、珍珠和宝石还珍贵……金、银和其他同类的东西都是无生命的，只不过是比我们脚下所践踏的泥土要硬一点和纯洁一些；然而，儿童却是上帝的生气勃勃的形象。"[①]

夸美纽斯不厌其烦地举出许多例子反复说明"儿童是无价之宝"这一思想，不论对父母还是对国家来说都是如此。他认为，一方面，儿童产生于父母的实体本身，是父母实体的一部分，生来是一颗没有被玷污的纯洁的"种子"，具有谦虚、善良、和睦、可亲等美德；另一方面，儿童又必然会发育长大，成为未来的博学的学者、哲学家和科学家以及国家的领导者，所以，儿童也就是国家的未来。由此，父母应该加倍地疼爱儿童，国家应更多地关心儿童的成长。

夸美纽斯对世界学前教育发展主要有四方面重要的贡献：第一个是带有插图的儿童书籍，即《世界图解》；第二个是关于儿童生来"纯洁"的性善论儿童观；第三个是倡导教育应该遵循儿童发展的"自然秩序"的教育教学观；第四个是关于重视儿童感官的学习观念——他提出教学的金科玉律应该是将任何事情放置在儿童的感官之前。

---

① ［捷］夸美纽斯.母育学校［M］//单中惠,刘传德.外国幼儿教育史.上海:上海教育出版社,1997:101.

5.洛克和他的幼儿教育思想

约翰·洛克(John Locke,1632—1704),英国著名的哲学家、政治学家,主要教育代表著作有《教育漫话》。

(1)儿童观

洛克提出并且推广了"白纸说"(或者"白板说")的儿童观,为环境主义奠定了基础。他认为,是环境而不是遗传特性,决定儿童的发展。洛克关于人类学习与天性的假设是人类没有与生俱来的观点。这种观念产生了他的"白板说"理论:

正如我们所说,让我们假设心灵是一张没有任何特征、没有任何观点的白纸。如何来武装人的心灵?繁忙而又漫无边际的人类想象,几乎无始无终、无穷无尽的思想所构成的巨大思想空间到底来自何处?其中的理智与有关知识的所有材料又来自何处?针对这些问题,我认为,一言以蔽之,来自经验。通过经验,我们形成了我们所有的知识,人的心灵最终来自人的经验。

在《论父母的权力》一文中,洛克写道:"教育权与其说是父母的特权,毋宁说是孩子们的特权、父母的义务。"因此,父母行使的教育权应该是为了"儿童们的幸福",不要危及儿童的生命或其所有。

在1693年发表的著作《教育漫话》中,洛克论述了以劳苦大众儿童为教育对象的、国家权力强制入学的学校教育制度。他指出,这种学校是以3～14岁、生活在父母身边的劳苦大众的子女为对象的、强制性的免费公立学校。其目的在于:第一,减轻有关公共团体养育这些儿童的负担;第二,充分利用儿童早期劳动成果的社会效益;第三,保障这些儿童母亲的工作以及社会作用。他还提出"劳动习惯""善于思考"等品质要从幼儿时期就开始培养。

(2)儿童早期教育内容

洛克就健康教育、德育、智育、游戏方面提出了一些卓越的观点。

在健康教育方面,他提出把"诚实的佃农和富裕的自耕农对待孩子的方法"作为标准。

在德育方面,他建议要区别"自然的要求"和"任性的要求"。对于前者,要适当地予以满足,但对于后者,要严加拒绝。他主张双亲和教师要有权威,但反对体罚,强调双亲和教师的示范作用。他主张,这些权威要根据"对儿童气质的观察、照料、关心和细致周密的研究"来行使。他反对那些将战争中的残酷屠杀称颂为英雄行为的历史故事,强调培养对一切生命的人道主义精神。

在智育方面,他反对强制性的注入式教育,重视激发好奇心,强调学习的娱乐化。

关于游戏,他指出,对于天真无邪的恶作剧、游戏和孩子本能的行为,应完全任其自由,而且要最大限度地予以宽容。他强调必须从体育、智育和德育的角度,给游戏以教育指导;主张要给以儿童自然的、生活中常见的小石头、纸张、钥匙等,而不是价格昂贵、精巧的成品玩具;要让儿童自己动手制作玩具;给玩具不要超过一种等。

洛克在《教育漫话》中提出的一些卓越的建议,对卢梭以及德国泛爱主义者的教育思想有着深刻的影响,其中许多建议,对后来的幼儿教育实践多有启发。

(二)文艺复兴驱动下学前教育机构的萌芽

尽管这一时期许多人文主义思想家关于儿童教育的勾画还搁置在美好的幻想

中——如康帕内拉的"托儿所"和夸美纽斯的"母育学校",但作为先导性思想,还是驱动了学前教育机构的萌芽。这种驱动体现在两种集体幼儿设施上:作为宗教改革运动一环的幼儿集体教育的尝试和作为贫民对策一环的幼儿集体保护和养育设施。

1.再浸礼派的共同教育设施

1525年,德国农民战争结束后,确立了秩序的教会同各邦诸侯一起,将反抗的各宗教派别视为异端邪说横加迫害。再浸礼派就是其中之一派。再浸礼派认为,对刚刚出生无信仰能力的幼儿举行洗礼是徒劳的,强调生下来就进行教会洗礼的幼儿待到成人期,必须重新接受"再洗礼"。在逃避迫害的同时,再浸礼派创办了共同教育设施,对所有教徒的幼儿实行共同教育。他们在1578年所写的《学校规程》中表明,所有儿童的保教工作是在整个教徒团体共同负责的一个公共机构中进行的。

拓展阅读

再浸礼派"幼儿学校"的相关规定

一经母亲断奶,幼儿就被送入"幼儿学校",抚养到五六岁。在这种学校里,以任命的有能力的女性为主,担任保育工作,这些人被称为"主任保姆"和"保姆"。根据《学校规程》,学校活动组织得极为严密。一、早晨,首先是年龄大的孩子,其次是能自己坐在饭桌旁用羹匙就餐的孩子,各自起床、洗漱、穿衣。让他们做好进行早晨祈祷和用早餐的准备之后,再开始料理最小的儿童。到田地或院子里散步时,要求保姆十分细心,以防儿童受伤。二、晚上就寝前,要先守护一个时辰,不要让其饭后马上睡觉。三、在许多孩子共同生活时,绝对需要讲究卫生。在学校,实行体检,得了传染病进行隔离;染上疥癣时,备有专用刷子。孩子们是共同体的财富,给他们发放营养丰富的食品和衣服、睡衣。他们生病时能得到亲人的护理。不允许有由于疏忽大意和处理粗暴而有损于孩子们的事情。四、孩子们越小,越需要保姆的献身精神,必须像"母亲对待自己的孩子那样"耐心地、亲切地对待孩子。新教各派极为盛行体罚,再浸礼派在个别情况下也允许体罚,但是对于小的孩子是绝对禁止的。五、"幼儿学校"的教育核心是为宗派精神的存在而做的教义和祈祷。保姆的工作就是要进行幼小儿童也能理解的宗教教育。

2.英国作为贫民政策的幼儿保护和养育设施

17世纪中期起约100年的时间里,英国取消重商主义,允许公共土地圈为私有,这导致大批零散农民失去土地流向城市,继而"贫民""贫儿"的管理、养育工作成为国家头等大事。

首先是约翰·洛克在关于贫民对策的咨询报告中提出的"劳动学校",规定教区受救济的贫民3~14岁的儿童接受义务教育;其次是博爱主义者弗明(1632—1697)自己设计的"弗明式双层纺车"劳动学校的实践,这种学校可以寄托3~10岁的儿童。

尽管上述学校并非以教育幼儿为真正的意图,但这种发端于英国的、作为贫民对策的幼儿保护和养育设施是近代欧洲幼儿教育设施的胚胎。尔后,无论是裴斯泰洛齐在瑞士涅伊果夫创办的贫民学校,还是在英国或世界范围内进行幼儿学校首次尝试的欧文于新兰纳克工厂内所建的幼儿教育设施,均属于贫民救济设施体系。

|第二节|
专门化学前教育机构的形成

在启蒙运动以及期间相关儿童早期教育思想的推动下,近代历史上产生了幼儿学校、托儿所等学前教育的先驱性机构。随后,在世界幼儿教育之父福禄贝尔的教育实践中,专门化学前教育机构日渐形成。

一、启蒙运动时期的幼儿教育思想与近代学前教育的先驱性机构

(一)启蒙运动时期的幼儿教育思想

1.卢梭和他的自然浪漫主义儿童教育思想

让·雅克·卢梭(Jean-Jacques Rousseau,1712—1778)作为一个教育家,最能够被人们所记住的是他的著作《爱弥儿》。在这本书中,他通过一个虚构的儿童爱弥儿从出生到成年的教育过程,系统阐述了他的教育理论。

《爱弥儿》的开篇为卢梭的教育观点奠定了基调:"凡是出自造物主之手的东西,都是好的,而一到了人的手里,就全变坏了。"

卢梭倡导回归自然,并且极力主张一种叫作自然主义的教育方法。他说:"每一个人的心灵有它自己的形式,必须按它的形式去指导它。"在他看来,只有很好地了解每个儿童之后,才能对他的发展给予正确的指导,使他身上的天性自由自在地发展起来。他强调说:"大自然希望儿童在成人以前就要像儿童的样子。如果我们打乱了

让·雅克·卢梭

这个次序,我们就会造成一些早熟的果实,它们长得既不丰满也不甜美,而且很快就会腐烂……儿童是有他特有的看法、想法和感情的;如果想用我们的看法、想法和感情去代替他们的看法、想法和感情,那简直是最愚蠢的事情。"

卢梭对世界学前教育的影响是深远的,他被教育史学家作为教育古典时期和现代时期的分水岭。他被称作发现了儿童的人,他的自然主义教育思想及其创建的对待儿童的方式被后来的教育革新者们继承,并在裴斯泰洛齐、福禄贝尔等著名儿童教育家的教育实践中得以反映。

拓展阅读

卢梭的传奇人生

让·雅克·卢梭是18世纪欧洲启蒙运动的著名思想家,法国大革命的思想先驱者。1712年生于日内瓦,父亲是一位钟表匠,母亲是一位部长的千金,在生育卢梭时不幸难产而死。卢梭10岁时,父亲用剑刺伤了市政议员,于是"宁愿离开日内瓦到国外度过余生,也不愿由于妥协而失去自由和荣誉"。此后,卢梭一人面对生活,去过农村,在城市里当过仆役、学徒,在流浪生活中,足迹遍及瑞士、意大利和法国的许多中小城市和广大乡村。卢梭饱尝人间辛酸,他自学成材,但生活经常潦倒不堪。卢梭的文字中充满着坦诚、激情和对自由的无比向往。他是伟大的人类精神导师之一。

卢梭在1749年撰写的《论科学与艺术》获得全国论文大赛一等奖,声誉随之鹊起,如日中天。1755年,卢梭又以《论人类不平等的起源与基础》为题再次参加科学院的征文。论文追溯了人类如何从自由、平等的自然状态蜕变为多数人屈从于少数人的状态,剖析了私有制在人类不平等起源中的作用。《社会契约论》是其影响最大的政治哲学著作。

(资料来源:问道.政治学的故事[M].北京:光明日报出版社,2012:111-112.)

2.裴斯泰洛齐的儿童教育思想和实践

裴斯泰洛齐(Johann Heinrich Pestalozzi,1746—1827)出生于瑞士苏黎世一个医生家庭。1774年发表了以三岁半儿子为个案的《育儿日记》,并以此为契机开设了贫民学校,收容4～19岁的贫民、孤儿和流浪儿。1800年在伯格多夫开办了自己的实验学校,收容5～13岁的儿童。1818年在库兰特创建了贫民幼儿学校,收容6岁以下的幼儿。

裴斯泰洛齐的主要教育著作有《隐士的黄昏》《林哈德与葛笃德》《立法与杀婴》《葛笃德怎样教育她的子女》《母亲读物》《幼儿教育书信》《天鹅之歌》,以及未能完成的《自然学校的教师》等。裴斯泰洛齐的幼儿教育思想主要包括以下几个方面:

第一,爱的教育。裴斯泰洛齐自己就是一个充满慈爱的人,他强调爱对于幼儿教育的意义,尤其是家庭中来自父母的爱。他把父母对孩子的爱描述为"自然建立的最理想的人与人之间的关系",这种爱会让孩子产生爱和信赖,而爱和信赖是一切幸福的源泉。

第二,直观教学发展幼儿的心智。裴斯泰洛齐提出"在儿童环境中的一切事物,作为思维的刺激物都起作用的观点",主张"与其靠语言,不如靠事物进行经常性的教育",并特别强调孩子的"研究兴趣"。

第三,裴斯泰洛齐进一步深化了夸美纽斯和卢梭的自然主义教育思想,把发展人的自然本性理解为顺应人的心理发展。重视幼儿心理发展的秩序,这在幼儿教育史上是一大发展。

裴斯泰洛齐的教育活动也基本以幼儿教育为中心,他的幼儿教育思想均来自自己的实践活动,并在活动中得以践行和检验。裴斯泰洛齐的思想还直接影响了自己的学生福禄贝尔。

3.傅立叶的幼儿教育理想

夏尔·傅立叶(Charles Fourier,1772—1837)是法国空想社会主义者。他的教育思想主要体现在他的《经济的和协作的新世界》一书的第 3 编"和谐制度下的教育"中。其中,他提出一些关于幼儿教育的卓越观点:

第一,免费的集体养育制度。傅立叶立足于自己提出的和谐社会的构想,在这样的社会里,孩子出生后被送进养育院,养育院具备合理育儿的现代设备,有医生和保姆,一切费用由社会承担。他提出,为所有儿童的普遍的、平等的和无偿的教育原则应占统治地位。

第二,顺应自然的教育观。傅立叶提出,所有的教育都应该结合孩子的自然倾向,通过有效利用孩子的荣誉心和利益进行教育,反对填鸭式的教育、划一性的教育,禁止体罚。

第三,分阶段教育的原则。傅立叶把 0~7 岁的孩子分为婴儿阶段、幼儿阶段、儿童阶段,在不同的阶段采取不同的教育方式和内容。与现代幼儿教育相关的部分如下:

稚龄或婴儿时代——从 0 岁到 2 岁

进入公共教育机构——"幼儿谢利叶宫",由专门的保育员和乳母来精心照料。对幼儿的训练从半岁后开始。要使幼儿养成灵巧的用手习惯。要组织幼儿举行三部合唱和四部合唱,让 1 周岁的幼儿在具有各种音部的小乐队的伴奏下游戏,总之要"采取种种方法,来使听觉的发展与音乐的发展紧密结合起来",同时也要锻炼儿童的其他外部感官。

幼儿时代——从 2 岁到 4 岁半

这时幼儿的教育者是"男护士"和"女护士",还有"男女辅导员",幼儿的主要教育内容是"劳动"。幼儿应该离开谢利叶宫,由受委托照料他们的男女护士把他们领到各种工厂参观,逐步开始参加劳动。

傅立叶认为,从 2 岁到 3 岁起,儿童是热爱劳动的。儿童具有 5 种和劳动有关的"主要爱好":(1)探索或操作一切,观察一切,经历一切,不断变换作业;(2)对热闹喧嚷工作的爱好;(3)模拟或爱模仿的癖性;(4)对小工厂的爱好;(5)逐步由弱到强的训练。

儿童时代——从 4 岁半到 6 岁半

孩子们组成"儿童团"和"儿童队"这样两种儿童组织,通过这样的组织学习社会服务活动。前者是从事街道打扫、消除废物、除草和清除有害动植物的废弃物等比较脏的社会服务劳动;后者从事"法郎吉"花卉的照料、公共建筑的装饰、衣服的美化、语言的纯正等社会服务活动,以确保生活的优雅与美好。这样,孩子们从幼儿阶段起,就通过集体的劳动,并且通过儿童组织参加了整个社会的发展工作,学会了集体的荣誉感、集体精神和热爱社会等社会道德。

总之,傅立叶的这些思想虽然不乏空想,但对其后幼儿教育思想和机构发展的实践有着一定的参考价值。

(二)近代学前教育的先驱性机构

在近代工业革命的浪潮和教育思想家的理论与实践的影响下,产生了一些可以称之为先驱性学前教育机构的设施。[①]

1.奥帕林的编织学校

奥帕林的编织学校通常被作为近代幼儿教育设施的开端。

---

① 日本世界教育史研究会.世界幼儿教育史(上)[M].刘翠荣等译.长春:吉林人民出版社,1986:65－138.

奥帕林(1740—1826),法国新教派的一名牧师。1767 年在阿尔萨斯和罗帕纳省的交界处旧达泰尔一个叫布鲁德堡的教区任牧师,通过各种经济的、社会的以及教育方面的改革活动,为努力提高该地区居民的生活、教养水平贡献了自己的后半生。

1776 年,奥帕林创设了"编织学校",是以 3 岁以上儿童并包括年幼的学童为对象的保育所,实际上应称作幼儿保育所兼学童保育所。学校有两名指导教师,一名任手工技术指导,另一名任文化、游戏方面的指导,并挑选年龄大些的女孩做"助教"工作。学校的保育内容包括:博物(标准法语、宗教赞美歌、格言、采集和观察植物、绘画)、地理(旧达泰尔、法国、欧洲的地理与地图知识),带领儿童做游戏,对学童进行缝纫、纺织编织方法的传授或讲童话。奥帕林自评编织学校幼儿的学习完全是游戏,或是连续性的、娱乐的学习。

2.英国的幼儿学校

英国的幼儿学校在世界学前教育史上一般被作为世界幼儿学校的开端,但究竟谁是英国幼儿学校的创始人,历史上在欧文、维罗达斯比和布鲁姆大臣之间产生过激烈的争论(关于这场有意思的争论,大家可以阅读刘翠荣翻译的《世界幼儿教育史·上册》)。

笔者倾向于认为欧文为英国幼儿学校的创始人,因此,这里介绍欧文的幼儿学校。

欧文(R. Owen,1771—1858)是 19 世纪英国空想社会主义思想家和教育家。他在1800 年接管新兰纳克工厂后,感于工人们悲惨的生活境况,于 1816 年创办幼儿学校,招收 1～6 岁的儿童,分两部分:1～3 岁儿童为一部分,3～6 岁儿童为一部分。但实际上,幼儿学校是以 3～6 岁儿童的保育和教育为中心的,1816 年共招收 3～6 岁儿童 200多名。

欧文认为,人的大部分性格气质在入学前已经形成了,2 岁以前儿童的很多气质、性格是被环境赋予的持久印象造成的。因此,设立幼儿学校的目的是为了形成"合理的性格的基础"。基于这样的目的,欧文很重视幼儿健康和良好习惯的形成,在教育内容上重视智育和德育,在教育方法上重视环境的作用和直观教学。这些思想在他的著述中有着明确的体现:

首先应该教给孩子们实际的知识,而且应该以对幼小的心灵最亲切的事实作为开端,然后教给他们在个人所处的环境里最有用的,而且是必要的事实,在任何情况下进行的说明,都应该是孩子的心理所能理解得清楚的说明,说明应该随着孩子获得知识的能力的增长越来越详细。

在那里(预备学校),为了不使孩子们染上坏习惯,而养成好习惯,形成互相间很亲切的关系,真诚地渴望为了相互的利益而贡献全力的性格,要始终对他们进行监督。

此外,欧文的幼儿学校很重视户外活动和游戏的教育价值:

只要是天气和幼儿学校的孩子们的体力允许,就应该让他们在户外的新鲜空气里玩耍。在农场里玩够了,再把他们带到教室里,由教师向他们提示和说明一些他们能够理解的、有用的事物。年轻的受过很好教育的教师,对于孩子们在看和听老师说明的事物时所感兴趣的东西,要能轻而易举地发现并给予他们。在启蒙阶段,应该让他们活泼地热衷于这种娱乐或游戏。

除了对智育和德育的重视,欧文的幼儿学校还重视舞蹈、音乐和军事训练活动:

跳舞、音乐和军事训练,经常能创造一种为性格形成的合理制度中的优越环境,它使身体健康和优美；它教导人们在常有的快活态度之上，还具有服从和秩序。而且就像获得一切知识和获得进步那样，以最好的做法做好精神准备，在精神上创造和平和幸福。

在欧文的幼儿学校之后，曾和他一起共事的维罗达斯比推动了幼儿学校运动，继而国家也开始重视幼儿学校的价值，英国的幼儿学校渐成规模。

3. 法国的托儿所

法国的托儿所是在奥帕林编织学校和欧文幼儿学校的影响下发展起来的，由于社会背景和启蒙运动的影响，托儿所这种幼儿教育机构迅速发展并普及起来。

1837年，法国已经诞生了由国家颁布的幼儿教育的正式法令。这部法令规定了托儿所的管理、监督体系等。其中，第一章"托儿所概论"如下：

托儿所或者为幼儿开设的学校，是考虑到6岁以下的儿童需要母性的监督和最初的教育，而为他们开设的慈善设施。在托儿所里，用必要的方法进行宗教教育、读、写和心算这些初步知识的最基本的训练，而且与教育性的、道德性的唱歌、画线及一切基本的作业结合在一起。

从这一条规定中，我们可以看到这一时期法国托儿所还是作为慈善机构存在的，其教育内容也体现着主知主义的特征。

同一时期，在英国幼儿学校的影响下，德国也陆续出现大量的托儿所和幼儿学校，这些幼儿教育设施为后来幼儿教育机构的专门化奠定了基础。

二、专门化学前教育机构的产生

(一)福禄贝尔及其幼儿园

福禄贝尔(Friedrich Wilhelm Froebel,1782—1852)是德国近代著名的教育家，他创立了世界上第一所幼儿园，是近代学前教育理论的奠基人。福禄贝尔出生于德国中部图林根州一个牧师家庭，不到1岁时母亲病逝，父亲终日忙于教区事务，几乎无暇照顾自己的孩子，他也没有得到继母的疼爱。童年时期的福禄贝尔是孤寂和不幸的，10岁时才被舅父送到教区学校接受正规教育。童年时的遭遇对他以后从事幼儿教育工作有一定的影响。

1805年，福禄贝尔在教育家裴斯泰洛齐的影响下开始从事教育工作，同年又去了瑞士伊佛东学校学习裴斯泰洛齐的教育方法。1826年，他发表了教育代表作《人的教育》，阐述关于教育原理和对教育各时期的观点。1834至1835年，福禄贝尔在瑞士布格多夫孤儿院任职期间，日益重视家庭教育和儿童早期教育，直至1837年，福禄贝尔完全转向学前儿童的教育。

福禄贝尔热爱儿童，把自己的毕生心血献给了幼儿教育事业。他在积极宣传公共的学前教育思想、广泛拓展幼儿园、培训幼教师资方面，也做出了贡献。1837年，福禄贝尔在勃兰根堡开了一所教育机构，专门招收3～7岁的儿童，开启了学前教育机构专门化的时代。福禄贝尔关于幼儿园的理论基本包含在其著作《人的教育》中。

1. 幼儿园园地

福禄贝尔强调幼儿园必须建立"园地"来进行栽培活动，并且不仅要有集体的园地，还要有儿童个人的园地。在集体的园地里，生长着"最接近人的需要的植物"，如谷物、叶菜等。集体的园地供儿童共同规划、共同耕作、共同收获,个人的园地可以供儿童根据自己的想法和喜欢自由种植。福禄贝尔很重视幼儿园园地的意义,认为它是教育的基础。

2.游戏与作业的理论——注重恩物体系

福禄贝尔一直坚持游戏的深远教育意义,他认为游戏是幼儿"精神的唯一表现",是幼儿"内心世界的全面表现"。他强调作业和游戏在促进儿童素质发展中意义重大,称"作业的冲动是儿童的冲动……通过作业的冲动,可使儿童成为全人,并据此而掌握人的全部能力"。福禄贝尔幼儿园的游戏器具和作业工具皆是根据"福禄贝尔恩物"创制的。其游戏、作业、图画、运动游戏、栽培活动等,都配有适当的歌曲。

"恩物"(gift)是福禄贝尔创立的一套供儿童使用的教学用品,意为上帝的恩赐。他认为,通过这些恩物,可以帮助儿童由易到难、由简及繁、循序渐进地认识复杂的大千世界。恩物的教育价值就在于它是帮助儿童认识自然及其内在规律的重要工具。他主要创立了10种恩物,每种恩物都能锻炼儿童的感觉、四肢、算术、想象等不同的能力。

3.向所有人开放的幼儿园

福禄贝尔的幼儿园是"不论家庭出身、境遇和学前任何年龄的幼儿保育实施",他的办园方向是让不同阶级的孩子平等、互助、友爱地生活在一起。这是幼儿园阶级复杂化的开端。

4.幼儿园应作为国民教育制度的一环

与之前的幼儿教育设施不同,福禄贝尔提出把幼儿园作为国民教育制度的一环,是幼儿教育的必经阶段,这从制度上强化了幼儿园的专门性作用,也可以说是学前教育制度化的先声。

(二)福禄贝尔幼儿园运动

1.努力培养幼儿保育人员

福禄贝尔幼儿园运动第一个值得重视之处就是努力培养幼儿保育人员。培养幼儿保育人员,是幼儿教育可持续、有质量发展的重要保障,这也是福禄贝尔的远见之处。

福禄贝尔培养教员的重点是培养女性儿童保育员以及男女教育人员懂得孩子的本质和发展过程,提高尊敬和热爱儿童的思想,熟悉孩子们生存的各种要求和熟练掌握通过适当保育和教育去满足其需求的本领,引导他们在其工作范围内掌握自然知识和学会照看生命,并由此授予指导孩子和解决问题的能力。

在这种思想指导下,到1851年,福禄贝尔培养了大约70名女性作为幼儿园保姆。这些人活跃在德国21个城市的幼儿园等幼儿教育设施中,致力于幼儿园教育方法的推广工作。不仅如此,福禄贝尔还通过培养的女性们,打下了在全世界传播幼儿园的基础。

2."教育工会"运动

第二个值得重视的是福禄贝尔提倡的"教育工会"运动。他呼吁,男子们尤其是父亲们共同努力组建教育工会,致力于儿童教育和保育设施的建立、经营和维持,并要求各地工会联合起来。在他的号召下,德国多处城市成立了教育工会。值得一提的是,福禄贝尔的教育工会是"NGO"(非政府组织)性质的,即来自国民、为国民教育性质的组织。

3. 幼儿园教师集会运动

这一运动是为幼儿园及教师争取地位和国家支持而举行的。通过教师集会运动,使幼儿园获得肯定,获得全德意志国民教育的地位,并且争取国家支持幼儿园教师的培训、教具提供等相关工作。

1848 年 9 月 28 日至 30 日,在艾森纳赫召开的全德意志教员集会上,成立了全德意志教员工会,并通过了《未来学制的根本特征》,确立了幼儿园在国民教育第一阶段的地位,也标志着世界幼儿园制度的正式确立。

此外,全国性幼儿园教师集会运动还争论福禄贝尔教育方法等问题,由此引起了来自美国的进步主义教育思想的批评,促使世界学前教育走向另一个时代。

(三)福禄贝尔式幼儿园在全世界的扩展

福禄贝尔创立的幼儿园以及他的幼儿教育理论对 19 世纪后半期乃至 20 世纪初期,欧美各国、日本和其他国家的幼儿教育产生了深刻的影响,不少国家先后建立并发展了幼儿园。

1855 年,幼儿园传入美国,福禄贝尔的学生舒尔茨(Margarethe Meyer Schurz)在威斯康星州的沃特敦开办了第一所幼儿园。1873 年,英国的威廉·马特(William Mattew)创办了那里的第一所幼儿园。1876 年,幼儿园传入日本,又于 1903 年传入中国,由湖北巡抚端方在武昌创办了幼稚园,1904 年改名为武昌蒙养院。法国在 18 世纪末虽仍保持其母育学校,但福禄贝尔的理论对母育学校产生了巨大的影响。世界各国纷纷建立幼儿园,运用福禄贝尔幼儿教育理论展开教学,并不断加以改造与拓展,从而促使专门化的学前教育机构在国际范围内被认同和发展。

|第三节|
儿童中心思潮与世界学前教育改革运动

福禄贝尔主义幼儿园在世界范围内风靡了半个多世纪之久。进入 20 世纪,儿童中心思潮进一步深化,从而也促使世界各国掀起了学前教育改革运动。

一、儿童中心思潮的深化

文艺复兴的人文主义培植了儿童中心的土壤,卢梭的"自然人"书写了基于人性的儿童中心论,艾伦·凯继承了卢梭的自然教育思想,宣称 20 世纪将是儿童的世纪,更加引起人们对儿童的关注,一定程度上促进了儿童研究热潮和儿童中心思潮的涌现。

拓展阅读

爱伦·凯

爱伦·凯(Ellen Key,1849—1926),瑞典杰出的女教育家、作家、妇女运动活动家、新教育运动的倡导者之一。出身贵族家庭,其父是激进的国会议员。她自幼生活在富有自由思想的家庭环境中,所受的教育完全是由家庭实施的。她自幼爱好文学,曾广泛地涉猎了进化论、优生学、文学、哲学、心理学和教育学等方面的知识。1872年,她随同父亲周游了欧洲的许多国家,这次旅行对其思想影响较大。回国后潜心于卢梭、达尔文、尼采、斯宾塞、洛克等人著作的研究。1874 年开始在《家庭杂志》上发表关于妇女问题与儿童教育方面的文章。1879 年,她就职于斯德哥尔摩一所私立女子学校,后在斯德哥尔摩平民大学承担瑞典文明史讲座达 20 年之久。她一生主要从事写作、教学和社会宣传活动,其中心内容是妇女解放和儿童的权利及教育问题。主要著作有《儿童的世纪》《妇女运动》《未来学校》《恋爱与结婚》《二十世纪的儿童世界》等。

(资料来源:张斌贤,孙益.20 世纪教育学名著导读[M].西安:陕西人民出版社,2012:18.)

(一)蒙台梭利运动

1. 蒙台梭利的"儿童之家"及其幼儿教育思想

玛丽亚·蒙台梭利(Maria Montessori,1870—1952)是 20 世纪继福禄贝尔之后的一位杰出的幼儿教育家,她以自己不懈的努力推动了新教育运动及儿童教育的发展。1907年,蒙台梭利在罗马贫困区创办了一所招收 3～6 岁儿童的幼儿学校,命名为"儿童之家"(Casa Dai Bambini)。在儿童之家,她建立了自己的一套幼儿教育理论体系,促进了现代幼儿教育的改革和发展。

(1)关于幼儿心理发展

蒙台梭利认为,儿童心理的发展具有节律性、阶段性、规律性,强调生命力的冲动是儿童心理发展的原动力,同时又强调儿童心理的正常发展必须依靠环境和教育的及时、合理的安排。可以说,蒙台梭利在以遗传为中心的前提下,把遗传、环境与教育这些影响儿童发展的因素统一起来了。她指出,从出生到 6 岁是儿童个性形成的最重要时期。头 3 年是心理的胚胎期,儿童不能接受成人的任何直接影响。后 3 年才是儿童个性的形成期。

(2)蒙台梭利教具

蒙台梭利幼儿园给儿童活动与操作的用具和材料,包括 3 大类:

第一,用于实际生活训练或动作教育的有:①供练习系鞋带、扣纽扣等活动的木框;②手工用的黏土、小瓦片、小瓶子与小砖块等;③训练上下楼用的螺旋形小木梯;④用于家务劳动训练的餐具和工具。

第二,用于感官教育的有:①3 种圆柱体镶嵌物,是训练儿童视觉辨别与手眼协调最基本的教具;②3 组几何固体物,用来训练儿童对大小、厚薄和长短概念的认识;③触觉板;④装有各种不同质地纺织品的篮子;⑤可装不同温度水的金属碗;⑥重量板,由大小、厚度相同,但质地不同的木块组成;⑦色板,由两盒各 64 种颜色的彩色板组成,有 8 种不同的色系;⑧几何图形拼图橱,包括 6 个抽屉,每个抽屉有 6 种不同形状或大小的平面几何图形;⑨几何图形卡片,包括 6 种几何图形;⑩几何立体教具篮,包括球体、棱柱体、棱锥体、圆锥体、角柱体和圆柱体;⑪发声筒;⑫音乐钟,包括两组由全音与半音的 8 度音程所组成的钟;⑬嗅筒;⑭画有五线谱的木板和用作音符的小圆木片。

第三,用于读、写、算准备练习的有:①训练儿童握笔的几何嵌图板;②训练儿童写字的砂纸字母卡;③学习字母顺序的砂纸字母板;④练习拼字的活动字母卡;⑤砂纸数字卡片;⑥数字棒;⑦纺锤棒箱;⑧筹码;⑨算木框;⑩十进位珠子材料。

(3)蒙台梭利法

蒙台梭利法主要体现在她 1909 年的著作《蒙台梭利方法》一书中,其指导思想如下:

第一,学校应当是一个鼓励儿童自我教育的有准备的环境,让儿童能自由地选择教具材料,自由操作,教育的干涉应控制在最小限度内。有准备的环境是指:创设有规律、有秩序的生活环境,提供有吸引力的、美的、实用的设备与用具,允许儿童独立活动、自由表现、自然发挥,丰富儿童的生活印象,促进儿童的智力发展,培养儿童的社会性行为。

第二,教师是环境的预备者、儿童的保护者和解释者、观察者、示范者,是学校、家庭与社会之间的联络者与沟通者。

第三,学校应向儿童提供精心设计的教学用具和材料。

其主要内容有:

其一,动作练习,包括日常生活锻炼、自我服务、家务劳动、园艺活动、手工作业、体操和节奏动作。

其二,感觉教育,包括触、视、听、嗅和味觉练习。

其三,智育,包括语言(读、写)和计算教育。

2.蒙台梭利运动的兴起与发展

蒙台梭利创办"儿童之家"、出版《蒙台梭利方法》以后,其不同于传统教育的崭新方法,在世界学前教育界引起不小的轰动。欧美各国的一些教师、心理学家、社会学者和政府工作人员都前往罗马参观学习。他们回国后积极传播和推广"儿童之家"的教育方法,出现一股"蒙台梭利热"。但后来,蒙台梭利的教育体系受到不少批评,尤其在美国,很快跌入低谷,主要由于蒙台梭利的一些观点和美国当时影响较大的教育理论存在重要分歧。

20世纪50年代末期以后,蒙台梭利重视儿童早期教育、智力发展和感官训练的主张,重新引起人们的注意并得到肯定。1960年,美国蒙台梭利协会重新成立。1972年,美国的蒙台梭利学校达762所。进入80年代以后,美国蒙台梭利教学法由私立学校向公立学校波及,更加深入人心,被誉为"公共教育文艺复兴"。至1989年,在美国被冠以"蒙台梭利"字眼的学校更达到4000多所。与此同时,在欧洲国家也开设了越来越多的蒙台梭利式的教育机构。

这场在西方掀起的蒙台梭利运动,对世界幼儿教育事业产生了深远的影响。今天,我们仍旧能发现许多蒙台梭利幼儿园的存在和蒙台梭利教学法的推广。

(二)杜威与进步主义幼儿园运动

19世纪初期,在对福禄贝尔主义幼儿园和蒙台梭利幼儿园的学习和批判过程中,儿童研究运动兴起。以杜威为代表的进步主义教育思想家们,进一步深化了儿童中心论,发起了进步主义幼儿园运动,引领着世界学前教育走向又一个瞩目阶段。

1.杜威及其儿童教育理论

杜威(John Dewey,1859—1952),美国哲学家、教育家,是实用主义哲学最有影响的代表人物之一,也是实用主义教育理论的创始人。他的教育理论不仅对美国,而且对许多国家的幼儿教育和学校教育产生了巨大而深刻的影响。直至今天,杜威的教育理论在世界学前教育领域仍旧地位岿然。

(1)儿童观

杜威儿童教育观及其理论是建立在其儿童观的基础之上的。杜威认为,儿童的本性在于他具有与生俱来的本能、冲动和需要;儿童具有自我生长的能力;儿童是在活动中,通过与环境相互作用而获得发展的;儿童的发展是存在着个别差异的。

约翰·杜威

(2)教育即生活,学校即社会,从做中学

这三句话是杜威最著名的理论。前两句强调教育要以生活为中心,不能脱离社会实际。关于从做中学,杜威指出,儿童生来就有一种要做事和要工作的愿望,对活动或工作具有强烈的兴趣。在他看来,游戏是儿童幼年期一种主要的、几乎是唯一的教育方式。他批判了传统学校教育与实际的经验情境相脱离的方式,认为它使儿童很少有进行活动的余地,会阻碍儿童的自然发展。

在《民主主义与教育》一书中,他指出:"人们最初的知识和最牢固地保持的知识,是关于怎样做的知识……应该认识到,自然的发展进程总是从包含着从做中学(learning by doing)的那些情境开始的。"因此,他强调,对儿童来说,"做事"是最好的教育方式。

(3)儿童与教师

在儿童与教师的关系上,杜威对传统教育教学以教师为中心,忽视儿童兴趣和需求的现象提出了批判。他提出教育要以儿童为中心的观点,指出教育教学过程中要以儿童的生长为出发点,教师的作用是为儿童提供一个实际的经验环境和一个适合生长的机会。

2.进步主义幼儿园运动

进步主义幼儿园运动是进步主义教育运动的一个组成部分。这场运动是在对福禄贝尔式幼儿园和蒙台梭利幼儿园的批判过程中兴起的。

心理学家霍尔提出了心理进化理论"复演说"。他赞同福禄贝尔关于儿童发展呈阶段性和关于游戏等观点,但批评福禄贝尔的幼儿园理论缺乏科学根据。他根据自己的调查,指出美国幼儿教育中存在着脱离儿童生活实际、忽视儿童健康等问题,并要求根据心理学研究的新成果来解决有关问题。

杜威作为美国进步主义教育运动的领袖,提出了"教育即生长""教育即经验改造""教育即生活""做中学"等观点,强调教育方法应以儿童为中心,让儿童通过活动积累直接经验,教育目的则应以培养儿童适应社会生活的能力为重点。杜威肯定了福禄贝尔教育理论中关于儿童的自我活动和游戏以及社会参与等原则,但反对其中的神秘主义色彩,并把批判的焦点集中在幼儿园课程上,指责恩物和作业脱离儿童的生活经验。

霍尔和杜威的理论,为进步主义幼儿园运动提供了理论依据。他们理论的追随者们安娜·布莱恩(Anna Bryan,？—1901)、爱丽丝·坦普尔(Alice Temple,1871—1946)以及帕蒂·希尔(Patty Smith Hill,1868—1946)领导和推动了运动的发展。

进步主义幼儿园运动一方面强调研究儿童,注重幼儿教育与实际生活的联系,开展多方面的实验活动,试图从根本上否定恩物主义和象征主义;另一方面又充分肯定了福禄贝尔理论中合理的部分,竭力"回到福禄贝尔基点",并在实践中突破幼儿园闭关自守的局面,使幼儿园教育逐渐发展成为一种同小学教育紧密结合的新型机构。[①]

二、世界各国学前教育改革运动

在经历福禄贝尔主义幼儿园的洗礼,蒙台梭利运动和进步主义幼儿园运动的"振荡"之后,世界学前教育出现了在追求儿童发展为本基础上的多元化发展趋势,尤其是第二次世界大战之后,各国陆续进行了学前教育的改革运动。[②]

(一)美国学前教育的改革与发展

美国学前教育的起始并不早,但作为进步主义幼儿园运动和公立幼儿园运动的发源地,20世纪中期以后,美国的学前教育改革运动进行得最为全面和快速,主要体现在20世纪60年代和80年代两次系列改革上。

1.20世纪60年代的学前教育改革

受到苏联人造卫星升空的刺激和教育民主化的要求,在大量儿童研究成果的支持下,美国大力推进了学前教育的改革。

(1)开端计划

"开端计划"初期只是1964年《经济机会法》中一个社区行动方案,1965年约翰逊总统发表赞同意见后,它成为全国性的一项以贫困而又缺乏文化条件幼儿为对象的补偿性

---

①　杨汉麟,周采.外国幼儿教育史(修订本)[M].南宁:广西教育出版社,1993.

②　王小英,蔡珂馨.国内外幼儿教育改革动态与趋势[M].长春:东北师范大学出版社,2004.

的教育政策。它的目的主要是改善儿童身体健康和体育技能,增进情感和社会发展,改善认知能力,尤其是语言和概念方面的技能,建立能使将来学习成功的态度和信心,帮助儿童与家庭建立积极联系,帮助儿童和他们的家庭建立对社会的责任感,鼓励帮助穷人,增进儿童和家长的自尊和尊严。

"开端计划"的主要内容有以下5点:为儿童看病治牙;为儿童提供社会服务和家庭服务;加强对志愿服务人员的培训和使用;为儿童的心理发展服务;做好儿童入小学的准备。

"开端计划"规模、耗资、历时在国际上是史无前例的,它不仅轰动了美国教育界,也受到世界各国的瞩目,唤起了美国乃至全世界人民对贫困儿童和处境不利儿童的营养、健康、教育的关注,唤起了民众对幼儿教育的热情。后期的效果研究也证明了早期教育对儿童学术能力、一般能力以及情感、社会性方面的有效作用。这些都使得幼儿教育在美国流行,也促使全世界形成一股幼儿教育热潮。

(2)智力开发运动

智力开发运动主要是受到苏联人造卫星刺激的结果和结构主义学习理论的推动。重视儿童智力开发,强调对幼儿进行科学教育,强调学前教育的小学准备功能,促使美国一时出现了各种智力开发项目和早期教育活动,如"芝麻街""有声打字机"等。

📖 拓展阅读

芝麻街

1969年11月10日,美国儿童电视制片厂制作的幼儿电视节目"芝麻街"开播了。此名源于阿拉伯民间故事《一千零一夜》中"芝麻,芝麻,开门吧"这一开门咒语,有启智的意思,是想唤醒沉睡的智慧。它采用灵活多样的方式(包括动画、木偶、真人表演),每天向幼儿开播1小时,快速反复地教授数数、文字、图形等,对幼儿进行启蒙教育,开发智力。它诙谐、幽默、趣味横生,巧妙地抓住了幼儿的心理特点,收视率很高。在美国1200万幼儿中,每天约有一半的幼儿热心收看。此节目还传播到国外,到1989年约有84个国家播放这个节目。

(资料来源:王小英,蔡珂馨.国内外幼儿教育改革动态与趋势[M].长春:东北师范大学出版社,2004:10.)

2.20世纪80年代的学前教育改革

(1)"开端计划"新法案

至20世纪70年代后期,"开端计划"已得到普遍的认同,但在实施中发现了新的问题。在听取专家意见的基础上,美国政府决定启动"开端计划"新方案,体现在1994年克林顿签署的《开端计划法案》之中。

法案内容主要包括:拨款以增加"开端计划"工作人员的工资;拨款以用于改进教育质量和扩展"开端计划";重新组织和扩展教师训练和技术援助;到1996年,所有"开端计划"的教学人员必须持有资格证书;每3年对被保人进行评估;拨款用于新生儿和学步儿的项目;为将"开端计划"扩展成为全日制和全年的项目提供资金;建立有经验的、可信赖的顾问制度。

小布什政府时期,又对"开端计划"进行了补充和完善,体现在他2002年的署名文章

《良好的开端　聪明地成长》之中,主要包括建立"开端计划"的问责体系和全国性的师资培训项目。

（2）里根"2061 计划"

"2061 计划"是美国促进科学协会联合美国科学院、联邦教育部等 12 个机构,于1985 年启动的一项面向 21 世纪、致力于科学知识普及的中小学课程改革工程,其指导思想是所有的儿童都需要和应该接受科学、史学和技术方面的基础教育。专家们将每个学生从幼儿园到高中毕业应获得的基本科学知识浓缩为 12 大类。它代表着美国基础教育课程和教学改革的趋势。

"2061 计划"促进了幼儿科学教育的发展,促进了幼儿良好科学素养的形成,也为后来各界政府的幼教改革奠定了基础。

3.20 世纪 90 年代《适宜于 0~8 岁儿童发展的教育方案》

20 世纪 80 年代末,美国的幼儿教育出现两种弊病:一是过分重视某一学科或某一方面的教育,过分关注技能技巧的训练,忽视幼儿的兴趣;二是忽略给幼儿提供学习和活动的时间、机会,认为现在的幼儿比过去的幼儿聪明。针对这些弊端,1992 年,全美幼儿教育协会研制了《适宜于 0~8 岁儿童发展的教育方案》,指明了幼教改革的方向。1996 年,又根据幼儿教育的发展变化,对其进行重新修订,公布了新的《适宜于 0~8 岁儿童发展的教育方案》。

《适宜于 0~8 岁儿童发展的教育方案》的理论依据来自以皮亚杰、杜威为核心的心理理论和教育思想,目的是更新幼儿教育工作的儿童观、发展观、学习观、教育观,使每个幼儿在 2000 年前都能进入高质量的、发展的、适当的幼儿教育机构,促进幼儿的积极发展。尽管也受到主知派的批评,但它还是成为今天美国 0~8 岁幼儿早期教育的"圣经"。

（二）英国学前教育的改革与发展

欧文 1802 年在苏格兰的新兰纳克创办的"幼儿学校"可视作英国学前教育的起点,并且 19 世纪上半期一直居于主导地位。19 世纪五六十年代,福禄贝尔幼儿园的传入并迅速扩展,使英国的学前教育从此出现"双轨制"局面——一种是以收容工人阶级和贫困家庭的子女为对象的幼儿学校;另一种则是以中上层阶级子女为对象的幼儿园。

20 世纪初期,尤其是一战到二战之间,在《费舍法案》、杜威和蒙台梭利幼儿教育思想的影响下,英国的学前教育得到了较大发展。

英国自 1944 年至今,相继颁布了系列法案以促进或保障学前教育改革和发展,主要包括 1944 年的《巴特勒法案》、20 世纪 60 年代的《普罗登报告书》、1972 年的《教育白皮书》、1995 年的"幼儿凭证计划"、1998 年的"确保开端计划"和面向 3~5 岁幼儿的《基础阶段课程指南》等。

其中,《巴特勒法案》规定初等教育由三种学校实行:为 2~5 岁儿童设立的保育学校;为 5~7 岁儿童设立的幼儿学校;在为 5~11 岁儿童设立的初等学校内附设保育班,招收 3~5 岁儿童。实际上,战后一段时间,政府无暇顾及幼儿教育,英国诞生了"游戏班""游戏小组"等学前教育组织。

《普罗登报告书》源于普罗登女士的调查报告,它以儿童中心论为理论支撑,倡导发展 5 岁以下幼儿教育设施,主张重视儿童个性发展,重视学前教育与小学的衔接问题。

1972年的《教育白皮书》进一步提出应扩大幼儿教育,并制订计划,要在10年内实现幼儿教育全部免费。

1995年,英国教育和就业大臣谢泼德公布了一项耗资7.3亿英镑的"幼儿凭证计划",规定每个儿童的家长可获1100英镑的凭证以支付幼儿教育的费用,使全国每个愿意进入学前教育机构的、年龄在4岁的儿童都能接受3个月的高质量的学前教育,家长能自由选择公立的或私立的学校。

为了结合早期教育、儿童养护、健康及家庭援助为居住在条件不利地区的幼儿提供一个良好的开端,1998年,英国工党政府开始实施"确保开端计划"。2001年工党连任后,提出要把英国建设成一个经济繁荣、公正、平等、全纳的社会,对英国的教育发展策略做出了重大调整,对学前教育儿童(尤其是弱势儿童)给予了前所未有的关注。

"确保开端计划"包括:为所有儿童提供早期教育;为儿童提供越多越好的养护;实施有影响的地方计划;继续在条件不利地区向儿童提供基于社区的服务。至2003年底,524个确保开端地方计划全部得到认可并投入运行,从而提供了范围广泛的社区卫生和家庭服务。自2004年4月起,如果父母认为需要,所有3岁儿童都能获得免费的部分学习时间。2002—2003学年,英国政府对早期教育、儿童养护以及确保开端地方计划的投资达到8亿英镑。"确保开端计划"使英国学前教育得到大力普及。

(三)日本学前教育的改革与发展

自1876年(明治九年)日本创办了第一所幼儿园起,经过明治、大正、昭和几个时代的变革,到今天已经有一个半世纪的历史。日本的幼儿教育也在教育制度、教育内容、教育方法、师资培养、设施设备等方面形成了一个比较完整的体系。

📖知识索引

日本的第一所幼儿园

1874年(明治七年)3月,文部省决定成立以培养幼教师资为目的的东京女子师范学校。由于该校的成立,文部省便提出在女子师范学校内建立附属幼儿园的报告。该报告很快被批准,并于1876年6月就附属幼儿园的保育方法、建筑设计等做了规定。接着就动工兴建。3个月后,日本幼儿教育史上的第一所国立幼儿园便建成了,并于同年11月16日举行了开园仪式。成立之初的附属幼儿园设监事(相当于园长)1人,由精通英语的关信三担任,首席保姆1人,保姆2人,助手2人。首批招收幼儿75人,大都是达官显贵的子弟。这所幼儿园为西式建筑,庭园宽敞,设备完善,收费很高,因此,一般的平民百姓对它只能望洋兴叹。尽管如此,该幼儿园的历史功绩仍然是巨大的,特别是1877年7月制订的附属幼儿园规则,为后来日本各地成立的幼儿园所效仿,其影响是深远的。

(资料来源:王小英,蔡珂馨.国内外幼儿教育改革动态与趋势[M].长春:东北师范大学出版社,2004:24.)

19世纪中期之前,日本学前教育发展一直是比较繁盛的,但战争带来体制、机构和内容的多方倒退或停滞。二战后,日本开始了全面整顿和变革。

1. 学前教育制度的改革

战后至 1955 年,日本用了 10 年的时间进行制度整顿和改革,整顿和改革的指导方针主要体现在《学校教育法》和《儿童福利法》之中。

(1)《学校教育法》

1947 年颁布的《学校教育法》再次重申幼儿园是学校教育体系的一个组成部分。该法第七章规定了幼儿园的目的是保育幼儿,赋予幼儿以适宜的环境,促进其身心发展,并规定了具体的幼儿发展的各项目标:

第一,为了健康、安全和幸福的生活,要养成日常生活所需的习惯,谋求身体诸项机能的协调发展;

第二,通过园内的集体生活,培养幼儿愉快参加集体生活的态度及协作、自立、自律的精神萌芽;

第三,培养正确理解周围的社会生活和事物的态度;

第四,引导幼儿正确地使用语言,培养对童话、画册等的兴趣;

第五,通过音乐、游戏、绘画以及其他方法培养幼儿对创造性表现的兴趣。

(2)《儿童福利法》

日本于 1947 年 12 月 12 日颁布了《儿童福利法》,法案对儿童保育做出了相关规定:第一,规定了保育所的归属。所有的托儿所、保育园统称为保育所,归厚生省管辖。第二,规定了保育所的性质。保育所不再仅仅是"济贫"性质,凡有需要,婴幼儿都可进保育所进行保育。第三,限定了保育人员的资质要求。

1948 年 3 月 31 日,日本公布了《儿童福利法施行令》和《儿童福利法施行规则》,进一步对保育所的具体事项做了规定,并于同年 12 月公布了《儿童福利设施最低标准》,对保育所的设置目的、入所措施、设置者、保育时间和保育内容、保姆资格及经费等都做了明确规定,如规定保育所的保姆必须由保姆学校毕业或经过保姆资格考核。

幼儿园和保育所制度方面的整顿和改革,有效地保证了学前教育的有序、高质量发展。

2. 学前教育内容和方法的改革

日本学前教育内容和方法的改革情况体现在文部省 1948 年颁发的《保育大纲》和 1956 年颁发的《幼儿园教育纲要》中。

战前日本学前教育的内容包括游戏、唱歌、谈话、观察和手工。《保育大纲》规定教育内容以幼儿生活经验为主,增加了"参观"和"健康",并把"休息""自由游戏""模仿游戏""节日游戏"作为独立项目。《幼儿园教育纲要》使教育内容从"保育项目时代"过渡到"领域教育时代"。

关于学前教育方法,最大的变革是改变以前军国主义的影响。方法选择要顺应儿童心理和环境以及儿童个性。

(四)德国学前教育的改革与发展

尽管德国是幼儿园鼻祖福禄贝尔的祖国,是西方专门化幼儿教育的发源地,但因为特殊的政治局势,德国的学前教育一直被严格控制以致发展缓慢,直至 20 世纪中后期才得以较快发展。

1.二战后至德国统一期间学前教育的改革与发展

(1)西德

1949 年,随着新的政权——德意志联邦共和国的建立,德国教育开始恢复。幼儿教育阶段在联邦德国(西德)的教育体制中被称作基本阶段。1959 年,联邦德国教育委员会提出了《关于普通教育的改革和统一的总纲计划》,简称《总纲计划》。1960 年,教师联合会发表了《不来梅计划》,建议广泛地建立幼儿园,使各阶层儿童都得到良好的早期教育。由于西德的幼儿教育不属于国家规定的义务教育范围,因此,国家并不要求每个儿童在入小学前一定要进幼儿园,这在一定程度上影响了幼儿园的数量和规模的扩大。

1971 年,西德提出《教育结构计划》。在学校结构系统方面,《教育结构计划》主张把幼儿园列入学校教育系统,称为"初步教育领域",并设学前教育阶段,以所有 3 岁和 4 岁的儿童为对象。《教育结构计划》确定幼儿园招收 3~4 岁的儿童进行早期教育,提出在 10 年内争取创造条件大大扩大幼儿园的容量,"做到凡家长愿意,所有 3 岁和 4 岁的儿童都能够上幼儿园"。到 1980 年,联邦德国 3~5 岁儿童的平均入园率已达到 65%。

(2)东德

东德在 1965 年颁布了《1965 年教育法》,规定在学校体制上,从托儿所到大学构成一个统一的教育体系,并把义务教育定为 10 年,各级各类学校都实行免费教育。幼儿园招收 4 岁儿童入园,以学校的形式组织学前教育。后来,东德的幼儿园又发展为主要招收 6 岁以前的儿童。随着东德大抓住房建设,新住宅区大批涌现,国家每年都大量拨款新建现代化的托儿所和幼儿园。

2.1990 年后学前教育的改革与发展

1990 年,东德、西德完成统一。但西部和东部学前教育机构有很大的差异,西部以半托为主,东部以全托为主;西部的幼儿教育机构不能满足家长的需要,东部的幼儿教育机构则因为过剩而被迫关闭一些。随着教育改革的深入,东西部的幼儿教育机构趋于均衡。

由于德国的学前教育还不属于义务教育,并非每个幼儿都读幼儿园。为消除儿童从幼儿园或家庭进入基础学校的困难,德国在有些州,如黑森、汉堡、不来梅和柏林等地建立了"入门阶段"。"入门阶段"分为两年制和三年制两种,分别招收 5~6 岁和 5~7 岁儿童。这种机构有的设在幼儿园(主要是学校附设幼儿园)中,有的设在基础学校中。

近年来,德国成立了许多所谓的"儿童之屋",招收 1~12 岁的儿童。它兼具了托儿、幼教及安亲的职能,使幼儿园的功能多样化了。其设立的缘由在于解决上半天课的小学生放学后缺乏人照管及亟须工作而家中有 3 岁以下幼儿的父母的困境。"儿童之屋"给放了学的小学生提供了一个和家庭相似的空间,在他所属的小团体里,有比他小的弟妹,也有比他大的兄姐。这种组合可以增加幼儿和其他不同年龄层儿童接触的机会,因此,"儿童之屋"可以被看作德国幼儿园混龄教育的扩大化。

3.德国学前教育内容的改革和发展

传统的德国幼儿园一般并没有确定正规的课程,不进行读写算等基础知识的教学,以游戏等自由活动为主。19 世纪六七十年代,改革一度转向幼儿智力的开发和基础知识的学习。至 20 世纪 80 年代冷战缓和,加上有关儿童情感、社会性方面的研究,促使人们认识到以牺牲儿童的社会性和情感发展为代价、人为加速儿童的智力发展的做法是不明智的。于是,开始纠正偏重智力开发、忽视情感和社会性发展的倾向,转向个性的全面发展。在这种潮流的影响下,德国幼儿园的教育又逐渐恢复到以游戏等自由活动为主。

（五）法国学前教育的改革与发展

世界学前教育的先驱性机构——奥帕林编织学校,是法国最早的幼儿教育机构的开端。法国的学前教育历史悠久,并且水平也一直处于世界一流。早在第三共和国时期,法国政府已经通过《费里法令》(1881 年、1882 年),把幼儿教育机构统一称为"幼儿学校"（又译为"母育学校"）,并规定由幼儿学校招收男女儿童,实行免费、统一的幼儿教育。

二战后,法国政府紧随世界幼儿教育的发展潮流,积极借鉴其他国家幼儿教育改革的先进经验,不断推进幼儿教育改革。法国的学前教育改革集中体现在教育民主化、课程综合化、幼小一体化和重视科学教育几个方面。

1.教育民主化

20 世纪中期,西方各国兴起了教育民主化思潮,"实现教育机会均等""保证每个孩子都享受到适合其身心发展的教育"成为一种广泛的社会共识。受民主化思潮的影响,法国政府实施了一系列幼儿教育民主化改革,致力于解决幼儿教育领域中的不平等、不民主问题。

（1）"郎之万—瓦隆计划"——教育民主化的蓝本

1944 年,法国政府建立了一个由大学、中小学、教育行政部门及教师工会等各方面代表组成的委员会,由著名的物理学家郎之万任主席,制定教育改革计划。1946 年,郎之万去世之后,委员会主席由法国著名的教育家和心理学家瓦隆担任。1947 年,委员会提出一份报告,人称"郎之万—瓦隆计划",它有两个核心的教育思想:一是教育民主化;二是以儿童为中心。

"郎之万—瓦隆计划"一经公之于世,西方各国的教育改革立即以此为借鉴,它成为各国对教育进行民主化改革的蓝本。在法国,由于保守势力的阻挠,"郎之万—瓦隆计划"一直没有得以实行,然而,其中内含的"民主化""个性化"思想却成为后来法国一系列教育改革的指导原则(其中包括一系列的幼儿教育改革)。因此,"郎之万—瓦隆计划"被称为"从未实施却又无所不在的计划"。

（2）"重点教育区"的设置——对环境不利儿童的补偿教育

在教育民主化浪潮中,为了让不同种族、阶层、文化背景的儿童能够有机会接受高质量的教育,世界各国纷纷出台了从幼儿教育阶段开始的教育补偿政策。法国的"重点教育区"政策就是一项旨在对环境不利儿童实施补偿教育的民主化政策。1981 年,法国政府提出了建立"重点教育区"的政策。"重点教育区"是依据学校的地理位置、社会环境、学生家长的社会职业状况以及当地的幼儿教育入学率、中小学留级率、外籍学生的比例、中小学网的密度等教育内部和外部指标确定的。被定位为"重点教育区"的地区、社区,国家采取特殊的扶持政策,在师资、经费、设备等方面给予特别的扶持,以提高那里儿童的幼儿教育入学率和中小学的教育质量。若"重点教育区"的教育状况得到了改善,达到了国家标准,"重点教育区"的资格就立即被取消。"重点教育区"政策取得了良好的效果,一些环境比较恶劣的地区、社区的教育状况得到了很大程度的改观。1998 年,为了扩大"重点教育区"的影响和规模,国家以新设立的"重点教育网"取代了"重点教育区"。

2. 课程综合化

随着儿童中心、活动中心思潮对学科中心主义的冲击,从 20 世纪 60 年代开始,法国进行了多次课程的综合化改革实验。

（1）尝试

改革把幼儿学校每周教学总时数由 30 学时减少为 27 学时,所有课程被划分为 3 个板块:第一板块为知识基础科目,午前进行,每周 15 学时;第二板块为启蒙科目(即综合了原来的唱歌、游戏、手工等科目),午后进行,每周 6 学时;第三板块是体育科目,午后进行,每周 6 学时。

（2）改进

1985 年,法国教育部重新制定了幼儿教育的目标,这 3 项目标为:第一,学校生活化,即让幼儿在幼儿学校中习惯学校生活,理解学校是重要的生活领域;第二,社会化,确立站在国际视野上的人道主义,强调要理解不同文化背景和价值观的人们,培养宽让的态度;第三,在身体、口头和文字表达、艺术、科技等领域中发挥幼儿的潜在能力。

（3）完善

1995 年,法国教育部出台《幼儿学校教学大纲》,把幼儿学校课程分为 5 个领域:第一,共同生活。幼儿教育课程的首要目标是教会幼儿如何共同生活,包括集体生活、交际与沟通等内容。第二,学习说话。构筑语言,倾听并考虑他人意见。第三,行动世界。探索身边的世界、学校、班级、社区、自然等并进行活动。第四,发现世界。通过各种文化表征认识自然、环境、社会以及人类的过去和现在。第五,想象、感知和创造。课程活动要充分发展幼儿的感知力、想象力、注意力、批判精神,培养表达的兴趣和选择的能力。

3. 幼小一体化

法国政府一贯重视幼小衔接工作。长期以来,在师资培训方面,法国的幼儿教师与小学教师是在一起培养的,而且其资格可以互换。1996 年 9 月,为了进一步加强幼儿教育与小学的衔接,法国教育部颁布新法令将幼儿教育和小学教育合为一个整体,并以幼儿学校为起点,把这两种教育分为 3 个连续的阶段:

第一阶段为初步学习阶段(cycle des apprentissages premiers),包括幼儿学校的小班和中班,儿童年龄为 2～5 岁;

第二阶段为基础学习阶段(cycle des apprentissages foundalmentaux),包括幼儿学校的大班和小学的前两年,年龄为 5～8 岁;

第三阶段为深入学习阶段(cycle des approfondissements),包括小学的后 3 年,年龄为 8～11 岁。

小学和幼儿学校在教学上实行交叉,特别是在阅读教学中,小学一年级儿童和幼儿学校大班儿童被放在一起,让小学一年级儿童充当"小老师"指导大班儿童的阅读。

4. 科学教育改革举措

科学和技术教育从幼儿学校开始就是法国学校课程的重要组成部分。法国幼儿学校科学和技术课程的具体内容是:让幼儿在制作、创造、敲打、拼拆、修补的动手动脑的过程中,了解事物的不同属性、特征,理解事物之间的关系,获得有关科学技术方面的粗浅知识和技能。

20 世纪 90 年代中期以来,法国开始在幼儿学校和小学进行名为"动手做"的科学教育改革尝试。"动手做"科学项目是法国科学院与法国教育部合作进行的,意在提高小学和幼儿学校阶段儿童的科学教育水平。该项目最早是从美国"HANDS ON"项目发展而来的。1994 年,在法国诺贝尔物理学奖获得者乔治·沙帕克先生的倡导下,该项目引入了法国,起名为"LA MAIN A LA PATE",直译的意思是"让我们一起动手和面团吧"。这一项目最初由法国科学院付诸实施,经过几年的推广,已在法国全境形成了一个实验网络。

(六)苏联和俄罗斯学前教育的改革与发展

1.苏联推进的学前教育改革

二战后,苏联进行了 3 次主要的学前教育改革。

(1)第一次改革:以托幼一体化为重点

20 世纪 20 年代,苏联产生了托儿所,托儿所和幼儿园是分离的。随着托儿所的迅速发展,引发了托幼归属、管理等方面的混乱。为了改变这种局面,1959 年 5 月,苏共中央和苏联部长会议在《关于进一步发展学前儿童教育机构和改善学前儿童的教育及医疗服务措施》的决议中提出:"为了对学前儿童实施与随后的学校教育任务相符的统一教育制度,参照地方的条件与可能,将托儿所和幼儿园这两种儿童教育机关合并为统一的学前儿童教育机构。联合机构除隶属于专业部门之外,一律由加盟共和国教育部集中领导。"

之后,苏联出现了第三种将幼儿园和托儿所融合在一起的幼儿教育机构"托儿所—幼儿园",招收初生至 6 岁的学前儿童。1959 年之后,苏联新建的幼儿教育机构基本上都是"托儿所—幼儿园"。为了适应新的幼儿教育机构,配合托幼一元化的改革,苏联教育部于 1962 年颁布了世界上第一个综合婴幼儿教育的大纲——《幼儿园教育大纲》。

(2)第二次改革:以教育内容的修订为重点

20 世纪 60 年代末 70 年代初,苏联教育部对 1962 年颁布的《幼儿园教育大纲》进行了多次修订。

1970 年修订后的大纲加强了婴儿期的护理和教育的有关内容,把幼儿园 6～7 岁年龄班改为入学预备班,把小学一年级语文、数学的部分大纲要求作为向预备班儿童进行教学的内容。

1978 年出版了《幼儿园教育大纲》的第八次修订本。该修订本重新划分了学前期儿童的年龄阶段,把学前期儿童分成 4 个年龄阶段:学前早期(0～2 岁)、学前初期(2～4 岁)、学前中期(4～5 岁)、学前晚期(5～7 岁)。该大纲还在分段的基础上对各年龄阶段的儿童体、智、德诸方面的发展提出了统一的要求。

1984 年,《幼儿园教育大纲》第九次修订,增加了体、智、德、美、劳等各项任务的难度,提高了为小学做准备的要求,要求教授给幼儿的知识内容要能反映出事物的本质联系,并要求通过更为系统的教育、教学活动,促进幼儿个性的全面协调发展。

(3)第三次改革:"社会主义人道化"改革

20 世纪 80 年代中后期,苏联国家教育委员会在戈尔巴乔夫"社会主义人道化"等一系列改革思维的引导下,开始进行教育科学改革。为了顺应改革趋势,配合小学的基础教育改革,幼儿教育界以《学前教育构想》的制定和颁布为核心,在教育机构管理、学制、教育方法、教育内容等多方面进行了改革。

《学前教育构想》精神包括：成立全苏教育委员会，加强对幼儿教育的管理；改革学制，加强幼小衔接；使教育工作人道主义化等。

《学前教育构想》的主要内容如下：

第一，幼儿教育机构的设置和管理的法律化、民主化和多样化。

第二，要求在教学活动中，不仅以一定的年龄特征为依据，也要注意幼儿的个体差异，保证每个幼儿的情绪能良好健康地发展；将出生头 7 年间的儿童发展分为 3 个阶段：婴儿阶段（出生头 1 年），先学前期（1～3 岁），学前阶段（3～7 岁）。

第三，实行人道主义教育教学，"用个性定向型相互作用模式"取代以往的"教学—训导型相互作用模式"，保证儿童的身心健康，促进儿童全面发展，形成并发展儿童与成人、儿童与儿童之间良好的人际关系。

第四，家庭和幼儿园相互渗透的原则。重视家庭教育的作用，强调幼儿园在各种培养和发展儿童的社会机构中的特殊地位。

2. 俄罗斯学前教育改革与发展

苏联解体后，俄罗斯联邦政府成立，推进了市场化、民主化、多元化、非意识形态化潮流中的幼儿教育改革，体现在 1992 年叶利钦签署的《俄罗斯联邦教育法》中。其主要内容包括：幼儿教育机构的市场化，改变学前教育的社会公益性质；改变政治化的幼儿教育目标，实现幼儿教育目标的非意识形态化；幼儿教育机构管理的自主化等。

由于改革转变得过急过快，出现了过于西化、不适应俄罗斯本土实际的问题。因此，在 21 世纪到来之际，俄罗斯政府反思前期改革，推进了贴近国情的改革，主要体现在《俄罗斯教育系统 1999—2001 年素质教育计划》中。

《俄罗斯教育系统 1999—2001 年素质教育计划》指出："幼儿阶段是人格培养的重要时期，这正是奠定公民素质的前提，也是培养儿童责任心和开发能力的时期。这一时期还要使儿童逐渐懂得尊重他人和理解他人，而不管其社会出身、种族和民族归属、语言、性别和信仰。幼儿教育的任务不仅是要给儿童一定的知识，而且要培养他们的性格、品质、生活能力、良好习惯、行为和健康的生活方式。"

为了保证幼儿教育阶段素质教育的实施，俄罗斯联邦教育部还制定了详细的规定，主要内容包括：保持幼儿教育机构网络并新建网络；完善教师培训系统；鼓励给幼儿教育机构提供现代化教学法；指定并实施幼儿教育机构的新教育大纲和采用开发儿童社会文化的技术手段，培养他们在幼儿教育阶段应用语言交流的能力和行为规范；指定并宣传有教育意义的玩具，编排有教育意义的游戏，使之成为学前儿童素质教育的重要工具；鼓励文化机构、社会独立团体、大众传媒及其他机构积极参加幼儿教育的研究并促进其发展；对未受过幼儿教育的家庭制定帮助措施和建立补偿制度。

（七）中国学前教育的改革与发展

自 1903 年湖北巡抚端方在武昌建立了中国第一所幼儿园以来，中国学前教育大致经历了 3 个阶段的改革和发展：形成期——近现代学前教育体系的形成；发展期——新中国时期的学前教育；普及与提高期——20 世纪 80 年代至今。

1. 形成期——近现代学前教育体系的形成

20 世纪二三十年代，以陈鹤琴、陶行知等从欧美归来的儿童教育家为中心，推动了中国学前教育的第一次全国性的改革浪潮。这次改革确立了幼儿园的地位,颁布了中国第一个课程标准《幼稚园课程标准》,形成了中国近现代学前教育体系。

1922年颁布的《新学制》,把学前教育机构的名称从"蒙养院"改为"幼稚园",作为初等教育的一部分列入学制,从而确定了学前教育机构的地位和性质。

1932年颁布了《幼稚园课程标准》,这是中国学前教育改革的主要途径,也是成果。1936年,《幼稚园课程标准》经过修订,成为当时和之后许多幼儿园的指导思想,其中许多思想在今日仍具有价值。

2.发展期——新中国时期的学前教育

1949年新中国成立以后,开始全面学习和借鉴苏联的学前教育模式,并以其为蓝本对二三十年代形成的学前教育体系进行全方位改革,体现在1951年颁发的《幼儿园暂行规程(草案)》上。

《幼儿园暂行规程(草案)》规定,幼儿园的任务是:"根据新民主主义教育方针教育幼儿,使他们的身心在入小学前获得健全的发育;同时减轻母亲的育儿负担,以便母亲有时间参加政治生活、生产劳动、文化教育活动等。"

《幼儿园暂行规程(草案)》规定,幼儿园的教育目标是:"培养幼儿基本的生活习惯,注意其营养,锻炼其体格,保证幼儿身体的正常发育和健康成长。培养幼儿正确运用感官和语言的基本能力,增进其对环境的认识,以发展幼儿的智力。培养幼儿爱国思想、国民公德和诚实、勇敢、团结、友爱、守纪律、有礼貌等优良品质和习惯。培养幼儿爱美的观念和兴趣,增进其想象力和创造力。"

由于照搬苏联的幼儿园教学,这一时期幼儿教育教学改变了"活动中心""生活中心"取向,采取分科教学的形式。

"文化大革命"对中国学前教育的实践和理论进行了全面的破坏,学前教育理论畸形,学前教育机构活动大范围停止,学前教育事业发展停滞。

3.普及与提高期——20世纪80年代至今

改革开放带来了人们思想的重新活跃,"人"再次重归教育思想领域。中国学前教育通过改革渐入正轨,并进入普及和提高期。

改革开放后,教育部先后颁发了《幼儿园教育纲要(试行草案)》(1981)和《幼儿园工作规程》(1989),用以调整中国学前教育事业的发展方向。1981年的《幼儿园教育纲要(试行草案)》继承了1951年《幼儿园暂行规程(草案)》的特点,但增加了关于幼儿年龄特点的介绍,变"教学"为"教育",这些改变传达出学前教育理念的转变。

1989年的《幼儿园工作规程》提出了许多旨在转变儿童观、教育观、课程观的指导思想,如倡导利用周围环境资源,主张游戏是幼儿的基本活动,要求幼儿园教育内容从儿童生活经验出发,以及幼儿教育要关注个性差异等。这些指导思想都是对改革开放前教育观念的纠正,对之后中国学前教育的发展起到了重要的引领作用。

2001年,教育部颁发了《幼儿园教育指导纲要(试行)》。新的纲要凸显了对世界学前教育发展理念和趋势的顺应,体现了以儿童为本、终身教育、生态教育等理念。教育内容以领域划分为5大板块,更是改革的核心,体现了课程的综合化思想。

此外,进入21世纪,中国政府更加关注学前教育的公平、普及和教育质量的提高。

2010 年颁布的《国家中长期教育改革和发展规划纲要(2010－2020 年)》规定了"基本普及学前教育"的目标。之后,教育部相继颁发相关文件,如学前教育"国十条",要求"坚持公益性和普惠性,努力构建覆盖城乡、布局合理的学前教育公共服务体系,保障适龄儿童接受最基本的、有质量的学前教育"。这正是当前中国学前教育变革的方向。

📖 知识索引

"国十条"

　　"国十条"是 2010 年 11 月 21 日颁布的《国务院关于当前发展学前教育的若干意见》的俗称。《国务院关于当前发展学前教育的若干意见》的出台是为了贯彻落实党的十七届五中全会、全国教育工作会议精神和《国家中长期教育改革和发展规划纲要(2010－2020 年)》,积极发展学前教育,着力解决当前存在的"入园难"问题,满足适龄儿童入园需求,促进学前教育事业科学发展。十条规定如下:

　　一、把发展学前教育摆在更重要的位置。

　　二、多种形式扩大学前教育资源。

　　三、多种途径加强幼儿教师队伍建设。

　　四、多种渠道加强学前教育投入。

　　五、加强幼儿园准入管理。

　　六、强化幼儿园安全监督。

　　七、规范幼儿园安全监管。

　　八、坚持科学保教,促进幼儿身心健康发展。

　　九、完善工作机制,加强组织领导。

　　十、统筹规划,实施学前教育三年行动计划。

(建议查阅文件,学习全部内容)

📖 拓展阅读

中国加入世界学前教育组织

　　1981 年,联合国教科文组织在巴黎总部召开国际学前教育协商会议,原中央教育部派孙岩同志参加。当时世界学前教育组织(OMEP)主席古他赶往巴黎会见孙岩,邀请中国参加 OMEP。经研究会常理事会数年的了解、咨询和研究,决定以团体参加。1986 年,国家教委〔1986〕教外际字 700 号文件批准中国教育学会幼儿教育研究会(后更名为"中国学前教育研究会")加入 OMEP,并同意每年提供 500 美元以内的外汇额度作为会费。中国学前教育研究会递交 OMEP 中国委员会章程。后于 1988 年 9 月,在布拉格举行的 OMEP 理事会上,中国被接受为正式会员。OMEP 中国委员会的任务是:根据 OMEP 的宗旨和目标为促进学前教育,促进学前教育儿童在家庭、教养机构、社会中的有利发展,促进会员国之间的相互了解、相互帮助而努力。

本章小结

本章梳理了世界学前教育发展的主要脉络。从原始社会到中世纪到文艺复兴时期，从18世纪到20世纪；从朴素的生存观到原罪论，从"人"的发现到儿童的发现；从夸美纽斯到卢梭到杜威，从欧文到福禄贝尔到蒙台梭利。以不同的线索交叉，呈现了世界学前教育发展的概况。

世界学前教育机构的产生以奥帕林编织学校为萌芽，至欧文学校作为开端，到福禄贝尔幼儿园的专门化，逐步形成完善的体系和制度。夸美纽斯、洛克、卢梭、裴斯泰洛齐、欧文、福禄贝尔、蒙台梭利、杜威等教育思想家或教育家，以他们的理论及实践影响和推动了世界学前教育的变革和发展。二战之后，各国进行了全方位的学前教育改革，改革的理念基本趋向儿童为本、学前教育民主化和普及化、学前课程综合化等。

阅读导航

1.[美]贾珀尔·L.鲁普纳林，詹姆斯·E.约翰逊.学前教育课程(第三版)[M].黄瑾等译.上海：华东师范大学出版社，2005.

本书第一章"学前教育的历史回顾"，作者以时间为宏观线索，在每一个时期里，分别介绍当时的儿童观、环境与课程、教师角色、学校、父母和社区及代表性幼儿教育思想家和代表性幼儿园等。

2.[美]George S. Morrison.当今美国儿童早期教育[M].王全志，孟祥芝等译.北京：北京大学出版社，2004.

本书第三章"过去与现在：未来的序幕"，较为系统地列出了历史人物及他们对儿童早期教育的影响、对良好的教育实践发挥根本作用的基本理念、过去与现在的儿童观等内容，提供比较清晰的思路去了解世界学前教育的发展进程。

3.周采.比较学前教育[M].北京：人民教育出版社，2010.

本书第一编采用国别体，分述了美国、英国等几个国家的学前教育发展历史和状况，可以为大家了解具体国家的学前教育历史提供参考。

4.粟高燕.中外学前教育史[M].天津：天津大学出版社，2014.

本书以中外学前教育的发展历程为基础，深入阐述各个时期具有代表性的人物及其学前教育理念，总结了21世纪初期前中外学前教育的历史、实践、思想特征及其宝贵经验。本书由中国学前教育史和外国学前教育史两部分组成，分别以古代、近代、现代、当代四个时间段为出发点，详细论述学前教育发展过程中的理论与实践。

拓展练习

1.说出影响世界学前教育发展的几位历史人物和他们的教育思想。

2.比较分析福禄贝尔幼儿园、蒙台梭利幼儿园和进步主义幼儿园的特征。

3.根据二战后各国学前教育改革运动，思考世界学前教育发展的趋势。

4.思考影响世界学前教育发展的因素有哪些。

第二章
学前教育立法比较

教育立法能有效地从法律层面解决教育发展中面临的诸多问题，是实现依法兴教、依法治教的基础。当前我国学前教育尚未真正纳入法制化的轨道，亟待通过立法保障学前教育事业的科学发展。公众对制定"学前教育法"的诉求也越发强烈，从某种意义上讲，学前教育立法已经成为一个"公众论题"。当今世界，已制定和颁布学前教育法律的国家有数十个之多。介绍、比较各国学前教育立法情况，对我国及国际学前教育立法实践都有价值。本章即从学前教育立法的背景与进程、内容等方面呈现、比较几个代表性的国家学前教育立法情况。

◆ 案例链接

2012 年 9 月 30 日,《中国教育报》刊发了全国人大代表、湖北省人大常委会副主任、华中师范大学教育学院教授周洪宇的文章《紧紧抓住学前教育立法的良好契机》。其中部分内容如下:

当前,我国学前教育立法的条件已经成熟,建议将制定《学前教育法》纳入"十二五"立法规划,从根本上确立学前教育在国民素质提高中的基础性和公益性的地位,为学前教育的发展提供法律依据和保障。当前,我国学前教育事业正在快速发展,学前教育立法面临着良好的契机,《学前教育法》立法条件已经成熟。

2010 年 7 月,《国家中长期教育改革和发展规划纲要(2010—2020 年)》明确提出了 2020 年基本普及学前教育的发展规划目标和战略举措。2010 年 11 月,温家宝总理在就学前教育发展进行专题调研时明确指出,要"通过立法把发展学前教育纳入法制轨道"。这为加快学前教育的立法进程奠定了良好的基础。

2010 年 11 月 21 日,国务院下发了《关于当前发展学前教育的若干意见》,提出了加快学前教育发展的十条政策措施。2010 年 12 月 1 日,国务院召开全国学前教育工作电视电话会议,专题部署学前教育发展工作。

"十五"以来,教育部门针对各地蔓延的公办幼儿园转制风,幼儿园的高收费、乱收费以及教师队伍问题、幼儿园安全管理问题等开展政策调研,围绕企事业单位办园改革、农村学前教育、民办幼儿园管理等开展了多次专题调研,同时委托相关研究机构和高校有针对性地开展了一系列政策研究,为立法提供了参考和依据。同时,各地因地制宜,创新学前教育事业发展模式,也为立法提供了有益的依据。

另外,我国是《儿童权利公约》的签约国,向全世界做出了保障儿童教育、发展等基本权利的承诺。在当前国力大大增强之际,建议国家加快学前教育立法进程,尽快制定《学前教育法》,争取在"十二五"期间基本完成。通过立法,使学前教育事业发展和办学行为有法可依,依法保障学前教育事业的健康、有序发展。

鉴于学前教育立法的迫切性,建议全国人大尽快委托有关部门制定《学前教育法》,并将之纳入"十二五"立法规划。

◆ 问题聚焦

1. 通过上述案例,你认为中国学前教育立法的契机是什么?
2. 结合你了解的教育现实,谈谈中国学前教育立法的迫切性体现在哪些方面?
3. 你觉得学前教育立法的内容应该包括哪些方面?

◆ 学习目标

1. 了解学前教育立法的意义,知道学前教育法应包含的基本内容。
2. 了解世界各国学前教育立法的背景和现状。
3. 比较并评析各国学前教育法律的内容和特点。

|第一节|
学前教育立法概述

一、学前教育法的含义

学前教育法是国家关于学龄前儿童教育有关法律规范的总称。作为法律规范,学前教育法就是国家通过立法,规定人们在学前教育过程中应该遵循的行为规则,即允许做什么,应该做什么,禁止做什么。如果有关方面违反这些法律规范,应该承担什么法律责任。

学前教育立法的根本任务是根据学前儿童身心发育的客观规律,把有关学前教育的原则、方针、基本内容和实施手段、管理体制,学前教育法律关系有关方面的权利、义务,以法律的形式确定下来,使之规范化。所以,学前教育法一般应包括:学前教育的性质、学前教育的目的与具体任务、发展学前教育事业的方针、学前教育实施的原则、学前教育的内容和实施手段、学前教育工作者的资格与职责、学前教育机构、学前教育管理制度以及学前家庭教育等。[①]

二、学前教育立法的必要性

学前教育法律作为专门调整学前教育活动最具强制力的社会规范,必将为保障和促进学前教育事业发展发挥其独特的作用。通过立法规范学前教育中不同主体的行为,确立和调整权利义务关系,从而为人们提供行为标准和模式。

1.学前教育立法是维护学前儿童权利的要求

蒙台梭利在其著作《孩子成长的秘密》中有这样的描述:直至 20 世纪初之前,社会对儿童一直视而不见。儿童完全被托付给家庭抚养,他所拥有的唯一保护是父亲的权威,这种做法可以追溯到两千多年前的罗马法。在这漫长的时期中,文明已经取得了进步,对成人的法律也做了重大改进。但是,儿童却仍然没有受到社会的任何保护,他所得到的只有家庭提供的物质、道德和智慧上的帮助。如果他的家庭不能提供此类帮助,社会也丝毫不会感到应该对其承担一定的责任,于是,儿童便只能在物质、道德和智慧的匮乏中长大。迄今为止,社会从来没有要求父母在各方面做好准备,热切迎接并悉心照顾未来社会的一分子——孩子。国家在制定官方文件时那么严密,对繁文缛节那么一丝不苟,对规范微小的社会责任那么热衷,但对于未来的父母是否有能力保护孩子,为其提供适宜的成长环境这个问题却毫不关心。[②]

历史发展至今天,世界上任何一个国家都尚未做到 1870 年美国《伍德赫尔和克拉夫林周刊》中一位儿童权利倡议者提出的"每一个出生在社会怀抱中的儿童都有权得到我

---

① 范正美,于宏.教育法学[M].哈尔滨:黑龙江教育出版社,1991:74.
② [意]玛利亚·蒙台梭利.孩子成长的秘密[M].张伟红译.北京:北京燕山出版社,2013:194.

们所能提供的最好的照料"的基本原则。今天世界各国尤其是一些经济和文明都落后的国家和地区,儿童基本的生存权、受教育权等都不能得到保障;儿童的独立人格、自主权在家庭、社会中均不能得到应有的尊重;儿童在家庭、学校和社会中均有受虐现象等,诸如此类,需要依靠立法来得到有效解决。也即是说,学前儿童权利的获得和维护,也需要学前教育立法。

2. 学前教育立法是确保教育公平的必然要求

在教育公平备受重视的大背景下,学前教育公平因其在教育公平中的基础性地位和作用而日益成为人们关注的新焦点。学前教育是基础教育的起始阶段,学前教育的公平是教育起点的公平,没有教育起点的公平,就没有真正意义上的教育公平;缺乏教育起点的公平,就难以真正构建教育公平和实现社会公平。

较之其他阶段的教育,学前教育因其教育对象年龄的低幼特征和其性质地位不明朗的特点,学前教育的入学率、教育质量都存在较大的区域差异和阶层差异。并且,这种由于区域经济发展不均衡、贫富不均等导致的学前教育不公平问题,还有愈演愈烈之势,亟须学前教育立法保障。

3. 学前教育立法是健全教育法制,实施依法治教的应然要求

所谓法制,是指立法、执法、司法以及法律监督的活动和过程。健全教育法制就是要依法办事,使教育领域有法可依,有法必依,执法必严,违法必究。依法治教要求建立和完善教育法规体系,把国家与社会全部的教育活动纳入依据法律进行管理的轨道,做到行政机关依法行政,办学主体依法办学,学校依法治校。在学前教育领域,必须通过学前教育法律的制定和完善,发挥其他任何政策措施所难比拟的强制、约束及规范作用,全面实现学前教育领域的依法治教。

4. 学前教育立法是解决学前教育存在的诸多问题,促进学前教育健康发展的必然要求

学前教育在人的培养中承担着特殊的使命,对提高国民的整体素质和我国教育事业的健康发展起着重要的奠基性作用。然而,随着市场机制被全面引入学前教育,市场成为调节学前教育的主要方式,政府弱化或放弃了对学前教育的管理和监督,学前教育没能被真正纳入国民教育体系中来,学前教育的重要性被忽视,并被排除在国家公共财政体系的保证范围之外。法规与规章的效力存在局限性,不能解决学前教育投入这一根本问题。要从根本上解决学前教育存在的诸多问题,促进学前教育健康发展,必须通过法律明确政府的职责与责任,以法律的形式确认学前教育的财政投入政策及实施保障制度,明确幼儿教师的身份和地位,完善学前教育管理体制,构建科学合理的学前教育治理构架,将学前教育机构的审批与管理的责权统一纳入教育管理体系之中。

拓展资料

【1】蒙台梭利《孩子成长的秘密》中关于儿童权利的描述

从遥远的古代到当今时代，在所有的教育理念中，"教育"几乎都是"惩罚"的代名词。教育的最终目的通常都是让儿童屈从于成人，后者用自己取代了自然，用自己的意愿取代了生命的规律。不同国家惩罚儿童的方法不尽相同。私立学校通常有固定的惩罚模式，比如：在学生背后贴侮辱性的牌子，在头上戴圆锥形的傻瓜帽，或者直接在手上戴枷，接受他人肆无忌惮的讥笑和嘲弄。学校通常采用的手段都是体罚，强制孩子面对墙角站几个小时，让他什么也看不到，让他感到无聊、疲倦。其他惩罚方式包括让孩子赤裸膝盖跪在地板上，或者当众鞭笞、杖打。现在对这种野蛮行为做了巧妙的改进，它源自一种理论，即学校和家庭在教育工作中要联合起来。在学校受罚的儿童回家后必须将此事告诉父亲，由此父亲可以跟老师一起对他进行惩罚和斥责。然后，儿童还要把父亲写的便条带回学校，证明父亲已经知道了孩子的不良行为，并且已经对其进行了惩罚。这样，儿童便被迫背起了自己的十字架。

没有人站出来保护儿童。被宣判的罪犯还有上诉的机会，但儿童可以申诉的法庭在哪里呢？没有。他们可以寻求庇护和慰藉的爱又在哪里呢？没有。

学校和家庭联合起来惩罚孩子，因为他们认为，若非联手，惩罚的效果可能会降低，教育可能不会成功。但是，家庭并不需要学校提醒他们要惩罚自己的孩子。最近对家庭惩罚的各类调查（其中一项调查是在国际联盟倡议下进行的）表明，即便在当代，没有一个国家的儿童在家中不受罚。父母会对他们进行斥责、侮辱、扇耳光、拳打脚踢、赶出家门、关进小黑屋，甚至还威胁给予更大的惩罚。

【2】中国 颜艳红虐童事件及处理凸显出学前教育法律法规的缺位

2012年10月24日，网络上一张照片引起人们关注：一个女老师一脸微笑，两只手分别揪着一名男童的左右耳朵，将男童双脚提离地面约10厘米，耳朵被扯得变形，男童因剧痛张着嘴巴哇哇大哭。此事发生在浙江温岭某幼儿园。网友人肉出了她的身份证号、手机号、QQ号、家庭住址、毕业院校等个人信息，并在其QQ空间里发现多张儿童被胶带封嘴、蒙脸、倒插垃圾筒、教幼童接吻等照片。

事发后，相关部门介入调查，但在逮捕与不逮捕、判以何种罪名上出现了问题——中国相关法律没有对关于托幼机构及学校如此对待儿童的行为做出相关规定，最后以"涉嫌寻衅滋事罪"定名。详情可看白岩松主持的《新闻1+1》"幼儿园为什么不好玩"。

三、学前教育立法的基本价值

（一）教育的公共性和学前教育的公共性

教育的公共性是指教育涉及社会公众、公共经费以及社会资源的使用，影响社会成员共同的必要利益，其共同消费和利用的可能性开放给全体社会成员，其结果为全体社会成员得以共享的性质。从教育的目的与功能、教育的价值取向、教育管理的主体、教育的对象、教育产生的影响等方面分析，公共性可谓现代教育最基本的特征。

学前教育的公共性应具体体现为以下4点：一是与宗教相分离，学前教育应成为世俗性的公共事业。二是基本水平的学前教育应由国家设立或批准的幼儿园来实施,体现国家实施国民教育的义务性。国家应保证公民基本的学前教育的需求,但这并不意味着国家是学前教育的唯一办学主体。为了满足公民多元化的需要,企业、事业单位和其他社会组织,有权利依照法定程序举办符合法定条件的幼教机构。三是实施学前教育的幼儿园、教师具有公共和公务性质,他们的工作应对国家和社会负责,对全体国民负责。教师应受到全社会的尊重,社会各方面都应"助教",维护学校和教师的合法权益。四是国家对实施学前教育的幼儿园、教师进行有效的管理与监督。

(二)公共性:学前教育立法的基本价值取向

教育立法是国家权力机关依照法定职权并通过法定程序,创制教育法律和其他规范性文件的活动,是教育法所要促进的目标价值法律化的过程,是公众意志的具体体现。公共性作为学前教育的一个最基本特性,既是分析学前教育立法乃至政府活动的基本性质和行为归宿的重要工具,也是评判学前教育立法的基准性价值,还是学前教育立法分析的基本理念和核心精神。因此,确保学前教育的公共性就成为学前教育立法的基本价值和逻辑起点,教育公共性所体现的合理性、公益性、公平性以及公开性同时也为学前教育立法提供了一般思维范式和分析维度。

在市场机制全面介入学前教育领域的过程中,忽视学前教育的地位,忽视政府在学前教育中的职能及应该发挥的重要作用,使得市场机制中的幼儿园及其他幼教机构只注重追求利益或其他可被测量的方面(如幼儿的学习成绩),而没有很好地关注到学前教育这个特殊领域中一些极为重要的方面(如幼儿体、智、德、美诸方面的全面培养),从而扩大了由强势群体与弱势群体之间的距离所导致的社会不公正和社会分裂,学前教育目标难以得到保证,出现公共性危机。国家规范教育的合理性基础,主要源自教育的公共性。学前教育的公共性为学前教育立法提供了一般思维范式和分析维度,也构成了学前教育立法的分析价值。必须将这一价值全面地具体化为规范学前教育的准则,才有可能形成完善的责任机制的规范基础,学前教育的公共性才有可能得到保障。

|第二节|
国际学前教育立法的背景与进程

学前教育立法都有其一定的历史背景,其进程也因各国政治、经济、文化差异而各有不同。本节仅以德国、美国、日本、法国等几个学前教育大国为代表,呈现其立法的背景和进程。

一、德国学前教育立法的背景与进程

德国是欧洲传统经济大国。面对新时期激烈的国际竞争,高速发展的技术革新和日趋严重的老龄化问题,德国政府和民众均深刻认识到德国儿童今天所接受的教育决定了德国在未来能否成功应对科学、经济以及社会政治等各方面的挑战。在此背景下,如何保障和提高德国国民所接受的教育质量就被赋予了极其重要的意义,教育成为德国的一个重要议题。

(一)德国学前教育立法的政治背景

德国是一个典型的联邦制国家。自 1990 年两德统一以来,德国共由 16 个联邦州组成,各州拥有文化主权,即各州在教育、科学、文化以及家庭政策的制定方面均拥有独立权。根据德国基本法,一方面,各联邦州在教育和文化政策方面拥有自主权,可以根据各自不同的历史、政治、文化背景等因地制宜地制定适合本州的教育政策和措施,从而形成教育体制的多样性;另一方面,各联邦州对于国家的整体发展负有共同责任,因此,联邦州有权利也有义务与联邦政府合作,以便在全国范围内实现教育体制基本结构的统一。2005 年,德国开始联邦制改革,重新规定联邦与各州之间的立法权分配。通过此次改革,联邦政府在教育领域的立法权限被进一步缩减。除了联邦制原则以外,地区自治是德国政权分配的又一大特点。作为公民自由的一种表现形式,地区自治在德国的发展可以追溯到中世纪。《德意志联邦共和国基本法》第 28 条明确规定,乡镇以及乡镇联合体的自治权包括对本地公共设施的保障,其中一项重要任务即指对幼儿园、中小学以及医院、体育馆等公共设施的建设与维护。由于德国的学前教育不受联邦政府的集中管辖,因此,在 16 个联邦州以及各个地区,学前教育的机构设置、师资配置和发展水平等都存在不同程度的差异。

(二)德国学前教育立法的经济背景

2000 年以来,德国经济发展一直萎缩不振,基本保持停滞甚至后退的状态。直到 2004 年,德国经济增长率恢复并达到 1.7%,表现出好转的趋势。其经济发展缓慢的一大症结在于其社会福利制度所造成的福利保障过高,诸如高工资、高失业率等,成为德国经济发展的阻碍。德国的社会福利支出占国内生产总值的 33%。政府每年要拿出巨额财政补贴来支付失业救济金和社会救济金等各种保险费用。过高的福利保障增加了国家的财政负担。2002 年起,德国政府财政赤字已经连续三年突破欧盟《稳定与增长公约》

所规定的 3％ 的上限。2004 年,累计政府净债务更是高达 845 亿,占 GDP 的 3.9％。在这种情况下,德国政府不得不严格控制预算规模,这无疑对教育发展,同样也对学前教育发展带来了挑战。但是,各州出台最新的学前教育法修订案,以法律的形式保障了对学前教育的投入,如黑森州、勃兰登堡州、图林根州等。此外,还有部分联邦州正在力争实现学前教育的部分免费。2007 年,德国联邦家庭部与各地区代表就增加日托机会问题达成一致,决定到 2008 年为 20％ 的 3 岁以下幼儿设立托儿所,而到 2013 年则把这个比例提高到 35％。为了实现这一计划,德国政府需要投入的资金高达近 60 亿欧元。

(三)妇女就业背景

传统德国一直以来是一个"男人赚取面包"的社会。在家庭中,一般是男人出外工作,承担生活费用;女人在家里料理家务,照顾孩子,做全职"家庭主妇"。但是,随着经济的发展,以及性别平等意识的加强,目前德国女性的就业率持续增长。据统计,2004 年 3 月,德国的就业总人数为 3570 万人,占社会总人口的 43.2％。而同期,15～65 岁女性的就业率达到了 66.8％。由于传统的转变,德国必须面对的是学前教育机会的严重不足问题。这一点在西部的老联邦州中表现得尤为突出。为了促进女性就业并为双职工家庭提供支持,德国于 20 世纪 90 年代中期明确引入了儿童获得入园机会的法律权利,并于 2004 年和 2005 年两次修订《儿童及青少年救助法》,从法律上保障学前教育机构的扩建和学前教育机会的普及。

(四)出生率下降及老龄化问题

德国的人口出生率很低,是世界上出生率最低的国家之一。近些年来,德国的人口呈现出典型的欧洲特点——愿意生育的年轻人越来越少;年轻人推迟结婚和生育的时间;离婚率不断增加,单亲儿童比例增多。出生率的下降给德国社会带来了很多问题:未来的劳动力市场、经济发展、社会福利体系和公共基础设施都将受到巨大的影响。

同时,出生率的降低带来了社会老龄化问题。由于德国目前的福利体系是由年轻的一代工作养活年老的一代,所以,老龄化时期德国的社会体系运作将受到巨大的威胁。为减轻未来数十年因人口变动可能导致的问题,目前德国政府正积极采取三方面的对策:争取年长就业者;减轻家庭妇女就业者公私两难的负担;积极规范移民政策。为了支持并且促进妇女就业,解决她们在家庭和工作之间的矛盾,保证儿童充足的入园、入托机会,提供优质的学前教育,就成为各级政府工作的重点。

二、美国学前教育立法的背景与进程

(一)日趋激烈的国际竞争使教育质量备受关注

随着国际社会竞争的日趋激烈,各国人才竞争被推至前台,如何获得高质量的人才储备,如何提升公民整体素质,上至美国联邦政府,下至广大民众,都不约而同地将目光投向了教育。1958 年,著名的《国防教育法》拉开了第二次世界大战后美国教育改革的序幕。紧随其后的是,20 世纪 60 年代培养一流科技人才以增强国防能力的改革,70 年代"恢复基础"的运动,以及 80 年代《国家处于危机之中:教育改革势在必行》《普及科学:美国 2061 计划》的颁布。"重建学习体系"与"全面提高教育质量"的教育体制根本性改革可谓一浪接一浪。夯实基本能力、提高教育质量成为美国基础教育改革的主线,在学前教育领域的集中体现,则是对儿童阅读、数学与科学知识与能力的高度重视。其中,又以学前儿童阅读能力的发展与培养为焦点中的焦点。

至20世纪90年代初,教育现实无情地告诉美国人:一系列教育改革的效果不尽人意——美国学校教育质量仍然偏低,学生成绩仍不理想。据1989年美国教育考察所对全美140万中小学生的基本能力调查显示:阅读方面,有60%的17岁学生看不懂初中、高中课文和报刊文章;数学方面,有49%的17岁学生竟然不知道"10的80%究竟大于10还是小于10";科学方面,有59%的17岁学生不会运用所学知识解释教科书中的问题。追根溯源,学者与政治家们认为,根源在于美国学前儿童阅读能力差这样一个带有基础性的问题。由于美国幼儿的阅读能力在整体上欠佳,一方面,从纵向上来看,已经明显地影响到了其小学生和中学生的阅读水平的提高;另一方面,从个体的全面发展来看,对儿童的其他方面,包括认知、情感与社会性等的发展都带来了不利影响。

基于上述现实,美国联邦政府开始从事关美国长远发展大计与其国际竞争力高下的高度来看待美国学前儿童阅读能力低这一问题,并给予了高度重视。《2000年目标:美国教育法》(1994年)、《不让一个孩子掉队法》(2002年)等重要的学前教育相关法律正是在这种形势下出台的。

(二)促进教育公平,向贫困宣战

从20世纪60年代开始,美国政府就掀起了反贫困运动,努力提升社会保障制度的效益,缩小贫富差距,促进社会公平,尤其重视包括学前教育在内的教育机会均等的实现。正是从那时起,美国政府就注重利用公共资金为社会经济处境不利的儿童和有特殊需要的儿童及家庭提供补偿性质的教育服务。美国著名的"开端计划"项目也正是在这个时期形成并持续发展至今的。据统计,美国联邦政府和州政府2002年用在支持弱势儿童及其家庭方面的支出超过180亿美元,其中来自联邦政府的资金就超过140亿美元。综上可见,尽管贫富差距大仍是美国突出的社会问题之一,美国政府在相关政策制定与执行中也还存在着一定的矛盾性,但其几十年来一直持续不断地向贫困宣战、推进公平,体现了美国政府改变社会现状、消除贫困、促进社会公平的强烈愿望与努力行动,特别是在学前教育和中小学教育阶段中制定并出台了多部相关法律与政策,试图经由教育的公平促进美国社会公平的实现。《开端计划法案》(1981年)、《入学准备法》(2003年)、《不让一个孩子掉队法》等多部法律都是在此背景下诞生的。

(三)美国政府及社会保障制度改革推动学前教育立法

20世纪二三十年代,面对经济的萧条,美国放弃了自由放任的经济指导思想,转向干预主义,并经由国会于1935年颁布《社会保障法》,开始全面建设保障型的社会保障制度,主张国家全面干预和调节,扩大政府支出,承担更多的公共事业投资和社会福利责任,对生活在贫困线以下的人实行社会救济。政府在社会救济、社会福利中是最主要的责任人。

20世纪70年代,经济发展速度的放慢和社会不平等的加剧,引发了后续的社会保障制度改革。克林顿政府采取积极型社会福利改革,强调构建一个以"个人责任"为基础的新型福利制度,主张福利不是一种生产方式,而只是"走向自立和尊严的一条道路"。小布什政府同样把社会保障制度改革作为一项重要的政策目标,改革重点之一即推动教育、医疗制度等的改革,特别是加大对包括学前阶段在内的教育的扶持力度。

20 世纪 90 年代以来,美国联邦政府连续进行了两次重大改革:其一是 1993－2000 年克林顿政府为期 8 年的"重塑政府"运动——"国家绩效评估",它被看作美国历史上持续时间最长也是最成功的一次改革;其二是小布什总统 2001 年上任后推出的"改进联邦政府管理和绩效战略"的政府改革——"总统管理议题"。作为政府行为和国家意志的集中体现,美国学前教育法律所体现出的一些主要特点与美国这一"以绩效为核心"的政府职能改革背景有着千丝万缕的密切联系。

(四)萌发—确立—更新和完善:美国学前教育立法的演变历程

1. 美国学前教育立法的萌发

20 世纪初,美国经济繁荣,但社会贫富差距越来越大,社会矛盾日趋激烈,政府出台了一系列抑强扶弱的福利政策。1912 年,罗斯福总统提出建立联邦儿童局,将所有联邦儿童事务进行整合,并制定出一系列保障儿童权利的法律和措施。联邦儿童局是一个开展儿童保健教育以及母婴服务的政府机构,现隶属于卫生和公共服务部,对国会健康、教育、劳动、福利委员会负责。1921 年,联邦儿童局制定了《母子法》,由联邦政府向各州拨款,以保障母婴权益。美国联邦政府由此逐渐为儿童福利和教育事务确立了稳定的制度安排。

20 世纪 30 年代,美国遭遇了最大的一波经济危机,人民生活窘困。罗斯福政府颁布的《联邦紧急救济法》规定,由联邦出资建立覆盖全美的紧急保育学校,以满足经济困难家庭的幼儿在营养、健康、教育等方面的需求。到 1938 年,紧急保育学校不仅为 20 万个贫困家庭儿童提供了有营养的食物,而且实施了与各年龄组相适应的课程,配备了受过短期专业培训的幼儿教师。紧急保育学校是美国联邦政府首次通过法律实施的学前儿童保育和教育项目,虽然该项目以福利为目的,但对后来的学前教育机构运作标准以及教师培训等产生了深远的影响。

二战前后,美国大批妇女开始就业,从事军事等产业的工作。于是,美国政府于 1940 年出台了《兰汉姆法案》,规定由联邦政府拨款建立儿童保育中心,为参加军工生产的父母解除后顾之忧,同时保障儿童获得相应的发展。儿童保育中心和紧急保育学校的区别在于:紧急保育学校服务于贫穷和父母失业家庭的幼儿,以福利为主旨;儿童保育中心则是为所有参加军工生产的家庭的幼儿服务。《兰汉姆法案》实施期间,服务了大约 55 万到 60 万名儿童,且这一法律大大推进了美国学前教育机构的建立及其学前教育的发展。

2. 美国学前教育立法的确立

20 世纪 60 至 80 年代是美国学前教育法的形成时期。1965 年,白宫经济机会办公室启动了"开端计划",对处境不利的儿童进行早期补偿教育。1969 年,该项目转由当时的联邦卫生教育福利部来实施。该项目由联邦拨款,以生活在贫困线以下家庭的 3～5 岁孩子为服务对象,目的是改善这类儿童的身体健康状况,增进其情感和社会性的发展;发展其认知能力,尤其是运用语言和概念方面的技能,使他们建立学习的信心。由于该计划以实现教育机会均等为目标,扩大了弱势群体的受教育机会,因而受到公众的欢迎,"开端计划"学前班大规模地发展起来。到 1972 年,从该项目受益的儿童达到 100 万人以上,该项目使贫穷家庭儿童与其他同龄人站在了同一起点上。

1981年,美国联邦政府颁布了《开端计划法案》,对"开端计划"的拨款数量和款项使用做出了明确规定。此后,根据各时期出现的新情况,美国政府多次对其进行了修订和重新授权,不断完善学前教育的目标。"开端计划"及《开端计划法案》使美国学前教育成为专门法律规范下的政府行为,对推动美国学前教育的发展发挥了里程碑式的作用。

3. 美国学前教育立法的更新和完善

1994年3月,克林顿总统签署颁布了《2000年目标:美国教育法》。该法设定的学前教育发展目标是:到2000年,所有儿童都要为上学做好准备。该目标的具体内容包括:所有儿童都要接受高质量的、能发展其潜力的学前教育,帮助其做好上学的准备;所有儿童必须获得生长所必需的营养、卫生保健和体育锻炼,以便他们进入小学时具有健全的头脑和强壮的体格。这一法律进一步提升了学前教育的地位。

2002年,美国为了加强全美基础教育,颁布了《不让一个孩子掉队法》。其中,"阅读优先项目"覆盖学前教育,强调幼小衔接、教师素质的提高和促进幼儿情感与社会性的发展。为了保证"阅读优先项目"的顺利实施,2003—2008年,美国联邦政府每年投入9亿美元,其中"早期阅读项目"拨款为每年7500万美元左右。此外,卫生和公共服务部1990年颁布了《儿童保育与发展整体拨款法》,2000年颁布了《早期学习机会法》,2003年颁布了《入学准备法》,且"开端计划"被重新授权。这些法律都为促进美国学前教育发展,尤其是确保弱势儿童全面健康发展发挥了重要作用,确保了美国学前教育公平和学前教育质量的整体提高。

三、日本学前教育立法的背景与进程

(一)第二次世界大战前日本学前教育立法的背景与进程

1.《学制》:"幼稚小学"纳入学制

日本近代以来的学前教育立法最早可以追溯到1872年的《学制》。1868年,日本明治维新取得成功,开始进入新的历史阶段。明治政府成立以后,于1872年颁布了一项奠定日本近代教育制度的重要法令《学制》。《学制》参照法国教育模式对日本近代教育制度进行了全面设计,是日本近代最早的完整教育蓝图。《学制》设计了一种"幼稚小学"。从制度设计上看,当时的"幼稚小学"定位不清,《学制》一方面说"幼稚小学"是小学的一种,不属于"学前"教育;另一方面又规定"幼稚小学对6岁以前之男女子弟教授小学前之端绪"。从这一规定来看,它相当于学前教育。尽管没有付诸实施,但《学制》的规定也足见当时的明治政府已经把发展学前教育纳入考量。

2.《幼儿园保育及设备规程》:日本历史上第一个关于幼儿园的独立法令

1876年,文部省在东京女子师范学校设立了"幼儿园",对3~6岁的幼儿实施福禄贝尔式的幼儿教育,这所幼儿园后来成为日本幼儿园的典范。1884年,政府下令禁止不满学龄的儿童进入小学学习,而倡导他们接受幼儿园教育,但当时政府正忙于举办公立小学,实际上无暇举办公立幼儿园。在这种情况下,私立幼儿园得到了迅速发展,到1909年,私立幼儿园超过了国立(中央政府设立)和公立(地方政府设立)幼儿园的总和。在这一发展过程中,由于幼儿园的大量增加,社会上普遍要求政府加以规范,为此文部省于1899年制定了《幼儿园保育及设备规程》,这是日本历史上第一个关于幼儿园的独立法令。

3.《幼儿园令》：日本第一个关于幼儿园的"敕令"

1926 年,日本公布《幼儿园令》,是日本第一个关于幼儿园的"敕令"。《幼儿园令》规定:幼儿园的目的是"保教幼儿,令其心身健全发展,涵养善良性情,以补家庭教育";对象是 3～6 岁的幼儿,特殊情况未满 3 岁也可入园;保教项目为游戏、唱歌、观察、谈话、手技等;保母(或保姆)和园长须有相应资格,保母须持保母资格证。《幼儿园令》的公布促进了幼儿园的大发展,幼儿园的性质也远不止于仅是家庭教育的补充,而且成为专门从事幼儿教育的机构。

(二)第二次世界大战后日本学前教育发展的背景和进程

1.二战后至 20 世纪 50 年代:现代学前教育法制框架和方向的奠定

二战以后,日本在联合国占领军司令部主导下进行了系列政治改革,最根本的是1946 年 11 月颁布的《日本国宪法》,彻底改变了日本的政治体制。作为一个民主性文件,《日本国宪法》对日本的国民教育有着新的规定,第 25 条规定全体国民都享有最低限度的健康与文化生活权利。国家必须在生活的一切方面为提高和增进社会福利、社会保障以及公共卫生而努力。第 26 条规定,全体国民都有依其能力所及接受同等教育的权利,都有使受其保护的子女接受普通教育的义务,并且义务教育免费。

在这种背景下,1947 年 3 月日本《教育基本法》颁布,内容主要包括教育目的、教育方针、教育机会均等、义务教育、男女同校、学校教育、社会教育、政治教育、宗教教育、教育行政、补充条款等 11 个部分,确定了日本教育改革的方向。《教育基本法》是根据宪法制定的,是规定教育的基本理想和实施教育的基本原则的法律。它指出,日本教育的根本理想在于"培养尊重个人尊严和追求真理与和平的人,同时彻底普及以创造具有普遍性而又有丰富个性的文化为目的的教育"。

此外,日本同一时期还颁布了《学校教育法》《社会教育法》《教育职员许可法》和《教育公务员特例法》,《保育要领》《儿童福祉法》也相继出台。

可以说,20 世纪 50 年代以前的上述几项重要教育法律,奠定了日本学前教育法律体制的框架和未来发展的方向。

2.20 世纪 50 年代至 90 年代:日本现代学前教育法制体系的形成

其一,经济背景。20 世纪 50 年代后半期,日本经济开始复苏。到了 20 世纪 60 年代中期,日本经济开始出现了高速增长的趋势,这种高速增长持续了 20 年。60 年代末期,日本的国民生产总值达到 1464 亿美元,赶上并超过了西德、法国和英国,成为仅次于美国的第二经济大国。随着日本经济基础渐趋雄厚,教育所需的财力条件也愈加充分。1950 至 1975 年期间,日本财政性教育经费投入量大,教育经费投入占 GDP 的比重一直保持在 4％左右的水平上。70 年代中期以后,其教育投入占 GDP 的比重上升到 5％以上。到 80 年代,教育投入占 GDP 的比例已接近 6％,并且教育投入的增长快于 GDP 的增长。

其二,人口因素。战后不久,日本迎来了出生高潮,社会对幼儿教育的关注度日益提高,进入幼儿园接受教育的儿童不断增多,各地新设的幼儿园也相应增长。但幼儿园的普及通常仅限于城市,入园率也表现出了相当大的地区间差异,私立幼儿园的比例相当高。从 1961 年开始,社会对普及幼儿园的要求日益高涨,要求调整幼儿园和保育所关系的呼声也日益强烈。正是在这种情况下,日本政府加强了对学前教育的行政立法与政策推动。

在上述背景下,文部省于 1956 年颁布了《幼儿园设置基准》和《幼儿园教育要领》,此两项法律被认为标志着战后日本学前教育基本制度的法律初步形成体系。

3.20 世纪 90 年代至今:学前教育法的修订与专门法的出台

日本 1990 年开始实施新的《幼儿园教育要领》,改革幼儿园教育。1991 年颁布为期 10 年的第三个幼儿园教育振兴计划,进一步促进幼儿园教育的发展与普及。新教育要领与振兴计划的推出,标志着日本幼儿教育发展进入了新阶段。

21 世纪后,学前教育受到日本政府的高度重视,修订的《教育基本法》和《学校教育法》,均增加和强化了保障与促进学前教育的条款。

新修订的《教育基本法》增加了"家庭教育"和"幼儿期教育"两个条目。第 10 条指出:"父母及其他监护人,是孩子教育的第一责任者,必须努力让孩子养成生活中必要的习惯。培育其自立精神,使他们身心和谐地成长。""国家和地方公共团体要尊重家庭教育的自主性,并采取必要措施为监护人提供学习机会、信息及其他援助。"第 11 条指出:"鉴于幼儿期教育是人一生当中人格培养的重要基础,国家和地方公共团体必须努力地创造良好的环境并采取其他适当的方法,以利于幼儿的健康成长,振兴幼儿教育。"

新修订的《学校教育法》进一步完善了学前教育的相关规定。第 22 条新增了关于幼儿园性质的条款:"幼儿园是奠定义务教育及其以后教育基础的机构。"第 23 条关于学前教育目标的规定,新增了如下表述:"加深儿童与家庭及其他身边人的信任","培养儿童最初的规范意识","培养儿童对生命及自然的兴趣,对它们的正确理解、态度与思考力","培养儿童努力正确理解别人话的态度","培养儿童丰富的感性及表现力的萌芽"……第 24 条新增规定:"在幼儿园,除了实施为实现其目的的教育外,还应就幼儿教育的各种问题,回应监护人及所在社区居民及其他相关者的咨询,提供必要的信息与帮助,致力于支援家庭与社区的幼儿教育。"

2004 年 12 月,日本中央教育审议会发表了《关于幼儿教育、保育一体化的综合机构》的咨询报告。2005 年 1 月,中央教育审议会又发表了《关于适合环境变化的今后的幼儿教育的应有状态——为了幼儿的最佳利益》的咨询报告。2006 年,日本国会制定了日本历史上第一部学前教育的专门法律——《关于推进向学前儿童综合提供教育与保育的法律》。

四、法国学前教育立法的历史背景与进程

法国学前教育历史悠久,至今已有 230 多年的历史。通过法令规定学前教育性质,是在第三共和国时期——将幼儿学校正式确定为学前教育机构。

1881 年 8 月 2 日,法国颁布法令,用幼儿学校(Ecole Maternelle)代替以往的幼儿教育机构;教育内容包括读、写、算,自然科学和地理基本观念;课文要求短小,体操练习和唱歌应交叉进行。1882 年 7 月的法令规定,每所幼儿学校不得超过 150 人。1887 年 1 月 18 日,《戈伯莱法》将幼儿学校纳入整个学校教育系统,作为"第一级教育机构"。该法规定,居民在 2000 人以上的市镇应开办一所幼儿学校,1200 人以下的居民点应在小学附设

学前幼儿班;幼儿学校的校长和教师一律由师范学校负责培养,并必须取得相应证书;各级教育行政部门设立幼儿教育督学。至此,法国学前教育制度初步建立起来。在以后的一个多世纪里,法国学前教育从法律上和制度上不断完善。

20世纪70年代,法国建立起了包括幼儿教育、小学教育、初中教育和高中教育的基础教育体系。法国是典型的中央集权制国家,长期以来,除了小学由市镇政府负责之外,教育由国家全面管理。学校的建立、教师的聘任、课程的制定等均由教育部负责。80年代初,法国开始实行分权与放权改革。1983年1月7日和1983年7月22日的两个分权法基本确立了中央政府与各级地方政府对教育管理的职权与责任。根据1983年关于分权的两个法律,国家继续负责高等教育,承担全国所有教师及教育管理人员的工资,高级中学由大区政府负责投资与管理,初级中学由省级政府负责投资与管理,小学和幼儿学校则由市镇政府负责建设与管理。

1989年,政府颁布《教育指导法》,对法国教育的性质和基本使命做出了明确规定:"教育是国家最优先发展的事业。公共教育事业应根据各类学生来构建和组织。它应有助于机会平等。每个人所享有的接受教育的权利要得到保证,使其个性得到发展,提高其初始培训和继续培训的水平,使其进入社会和职业生活以及行使其公民权。"

2000年6月15日公布的《教育法典》规定:"构建免费和世俗的各级公共教育是国家的责任。"当前法国免费教育不仅仅限于免征学费,从幼儿学校至初中结束,学生都免费使用教科书。幼儿学校和小学教科书是由市镇政府购买;初中教科书则是学校用国家预算经费购买。根据一项新近规定,学生手册、学校与家长的通信费用、相关信息发布和复印费用,也都应由学校承担,除非一些严格意义上的个人消费才由家长承担。此外,国家还对教育实施各种补贴,如根据工资收入与家庭负担为低收入家庭儿童颁发助学金,提供免费学校班车或交通补贴等。

此外,《教育法典》还明确指出:"幼儿班或幼儿学校向农村和城市环境中未达到义务教育年龄的儿童开放。所有3岁儿童应其家长要求,都应被尽可能靠近家庭住处的幼儿班或幼儿学校接收。对于2岁儿童的接收优先扩大于处境不利的城市、农村或山区的学校。"

五、英国学前教育立法的背景

(一)贫富差距日益凸显

在20世纪保守党连续执政的17年间,英国经济取得了长足发展,但也带来了许多社会问题。90年代初的经济衰退导致失业人口大幅增加,1996年的失业人口已达200余万,收入不均现象日益严重,贫富差距持续扩大。同时,还存在其他严峻的社会问题:移民人口不断增加,未婚妈妈、单亲妈妈大量增加。20世纪90年代,英国少女怀孕率已跃居欧洲首位。

21世纪初,英国单亲家庭比例位居欧洲之首,高达20%。而据英国1999年的统计数据显示,60%的单亲家长没有工作,这个群体中包括正在增加的一部分青少年父母,一方面他们自身因此无法继续学业,另一方面其子女的受教育问题无法得到妥善解决。由此导致的家庭负担增加、生活贫困、子女教育环境恶劣及受教育权被剥夺现象日益凸显,并已形成家庭贫困与社会排斥之间的恶性循环。

(二)新型福利国家的创建与妇女就业率显著增加

英国在二战后建立了西方资本主义世界堪称典范的"从摇篮到坟墓"的福利制度。以 20 世纪 70 年代的经济危机为分水岭,其福利国家的发展分为两个阶段:此前,以巩固和加强为主;此后,福利国家的种种弊端愈发显现。国家福利导致资源浪费、效率低下及社会不满。为此,英国政府开始推出一系列措施以约束不断增长的社会福利开支。1997年,布莱尔上任是英国福利制度改革的一个重要转折点。布莱尔领导下的新工党主张实行积极的福利政策,改社会福利国家为社会投资国家,把社会福利变成一种主动的福利,即强调权利与责任间的平衡,强调公民的社会责任感,鼓励就业,通过积极地参与工作获得酬劳,提高生活水平,以促进英国经济发展。

在积极的福利制度下,参加工作的人数及其时间,特别是英国妇女的就业率及其工作时间明显提高。据经济合作与发展组织(OECD)2000 年报告显示:英国养育 5 岁以下子女的妇女就业率达 51%,超过 2/3 的在职母亲休完产假后继续工作。同时,与欧盟其他国家相比,英国男性的工作时间较长、假期较少,有 10 岁以下子女的父亲平均每周工作时间为 47 小时。就业人口特别是妇女就业的增加,工作时间的延长,使得英国家庭的幼儿保教问题日益凸显,家长希望社会机构解决其子女保教问题的需求日益强烈。而当时英国的学前教育机构远远不能满足上述需求:一方面,学前教育机构数量及其容量有限;另一方面,学前教育机构的时间与家长的工作时间不能很好地吻合,通常每天服务几个小时,很多家长希望孩子能接受全日制的教育服务。因此,要推行强调责任、鼓励就业的新福利国家的政策与建设,英国政府就必须解决儿童保教问题。

(三)英国"现代化政府"的建设与绩效管理改革

1999 年,布莱尔政府颁布的《现代化政府白皮书》标志着英国开始了新一轮政府改革,此次改革的标志性口号与核心即建设"现代化政府"。这项改革的目标有三点:确保政策决定更具协调性与策略性;以公共服务的使用者为中心,使政府提供的服务更符合人民生活需要;公共服务的传送是高品质和高效率的。由此,促进协作、提高效率、改进质量成为英国"现代化政府"建设及其公共服务提供的关键,绩效成为"现代化政府"建设的核心追求。

这一政府改革对英国社会、政治、经济等各方面发展的影响是深刻而持久的。特别是在教育领域,2004 年 7 月,英国教育部发布了《儿童与学习者五年战略:将人民置于公共服务的核心》。该报告指出,为促进英国教育事业持续发展,特别是在儿童教育、服务及其人员培训方面,教育部及相关政府部门需要进行新的更具根本性的改革。

六、中国学前教育立法的背景

(一)中国台湾地区学前教育立法的背景

1.政治转型使当局关注学前教育发展

20 世纪 80 年代后期,台湾当局宣布解严、开禁,台湾地区的政治体制由此发生了重大变化,开始向所谓的西方民主政治制度方向过渡。各方势力为了获取民心和巩固发展自己的势力,大打"教育牌",客观上使得教育问题成为选举的重要议题,赢得广泛的社会关注。此外,随着政治的变化,人民的权利意识觉醒,台湾地区民众纷纷成立社会团体,教育界人士以及关心教育的民众也组建了各种团体。这些社会团体针对台湾地区教育发展中的问题,对当局提出教育改革的要求或施加压力,促使当局进一步正视教育改革的迫切性。幼教工作者亦通过各种途径向当局表达改革诉求,督促当局采取积极有效的措施。

2. 经济与社会转型使得民众对高质量的学前教育需求增加

从20世纪60年代开始,台湾地区推行出口导向型战略,重点发展劳动密集型的加工产业,在短时间内实现了经济的腾飞,被称作"亚洲四小龙"之一。进入20世纪80年代,台湾地区的产业结构发生了重大变化,服务业取代工业占据了经济的主导地位。

现代服务业的崛起为女性提供了就业和创业的广阔空间,台湾地区双薪家庭变得更为普遍。伴随着经济的高速发展,核心家庭也日益增加。这主要是因为受工业化和都市化的影响,社会组织日益分化,家庭原有的许多功能被其他社会组织的功能所取代;都市中比较狭窄的生活空间,也不利于大家庭的居住形态。双薪家庭的日渐普遍,家庭结构发生改变,家里同住人口特别是老人减少,没有人照顾孩子,父母又期望孩子能够得到更好的教育,因此,父母对学前教育更加关心,对高质量学前教育机构的需求也越来越强烈。

3. 台湾地区学前教育事业发展中的突出问题亟待立法解决

随着经济的发展和学前教育需求的增加,台湾地区学前教育获得了一定的发展。但由于早期当局对学前教育的不够重视,学前教育缺乏有力的法律规范,学前教育事业发展面临着不少的问题,在相当程度制约了学前教育事业的健康发展。这些问题主要包括以下几点。

(1)幼托分流,学前教育管理混乱

台湾地区学前教育管理混乱,衍生出系列问题,表现为:第一,学前教育机构性质难以统一并明确定位;第二,托儿所、幼稚园适用不同的法律法规,行政管理和督导方式不同,评价、奖励、惩处要求不一,难以保证学前教育统一的质量;第三,管理幼稚园的法律法规较托儿所更为严格,登记注册标准更高,一些打算举办幼稚园者因为向教育部门登记注册不成便转为举办托儿所,使得幼稚园举办者日趋流失;第四,幼稚园和托儿所师资要求不相同,所享受的待遇、福利和进修机会也不相同,造成从业人员心态不平衡;第五,幼稚园与托儿所长期处于定位不明以及功能不分的状态,影响了社会人士,尤其是家长对学前教育的认知和选择。

(2)学前教育财政投入明显偏低,公立园与私立园所获财政投入差距过大

台湾地区学前教育投入相对其他各级各类学校教育在教育总投入中的比例长期偏低。从1958至1980年,幼稚教育每年投入占教育总投入的比例都属于最低。以1978年为例,国民小学、国民中学、高级中学与职业学校、大学及专科学校的投入比例分别为27.50%、17.29%、16.33%和19.98%,而幼稚园仅为0.94%。

(3)教师社会地位偏低,待遇不合理,培训缺乏保障

尽管学前教育的重要性正在被越来越多的人所认可,但不可否认的是,在台湾地区,一些人尚未能正确理解幼儿教师工作的专业性,由此导致了台湾地区幼儿教师的社会地位相对偏低。公立幼稚园的合格教师未被列入义务教育体系,其福利、待遇不如小学老

师。私立幼稚园的教师待遇更是明显不合理,不仅低于行政部门"主计处"所公布的各行业平均薪资,也无法与公立园教师相比。此外,教师进修的渠道也不够通畅,特别是大量托儿所和私立园的教师,难以享受到与公立园教师同等机会和质量的在职进修。

(4)未登记注册的学前教育机构比例较高

在台湾地区大量的学前教育机构中,还存在不少没有登记注册的机构。台湾地区一项幼教普查结果显示,未登记注册的幼教机构高达 1037 所。未登记注册的原因通常有:不符合土地分区使用规划,土地使用执照无法变更,公共安全检查无法通过,基地面积与楼层使用以及教保设备不符合规定,无法聘足合格师资等。

未登记注册园较多主要与两个因素有关:举办者登记注册意识淡薄,不了解登记注册要求;相关管理部门由于部分法律制度(如惩罚制度)不完善、监管标准不一、监管人力不足而难以展开积极有效的规范监督。未登记注册机构盲目恶性竞争,对合法立案幼稚园的生存造成了威胁;其硬件与软件的不合格,不利于儿童生命安全和身心健康成长;未立案幼稚园容易游离于监管之外,其办园质量无法得到保证。未登记注册幼儿教育机构已成为台湾地区学前教育事业发展中的一大隐患。

(二)中国大陆地区学前教育立法的背景和进程

1.中国学前教育立法良好的背景

首先,随着相关研究对学前教育功能价值的深入揭示,学前教育的重要性与迫切性日益凸显;同时,教育界和社会各界对 20 世纪 90 年代末期以来我国学前教育事业发展滞缓状况高度关注。近年来,重视学前教育事业发展已渐成共识,政府和社会对学前教育事业发展日益重视,将学前教育纳入公共服务体系,加强政府在发展学前教育中的作用,尽快制定学前教育法的社会舆论与呼声渐强,成为教育界、幼儿家长和社会的殷切期盼,使学前教育立法具有了良好的社会基础。

其次,以法律形式确立并强化学前教育的性质、地位与政府职责,意味着各级政府必须大力加强对学前教育的财政投入,切实承担起更多的宏观规划和建设发展的责任。随着国民生产总值连续 20 年以近 10% 的速度大幅增长,应该说,国家经济发展水平已基本具备了增加对学前教育财政投入,以承担起更多发展学前教育事业职责的经济基础。

此外,我国学前教育立法可资借鉴的经验比较丰富:一方面,近些年一些地方人大适应形势发展要求,在学前教育立法方面做了很多工作,江苏、北京、青岛、广州、上海等省、市已先后制定实施了学前教育条例,山东等省市也即将完成学前教育立法工作,可为全国性的立法提供重要的经验与参考;另一方面,美、英、法、日、韩、葡萄牙、爱尔兰等国和我国台湾地区等学前教育法律及其实施经验也可为我国学前教育立法提供有价值的借鉴。

2.中国学前教育立法的进程

在教育和社会各界的大力呼吁和推动下,当前我国学前教育立法已取得了许多突破性的进展。2003 年,全国人大教科文卫委员会把学前教育立法列入了立法调研计划,并连续多年到江西、山东、河北、江苏等地就当前我国学前教育事业发展的主要问题、原因与立法重点等展开了多次专题实地调研;2006 年底,全国人大教科文卫委员会正式委托国家教育部开展学前教育法案的研究与起草工作;2007 年,国务院颁布的《国家教育事业发展"十一五"规划纲要》中明确提出要适时启动学前教育法的起草工作;同年 11 月,国家教育部将学前教育立法纳入了今后 5 年的立法工作重点,并明确列入了 2008 年和 2009 年的工作要点。此后几乎每年的"两会"上,都会有人大代表、政协委员提案,提议加快中国学前教育立法进程。但时至今日,中国学前教育立法仍未完成。

知识索引

中国学前教育立法的新进程

1. 全国政协十一届五次会议提案第 0850 号:关于应尽快制定并颁布《学前教育法》的提案;全国政协十二届一次会议提案第 1328 号:关于加快学前教育立法,促进学前教育事业发展的提案;全国政协十二届三次会议提案第 3040 号:关于加快学前教育立法进程的提案。

2. 中华人民共和国教育部 2012 年 8 月 23 日以教提案〔2012〕第 67 号文函复。

3. 庞丽娟. 关于我国《学前教育法》立法重点的建议[N]. 人民政协报,2013—08—01.

4. 闻有成,李亚楠. 人大代表建议立法规范幼儿教育[EB/OL]. [2015—10—30]. http://education. new. cn/2014—03/09/c_119679213. htm.

5. 郑智. 加快学前教育立法进程[N]. 检察日报,2015—03—09.

|第三节|
国际学前教育立法的主要内容

世界各国学前教育立法的内容，基本上都涵盖学前教育的性质与地位、政府责任、财政投入、幼儿教师的培养与管理、保障弱势幼儿群体受教育权的法律规定。

一、德国学前教育立法的主要内容

目前的德国学前教育立法以邦层面上的《社会法典·第八卷》（即《儿童及青少年救助法》）作为联邦框架法，各联邦州在《儿童及青少年救助法》框架之下有权制定本州范围内适用的执行法以及相关幼儿教育法。

两德统一以后，1990年《儿童及青少年救助法》、2004年《日托扩展法》以及2005年《儿童及青少年救助发展法》的相继出台，是德国联邦层面上学前教育立法不断发展和完善的过程。

其中，1990年《儿童及青少年救助法》由德国联邦议会决议通过，于1990年10月3日统一之日起在东部新联邦州生效，于1991年1月1日起在西部各联邦州开始生效。《社会法典·第八卷》即《儿童及青少年救助法》的前身是1922年生效的《青少年福利法》。《儿童及青少年救助法》摒弃了《青少年福利法》备受批评的监控以及干涉倾向，转而致力于为儿童以及青少年救助事业提供积极的支持和帮助。《儿童及青少年救助法》一方面是德国儿童与青少年救助法向现代法规的成功转换；另一方面也沿袭了1922年以来德国儿童与青少年救助的悠久传统，即儿童和青少年救助属于社会福利事业的一部分，主要由自由机构实施，履行儿童保护和促进义务的责任主体主要是地方政府，自由机构和公共机构之间的"补充性原则"等。这些基础性规定直至今天还在决定着德国儿童和青少年救助法律的基本结构，也是德国学前教育发展的基础。作为致力于促进儿童发展、为家庭提供支持的法律，《儿童及青少年救助法》在联邦层面上统一规定了年轻人（包括儿童、青少年以及青年）及其家庭应获得的服务。在该法中，与学前教育直接相关的条款主要有：基本规定条款（第1～10条）；对日托机构和日托保育中儿童的促进（第22～26条）；对家庭保育和看护机构中儿童的保护（第43～49条）；儿童与青少年救助的主体以及各自的责任和它们间的合作（第69～84条）；父母分担费用的前提（第90条）。

1990年的《儿童及青少年救助法》为德国学前教育事业的发展奠定了最基本的法律基础，但是，在其执行过程中也出现了一些问题。由于《儿童及青少年救助法》效果不充分，各级主管部门扩建力度不够，西部各联邦州学前教育位置供给不足现象严重。2004年，《儿童及青少年救助法》的修订法案《日托扩展法》出台并于2005年1月1日开始生效。《日托扩展法》修改了1990年《儿童及青少年救助法》中的第22～24条的内容，从联邦层面对日托机构以及日托保育中的儿童促进做出规定。

2004年《日托扩展法》的目标是：从数量和质量两方面改善日托机构的学位供给情况以及日托保教质量，努力实现儿童接受教养、教育以及看护的权利，支持父母履行其教育子女的责任，促进工作和家庭的统一。

《日托扩展法》的主要内容可以归纳为4个方面：增加日托位置供给的数量；改善日托保教的质量；提升日托保育教育的地位；缩小东西部保教差距。

作为《儿童及青少年救助法》的修订法案，2004年的《日托扩展法》聚焦于改善3岁以下儿童获得日间保育服务的情况。该法的实施体现了德国学前教育立法的发展趋势：提高日托保育的地位；平等对待不同的日托类型；更加重视保教质量的提高。

2005年下半年，德国又出台一部《儿童及青少年救助发展法》。作为继2004年《日托扩展法》之后对《儿童及青少年救助法》的进一步修订，该法于2005年10月1日起生效。《儿童及青少年救助发展法》是儿童和青少年救助专项政策的继续发展，重在通过调整青少年福利局在经费方面的管理规定，加大父母在日托费用上的分担来减轻地方政府的财政负担。同时，《儿童及青少年救助发展法》加强了对父母失业、离异或有经济困难家庭的儿童的保护，更注重保障家长的权利，家长在为子女选择日托场所和机构时不必受地区限制。新的法律对青少年福利局的保护义务以及与其他机构的合作做出了更具体明确的规定，进一步保障了儿童所需的帮助和支持，如在日托机构中注重促进儿童的语言以及社会融合等。2005年的《儿童及青少年救助发展法》进一步强调了《日托扩展法》的规定，同时加强了对儿童在权利、福利和救助受威胁情况下的保护，并且强化了青少年福利局在专业和经济方面的控制能力，加强了儿童及青少年救助服务的经济性。

通过2004年和2005年的两次修订，《儿童及青少年救助法》更好地适应了德国社会发展的需要。同时，在联邦州层面，各州政府在21世纪之初以及国际学生评估项目（PISA）测试之后都对本州的学前教育法进行了新的修订和增补。

拓展阅读

德国宪法禁止学前教育？

近来，"德国宪法禁止学前教育"或者"德国宪法禁止早期教育"在微信朋友圈里疯狂流传，作者意在指出，似乎正是这种"先进教育理念"才导致了德国的强盛。这样满天飞的误传，不但误了国人，同时也是对别国宪法的不求甚解、不够尊重。

事实上，现在人们常提到的"Vorschule"，德语维基百科网也有解释，是指为进入小学做准备的学前班。和德国宪法提到的"Vorschule"（前期学校）虽为同一词汇，但是完全不同的两个概念。德国宪法没有禁止现代意义的学前班。而且德国是联邦制国家，很多法律条文如教育法规须由各联邦州自行制定，国家不能统一规定。德国各联邦州几乎都没有专门的学前班，相应的学前教育均在幼儿园实施，只有汉堡地区例外。目前汉堡约有246所小学设有免费学前班。但是值得注意的是，德国小学的学前班与中国理解并实行的学前班完全不同。中国的学前班是让学龄前儿童接受小学文化课教育，以上课方式学算数、语文、英语、书法等，实质就是提前了法律规定的小学生学习课堂知识的年龄。而德国汉堡小学的学前班，是专门为一些心智发育、行为举止与年龄不符而家庭又无法给予合适教育的学龄前（5岁）儿童提供帮助而设置，以便他们入小学后能够顺利适应上课环境。

由此看来，对于"德国宪法禁止学前教育"是由于语言翻译、文化交流等方面的问题而导致的一种误解。实际上，德国宪法并没有禁止学前教育。

二、美国学前教育立法的主要内容

美国联邦政府学前教育法包括两个部分：一是婴幼儿保育和早期发展；二是学前教育。实施婴幼儿保育和早期智力开发等相关法律的部门是联邦卫生和公共服务部，实施学前教育法律条款的部门是联邦教育部。

(一)联邦卫生和公共服务部实施的各项法律及拨款项目

1. "开端计划"项目

美国现在实施的"开端计划"项目相关法律是布什总统于 2007 年 12 月 12 日颁布的《2007 年改善启蒙教育为上学做好准备法》。该法共包括 22 个条款，内容包括：实施该法的目的，财政资助项目，拨款比例，项目实施标准、实施方式，项目管理，项目技术支持和培训，研究和评估等。该项目具体由联邦卫生和公共服务部的"开端计划"项目办公室管理实施，2009 年共获得拨款 71 亿美元。该项目由两个部分组成：一是联邦政府直接拨款给州和地方有关机构，由从事项目管理、儿童研究以及儿童教育服务推广的大学、非营利组织和机构等申请获得；二是用于培训和技术支持、研究和评估、项目管理和总结。2010 年，联邦政府增加了对该项目的拨款，总拨款额超过 72 亿美元。

2.《儿童保育与发展整体拨款法》

该法主要内容包括：目标设定、拨款项目及比例、项目规划和申请、项目管理和总结等。该法下设"儿童保育和发展基金"，并由联邦卫生和公共服务部的儿童家庭管理局管理。该局将"儿童保育和发展基金"发放给州政府，州政府在执行时享有较高的自主权。其中，75%的儿童保育和发展基金以早教券(Voucher)的形式发放。符合标准的低收入家庭可向当地政府或由政府授权的早期保教资源和转介机构申请领取早教券，用于支付早教或托儿费用。低收入儿童父母享有选择园所的自主权。"儿童保育和发展基金"是联邦第二大学前教育项目，具体实施涉及联邦卫生和公共服务部的 9 个部门。2010 年该基金的拨款额度达到 21 亿美元，2012 年超过了 22 亿美元。

3. 其他法律框架下的儿童教育计划

一是贫困家庭短期补助计划。该计划是在《1996 年个人责任和工作机会调和法》的框架下实施的，其中涉及儿童教育。1996 年，为解决贫困家庭托儿问题，美国国会批准将 30%的贫困家庭短期补助计划资金用于儿童的保育和发展，满足托儿需要。许多州利用此项联邦援助开办或增设了 4 岁班幼儿园。2006 年，该法拨款总额为 156 亿美元，给儿童教育的拨款是 35 亿美元，但该法的主要目的并非针对儿童教育，而是补助父母。2010 年 4 月 6 日，该法进行了最后修订。

二是社会服务补助。它是在《社会安全法》框架中的"社会服务整体拨款"下设立的项目。"社会服务补助金"(Social Service Block Grant，SSBG)是卫生与公共服务部管辖的另一项大型保育和学前教育计划。目前，此补助金可为低收入但不领福利金的家庭提供托儿补助。2008 年，该补助金的资助金额达 17 亿美元，其中约近 10%的补助金用于为符合条件的低收入家庭提供托儿资助。

（二）联邦教育部实施的各项法律及拨款项目

1.《初等和中等教育法》一号条款及学前教育项目

《初等和中等教育法》是联邦政府为改善学业成绩而实施的一项补助 K—12 国民教育的法律。2002 年，布什政府对该法进行了重新授权，并命名为《不让一个孩子掉队法》。有关学前教育的内容主要包含在一号条款中。其中一号条款的 B 部分的第二项内容 15 是"早期阅读"项目，第三项内容是"公平教育起点"项目。两项法律条款对拨款目的、经费使用以及项目管理进行了详细描述。

2.《初等和中等教育法》二号条款"准备学习"项目

"准备学习"项目是根据《初等和中等教育法》二号条款第三章设立的。该项目主要支持广播、电视等多媒体开播儿童教育节目，帮助儿童为学习或者入学做好准备。2011 年，该项目拨款 2724 万美元，支持的媒体机构有美国公共广播公司和美国公共电视。在该项目的支持下，美国公共电视制作的《单词世界》在黄金时段播放，还传播到多个国家，对儿童英语启蒙起到了寓教于乐的作用。

3.《初等和中等教育法》五号条款"学习基础资金"项目

"学习基础资金"项目是根据《初等和中等教育法》五号条款第四部分第十四章设立的。该项目旨在帮助家庭发展儿童的情感、行为和社会性，具体措施是投资社区教育项目，包括促进儿童智力发展、身体发展的儿童教育项目，防止儿童滥用药物、遭受家庭暴力的社区福利和服务项目等。此外，该项目还联合社区各种儿童服务机构和组织，开设合作项目，促进儿童参与社区活动，同时为家庭和儿童提供个性化的服务和支持。2009 年，该项目投入约 100 万美元。

4. 学前教育教师发展项目

《初等和中等教育法》在二号条款第一部分和二号条款第三部分中设立了有关建立高质量学前教育教师队伍的项目。"儿童早期教育者职业发展项目"是根据二号条款第一部分第五章设立的，其目的是为贫穷社区和低收入家庭儿童招募、培训高质量的学前教师，改善儿童早期教育的学习效果，为上学做好准备。二号条款第三部分则鼓励各州采取措施，为学前教育招募和保障高质量的教师。

5.《特殊教育法》中的学前教育项目

美国《特殊教育法》的第三部分是关于残疾婴幼儿早期教育的，其有关学前教育的内容是为 3～5 岁的残疾或发展迟滞的儿童开办特殊教育学前班，具体项目为"特殊学前教育基金"。该基金是联邦教育部管辖的另一个资金较多的学前保育和教育项目，由联邦教育部提供补助经费给州政府，再由各州地方学区申请获得，年拨款额度为4.3亿美元。

知识索引

美国联邦政府颁布的主要学前教育的法案

1981 年《开端计划法案》

1990 年《儿童早期教育与发展法案》

1990 年《儿童保育与发展整体拨款法》

1993 年《全美儿童保护法》

1994 年《2000 年目标:美国教育法》

2002 年《不让一个孩子掉队法》

三、日本学前教育立法的主要内容

(一)明确学前教育的性质与目的

1. 关于学前教育作用与性质的规定

日本法律关于学前教育的作用与性质,有如下两个方面的重要规定:第一,学前教育是人一生教育的基础。《教育基本法》第 11 条指出:"幼儿期教育是人一生当中人格培养的重要基础。"《学校教育法》第 22 条明确规定:"幼儿园是奠定义务教育及其以后教育基础的机构。"第二,幼儿园教育属于学校教育。日本一贯重视学前教育,早在 1967 年发布的《学校教育法》中就把幼儿园列入了学校教育范围。《学校教育法》第 1 条规定:"本法所谓之学校,是指幼儿园、小学、初中、高中、中等教育学校(指初高中一贯制学校)、特殊教育学校、大学和高等专门学校。"

2. 关于学前教育目的与内容的规定

日本关于学前教育目的与内容的规定分为幼儿园和保育所两个部分。

(1)幼儿园教育目的及内容的法律规定

《学校教育法》第 77 条规定,幼儿园以保教幼儿、提供适当的环境、培养其身心发展作为目的。为了实现上述目的,《学校教育法》第 78 条规定,幼儿园应努力达到以下各项目标:培养幼儿为健康、安全、幸福的生活所必需的日常习惯,使其身体诸机能协调发育;在园内体验集体生活,初步培养幼儿积极参加集体生活的态度,以及团结、独立自主和严格要求自己的精神;初步培养幼儿对周围社会生活及事物的正确认识和态度;教导幼儿正确使用语言的方法,培养幼儿对童话、连环画等的兴趣;通过音乐、游戏、绘画等培养幼儿对创作表现形式的兴趣。

《学校教育法》新修订时,对学前教育的目标新增了如下表述:加深儿童与家庭及其他身边人的信任;培养儿童最初的规范意识;培养儿童对生命及自然的兴趣,对它们的正确理解、态度与思考力;培养儿童努力正确理解别人话的态度;培养儿童丰富的感性及表现力的萌芽。

(2)保育所教育目的和内容的法律规定

日本保育所教育目标和内容是根据厚生省的《保育所保教方针》设定的。其保育所的教育目标包括:在十分周到的保教环境中和无拘无束的气氛中,适当地满足儿童的种种欲望,保护生命、安定情绪;养成健康、安全等日常生活所需要的基本习惯和态度,培养身心健康的基础;培养与人交往中对人的友情、信赖感和尊重人权的精神,同时培育儿童自立、协作的态度,促使道德性的萌芽;培养对自然与社会生活现象的关心、兴趣,培养对待自然与社会生活现象的丰富感情与基本思考能力;在生活中,培养儿童对语言的兴趣,养成愿意说与愿意听的态度和丰富的语言;通过种种体验,培养儿童丰富的感受性,并促使创造性的萌芽。

由于日本保育所的儿童年龄覆盖面广,所以,教育内容也区分得更细。例如:对2岁以下的儿童规定了"生活""游戏"两项内容,对2岁以上的儿童增加了"健康""社会",对3岁的儿童再多增加一项"语言",而对4～6岁的儿童则实行"健康""社会""语言""自然""音乐""造型"6项内容。同幼儿园教育内容基本上没有什么区别。

(二)明确各级政府发展学前教育的职责

1.《教育基本法》对政府教育责任的规定

(1)教育振兴基本计划方面的责任规定

第17条第1款规定:"政府为致力于全面地、有计划地推进教育振兴的相关政策,应就教育振兴政策的基本方针及所采取的措施等必要事项制定基本计划,并报告国会,且公开发表。"第2款规定:"地方公共团体应参酌第1款之计划,并根据当地实情,致力于制定当地教育振兴政策方面的基本计划。"

(2)保障教育机会平等方面的责任规定

第4条第1款规定:"必须给予全体国民平等地接受与其能力相适应的教育的机会,全体国民不因种族、信仰、性别、社会身份、经济地位或门第而遭受教育上的歧视。"第2款规定:"国家及地方公共团体为使残障者充分接受与其残障状态相适应的教育,必须进行教育上必要的支援。"第3款规定:"国家及地方公共团体对于具备能力但因经济理由而有修学困难者应采取奖学措施。"

(3)私立学校方面的责任规定

第8条规定:"国家及地方公共团体应尊重私立学校的自主性,并通过资助等其他适当的方法致力于私立学校教育的振兴。"

(4)家庭教育方面的责任规定

第10条第2款规定:"国家和地方公共团体要尊重家庭教育的自主性,并采取必要措施为监护人提供学习机会、信息及其他援助。"

(5)幼儿教育方面的责任规定

第11条规定:"鉴于幼儿期的教育是人一生当中人格培养的重要基础,国家和地方公共团体必须努力创造良好的环境并采取其他适当的方法,以利于幼儿的健康成长,振兴幼儿教育。"

2.《学校教育法》对各级政府职责的规定

《学校教育法》将国家和地方各级政府在学前教育方面的责任归纳如下:国家(文部科学省)负责举办国立学校,并负责管理及负担经费;决定幼儿园的课程及保育内容。都道府县政府负责举办都道府县立学校,并负责管理及负担经费;教育委员会负责批准"指定都市"(人口在50万以上的城市)举办的幼儿园、市町村举办的幼儿园、高中、中等教育学校及特殊教育学校;知事负责批准私立幼儿园、小学、初中、中等教育学校及特殊教育学校。

3.各级政府的福利职责

保育所属于儿童福利机构,根据《儿童福祉法》设置。但由于保育所并无国立的,因此,厚生劳动省并不直接参与举办保育所,这一点与文部科学省不同(文部科学省举办的国立幼儿园其实通常也是国立大学附属幼儿园等),而是只负责制定关于儿童保育的相关政策。各都道府县和市町村均可以根据本地的情况设立公立的保育所,同时都道府县负责管理私立保育所。相关责任与各级政府的教育职责相类似。

(三)法律重视学前教育经费来源的保障问题

1997 年,日本开始实施《儿童福祉法》,其中规定,学前教育阶段的补助主要分为"机构补助"和"儿童津贴"两部分。"机构补助"指保育所的设备及各种事务费,国家负担 1/2 或 1/3,都道府县负担 1/3 或 1/4。"儿童津贴"则作为福利发放给儿童家庭。同时,为了减轻私立园幼儿的家庭负担和确保教育质量与公平,日本儿童津贴制度具有"排富性"和"分层补助"的性质。所谓"排富性",是将收入状况作为接受津贴的条件,法律规定在一定收入以上的儿童监护人不能接受儿童津贴;所谓"分层补助",是根据儿童监护人的类别(自营业者还是工薪者)以及抚养人口的数量等来确定是否补助的收入限额。2006 年以后,凡是符合相关条件的 3 岁以下儿童,每月一律补助 1 万日元;3~12 岁的儿童,如果是家中长子、次子,则每月补助 5000 日元;如果为第三子以上,则每月补助 1 万日元。12 岁以上的儿童不再是津贴的对象。值得指出的是,凡在日本居住者,无论哪国国籍,均有权享受这一待遇。

关于幼儿园的其他财政,《学校教育法》第 5 条规定,学校的设立者管理其所设立的学校,除法令中有特殊规定的情况外,应负担其学校的经费。也就是说,学校的经营和运行要由学校的设立者来承担。根据《学校教育法》第 2 条规定,学校设立者可分为国家、地方公共团体和学校法人。因此,政府、地方、学校法人在学校财政投入中的责任与义务就非常明显,国立学校的经费由国家来负担,公立学校的经费由地方来负担,而私立学校的经费由学校法人承担。同时,根据《市町村教育职员薪酬负担法》等法律,市町村立学校的教师薪酬由都道府县负担。

关于学费,《学校教育法》第 6 条规定,除了义务教育系统的学校以外,其他学校都可以收取学费。幼儿园作为非义务教育机构,根据有关法令可以收取学费,作为幼儿园运营和发展的经费。

保育所属于福利设施机构,关于保育所的财政来源多数见于对福利设施机构的法律规定中。《儿童福祉法》第 49 条对国家在儿童福利设施中的财政投入责任做了明确规定:"国库对进入国家设置的儿童福利设施者,提供入所后所需的费用。"第 50 条第 6 款规定,都道府县负担其设置的保育所实施保教所需的费用。第 53 条规定,国库负担都道府县及市町村等地方公共团体支付费用的 1/2。第 51 条规定了市町村的义务,市町村负责市町村设置的保育所进行保教需要的费用。第 55 条规定,都道府县还要负担都道府县及市町村以外设置的保育所的保教费用的 1/4。保教费用中监护人负担部分是根据家庭收入状况决定的。家庭所在的区政府会根据你缴纳的所得税情况进行计算,然后把缴费通知寄给保育所,再转交给监护人。监护人只需要定期将费用通过开户银行转账就行了。同样以福冈县为例,监护人负担部分划分为 A、B、C1、C2、D1 到 D10 共 14 个等级。其中 A、B 是根据《生活保障法》鉴定的被保护家庭(相当于我国的最低生活保障线规定的贫困家庭),这些家庭的儿童不需要缴纳保育费用。而其他几种计算方法比较复杂,一般每个保育所会发给每个监护人一张表格,根据你的家庭情况,马上可以算出应该缴纳的保育费。缴纳保育费分 3 岁以下和 3 岁以上两种情况,前者从 14200 日元到 64000 日元不等,后者从 12400 日元到 30200 日元不等。如果家里有多个孩子上保育所,则第二个孩子所需支付的费用仅为第一个孩子的 20%。

(四)严格规定幼儿教师资质,有力保障幼儿教师的地位和待遇

1.日本法律关于幼儿教师资质的规定

日本的教师资格证书有严格的基准。《教育职员许可法》中有关于取得幼儿教师资格证书的必需条件,并且从下一级资格证书到获得上一级资格证书,在教龄和学分方面有严格的规定。

2.日本法律对幼儿教师地位和待遇的保障

日本《教育公务员特例法》规定,凡是按照日本《学校设立法》第 1 条、第 2 条规定所设立的国立、地方公立的各级各类学校的校长、副校长、幼儿园园长、教师、专职教育研究人员,以及各地方教育委员会的教育长和教育行政管理人员等,通过教育为全体国民服务的教职员工,均为日本的"教育公务员"。该法律第一章第 3 条还进一步规定:"国立学校的校长、教师以及其他系部主任等人员(包括国立研究机构的相应人员)的身份为国家教育公务员;公立学校的校长、教师、系部主任以及地方专职教育行政人员的身份为地方教育公务员。"幼儿园作为学校体系中的一个组成部分,国立、公立幼儿园的教师同样符合《教育公务员特例法》的规定,享受教育公务员的待遇和义务。另外,日本《教育公务员法》《人才确保法》和《地方公务员法》等共同构成了教师待遇保障的法律体系。

日本的《国家公务员法》和《地方公务员法》《教育公务员特例法》对日本幼儿教师的地位和待遇有规定。关于教师身份,等同于国家公务员。关于进修方面,教育公务员必须持续不断地进行研究和提高修养,教育委员会必须对此予以奖励;教育公务员必须获得在职进修的机会,并可在单位的同意下离开单位参加进修,亦可在职长期进修;骨干教师可以脱产攻读研究生(3 年以内)等。需要指出的是,上述法律只对公立幼儿园的教职员工有效。

从工资情况来看,根据日本人事院《2007 年国家公务员工资等现状调查结果》和总务省《2006 年地方公务员工资现状》等调查报告推算,教育公务员的年收入比地方公务员高出 2.46%(2007 年数据),比国家公务员高 12.69%。

四、法国学前教育立法的主要内容

法国学前教育立法主要包括学前教育的性质、地位、目的、管理体制、经费投入,幼儿教师资质、地位与待遇等方面的内容。

(一)关于学前教育性质、地位和教育目的的规定

1.学前教育是初等教育的组成部分、起始阶段

1886年,法国《戈伯莱法》明确将学前教育纳入初等教育范畴,构成法国初等教育的第一阶段。

《教育法典》进一步明确规定,"幼儿学校至初等教育结束的学制包括三个阶段",即启蒙学习阶段,接收3~4岁儿童,并划分为"小班"和"中班";基础学习阶段,跨越5~7岁三个年龄段,由幼儿学校的"大班"、小学一年级和小学二年级构成;深入学习阶段,相当于小学的三年级、四年级和五年级。

2.学前教育是非强制性的免费教育

1881年,法国相关法律明确规定:"公立小学和幼儿园免征教育费。"2000年6月公布的《教育法典》则再次重申:"构建免费和世俗的各级公共教育是国家的责任。"其中,包括作为法国各级公共教育起始阶段的学前教育。

3.学前教育的目的和宗旨

1887年1月,关于学前教育的课程与机构的法令明确指出,幼儿学校为"最初的教育机构,男女儿童在那里共同接受促进其身体、道德和智力发展的教养";并由此奠定了法国学前教育的主要内容:身体训练、感觉训练、语言训练和道德行为训练等。法国《教育法典》第L321-2条规定:"幼儿班和幼儿学校的培训要有利于儿童个性的启蒙。""不强行要求识字和书写的早期学习。""幼儿学校要防止学业困难,检出学习障碍,补偿不平等。"同时,明确指出,学前教育的目标是促进儿童身心全面发展,着重儿童语言能力的发展,并为儿童学习基本的读、写、算、表达和交流奠定基础,通过艺术教育发展儿童的感知能力、想象能力和创造能力。

(二)关于学前教育管理体制的规定

在法国,学前教育不动产的管理从来不属于国家职权范围,国家也不承担责任,1833年的《基佐法案》已规定了"所有乡镇,或单独,或与邻近乡镇共同建立初等学校",幼儿学校的校舍由市镇和教区共同承担投资建设责任。

现行法国《教育法典》第L212-1条和L212-5条更是明确指出,公共教育的初级学校和幼儿学校的创建与设置是"乡镇的强制性支出"。然而,需要特别指出的是,虽然根据1983年关于分权的法律规定,允许乡镇主动要求建立幼儿学校,并为幼儿学校的基本建设和设备投资,承担幼儿学校的基本建设责任,但学校最终能否开设,仍需国家决定。即乡镇负责对幼儿学校的投资建设,国家决定幼儿学校的开办。并且,当国家认为有必要开设幼儿班级或幼儿学校,以满足接收学生的要求时,即使乡镇政府并未准备建立幼儿学校和为其投资,乡镇政府也必须执行并承担相应责任。

《教育法典》第L411-1条规定:"校长监控每所幼儿学校的良好运行,保证教师之间的必要协调。"幼儿学校校长由作为国民教育部部长在省辖领域内的代表即省级教育督学任命。但是,幼儿学校校长仍是幼儿教育教师,仍是其领导的学校的员工,要承担一定的教学任务。幼儿学校校长的主要职责是:安排学校教师和员工的教育教学和服务岗位,为学生分配班级;特别是他有责任监督市镇负责学校事务的行政人员的工作,还负责

家长代表的选举,主持学校内部机构会议等。

法律规定了在幼儿学校的管理上,有两个咨询机构:学校委员会和教师委员会。法国《教育法典》第 L411-1 条规定,"学生家长选举其代表组成家长委员会",由校长负责召集并主持该委员会,市镇政府代表有权参加会议。教师委员会包括学校正式和非正式教师,亦由校长主持,每季度至少召开一次会议,就教师在各班级的分配和所有与教学组织以及学校生活相关的问题提出意见。当选的家长代表、全体在职教师、市镇长或其代表的两名市镇代表、一名国民教育部省级代表共同构成学校委员会。

(三)关于学前教育投入的规定

1.关于学前教育基础建设方面的经费投入

法国 1833 年《基佐法案》规定了各级政府在学前教育基础建设方面的经费保障责任。1983 年的分权法重申并进一步明确了此前的规定,要求市镇负责幼儿学校和小学的基建、改建、扩建、重大维修和大型设备的费用等。省级教育督学作为国民教育在省辖领域内的最高主管,在学前教育的基本建设上则负责向各乡镇长通报中短期校舍建设和设备需求的预测情况,使其对有关学校建设布局、数量有所准备;同时向省长和国民教育委员会报告以上信息,以便组织全省的学校及其教育教学;监督校舍建设和设备安装,使之达到应接收儿童的容量并符合教育教学要求;每年向省长报告学校基本建设和维修的目录。国家则负责对市镇幼儿学校与小学的建设进行资助。

2.关于学前教育日常经费投入的规定

1833 年《基佐法案》规定:"所有乡镇,或是自身,或是与相邻乡镇联合,必须承担至少一所初等学校的日常经费。"实际上,根据法国相关法律规定,国家通过给予乡镇一定补贴的方式,也同时承担着幼儿学校日常经费的拨付。

1979 年 1 月 3 日和 1985 年 11 月 29 日的两个法律进一步对国家对幼儿学校和小学等的"日常经费总拨款"做出了详细规定。日常经费总拨款包括基本拨款(占 40%)、调节拨款(占 37.5%)和补偿拨款(占 22.5%)3 项。基本拨款是考虑到居民的经济承受能力的一种拨款;调节拨款主要是给予财政资源的不平等现象的一种补偿;补偿拨款则是针对社会处境不利儿童的补偿。此外,国家还依法承担幼儿学校和小学的教师特别拨款,主要是对乡镇负担教师住房经费的一项补贴。

(四)关于幼儿教师资质、地位与待遇的规定

1.法国相关法律及政策对幼儿教师资格制度做出的规定

依据相关规定,在教师培训大学学院的 1 年学习之后,所有学生都要参加教师资格考试。法国幼儿教师和小学教师的资格考试包含预选考试和录取考试。预选考试为法语和数学两门笔试。录取考试包含笔试、口试与教育学,将来外语也要成为必考科目。录取考试分为外部考试和内部考试。外部考试由学区组织,面向所有具备学士文凭或 3 年以上的高等教育文凭的考生。第一内部考试面向具有 3 年实践经验的在职(原师范学校毕业的)幼儿教师和小学教师,第二内部考试面向具备学士文凭或 3 年以上的高等教育文凭的公职人员。自 2002 年开始,又增加了第三考试,报考资格为在报考前的 5 年中至少有 4 年的教育或培训工作经验,并具有 3 年以上的高等教育文凭。教师培训大学学

院第二年的教学主要是为通过中小学教师录取考试的学生进行职业培训。这时,考试录取的学生便被命名为"实习教师"并领取工资。幼儿实习教师和小学实习教师要学习相应的课程与教学法,在深入学习教育教学理论的同时,还要参加实习,亲自带班授课,体会教师职业特性与锻炼、积累教育能力。最后,所有实习教师还要提交职业论文。最终,经教师培训大学学院的评审委员会和学区评审委员会通过,实习教师才可获得教师资格,并经学区或教育部分配到幼儿学校和中小学任职。

2.关于幼儿教师地位和待遇的规定

《教育法典》第 L2ll-8 条规定:"国家承担公立初等学校和幼儿学校教师人员的工资。"实际上,早在 1889 年,为了保证初等教育免费原则的落实,法律即将市镇负担的教师工资责任上升至国家,教师由此则依法成为国家公职人员。在上述法律的有力保障下,法国幼儿教师的待遇相对较高,保持了社会中等收入以上的水平。并且,这些工资都依法由中央政府直接拨发至教师本人,决无拖欠。法国包括幼儿教师在内的公立学校教师,其地位相当于国家公务员,并具有稳定的职业保障、相对较高的收入和待遇。

1989 年《教育指导法》对包括幼儿教师在内的法国教师教育的改革与完善做出了多方面详细规定,提供给幼儿教师"更好培训"和"更多招聘"。根据《教育指导法》第 17 条的规定,在法国当时的 28 个学区各建立一所"教师培训大学学院",以取代原有的各类教师培训机构。为鼓励学生报考师范学院,法国还制定了相应的津贴制度,凡是报考师范学校的大学三年级学生和进入教师培训大学学院的一年级学生,均可享受 5 万～7 万法郎的补贴。

五、英国学前教育立法的主要内容

英国学前教育立法主要从性质和地位、职责、财政投入、幼儿教师、弱势群体等几方面做出相关规定。

(一)规定学前教育性质与地位的法律内容

英国在学前教育政策报告《家长的选择,儿童最好的开端:儿童保育十年战略》中强调:"幼儿时期是儿童发展过程中非常重要的一个时期,儿童在该时期所获得保教质量的高低直接关系到其日后发展及其成就的取得,幼儿良好开端对其终身发展意义重大。"并将学前教育明确定位为社会公共服务体系的重要组成部分之一,定性为公益性事业。

(二)规定学前教育政府责任的法律内容

1.强化中央政府职责的法律

《1988 年教育改革法》是英国强化中央政府职责的一道分水岭。"中央直接拨款公立学校"的确立,被认为是英国打破过去中央、地方两级分权管理教育的传统,走向中央集权的重要一步。在 1989 年和 2004 年的《儿童法》中,均规定了中央政府的主要职能,包括地方儿童服务当局履行的具体职责以及对早期教育机构的运转、管理和儿童权益保障等制定规章、进行指导和监督检查等。

2.明确地方政府职责的法律

英国议会 2006 年颁布的《儿童保育法》第 7 条规定:"地方当局必须根据各辖区有关

0～5 岁儿童法规规定,确保以下年龄段儿童接受免费学前教育:达到当地法规规定年龄;未达到义务教育年龄。"《儿童法》(2004 年)第 52 条明确规定,英国地方当局有保护和促进儿童健康成长及提高教育成就的职责。《儿童保育法》第 1～13 条进一步明确了地方当局在学前教育管理方面的总体职能和具体职能。前者指地方当局要在改善学前儿童教育与保育,促进每一个儿童健康成长,减少儿童在接受保育、教育、健康等服务上的不平等等方面承担起责任。后者则主要包括制定具体计划,并负责总体组织与协调,确保向家长和儿童提供满足其需要的早期服务;确保为工作的家长提供充足的儿童早期服务;对儿童早期服务项目、实施及质量进行评估、检查和监督;向家长提供早期服务的信息、建议和援助并建立一定的服务机制;向儿童早期服务机构提供信息、建议和培训等。

3.促进政府部门合作的法律规定

《儿童保育法》第 4 条规定:"为达成该法目标,相关部门包括:该地区的教育部门、健康与卫生部门、基础保育部门、劳动与培训部门等。""教育、卫生、基础保育、劳动与培训等每个相关部门都必须与地方当局及其他合作者共事,召开相关联席与协调会议,做出工作部署。"《儿童法》(2004 年)规定:"英格兰每个儿童服务当局均必须促进以下方面的合作,包括地方当局,地方当局的相关合作者,当局认为合适的在其辖区内从事儿童事务的其他人士或组织。"

(三)规定学前教育政府财政投入的法律内容

英国的《教育法》(2002 年)第 15 条明确了英国政府对学前教育进行财政资助的多种途径,包括拨款、贷款、担保、资助项目运转已花费的设备费用,以及受资助人为项目运转而发生的其他费用等。该法第 14 条规定:"英格兰教育大臣或威尔士立法会议可以直接对任何为达成如下目的或与之相关目的的人士提供或安排相应的财政资助。"2001－2007 年《拨款法》对中央学前教育专项拨款的预算单列金额做出明确规定,且法律规定的该项财政预算要逐年递增。

对地方政府的学前教育投入,英国学前教育法律中也有多处做出了原则性的规定,其《儿童保育法》第 8、9 条明确规定:"地方当局提供的支持包括财政支持、工作部署上的支持,以及涉及地方当局财政支持方面的法律条款支持。""如果儿童保育服务提供者没能达到地方当局的要求,特别是地方当局特别说明的条件不能达到令人满意的程度,地方当局有权要求其偿还全部或部分财政资助。"

(四)与幼儿教师相关的法律内容

英国的《教育法》(2005 年)第 75 条为促进幼儿教师队伍建设提供了法律保障,规定教育部学校培训与发展司的职责是促进教师的职业发展,促进所有途径进入教师行业的质量和效率,确保学校开展所有相关课程和项目的新任教师培训。

英国《教育法》(2002 年)对教师的待遇及奖励做出明确规定,设立"学校教师法定工资与待遇检查工作组",并由英国首相指派该工作组主席,教育大臣指派该工作组其他成员,工作组向英国首相和教育部长递交关于教师待遇事宜及检查组建议的检查报告。英国《教育法》(2002 年)第 131 条还明确规定,要根据幼儿教师表现予以相应方式的奖励,作为确定教师工资报酬的依据,类似于"绩效工资"。

(五)保障弱势群体受教育权的法律规定

英国《学校标准与框架法》(1998年)第118条明确规定,地方教育当局应当确保所有学前适龄儿童获得幼儿保教的权利;《儿童保育法》第6、7条规定地方当局必须"使儿童保育对于家长来说是可支付的,并应适合残疾儿童的需要","为有需要的0~5岁儿童和尚未入学的儿童在其辖区内提供日间看护",使之"有机会获得或维持合理的健康或发展水平"。

《拨款法》单列扶助弱势儿童的预算,旨在"借助儿童基金,通过帮助弱势儿童与青少年及其家庭,应对儿童贫困和社会排斥现象,以打破机会剥夺与弱势群体之间的恶性循环"。

六、中国学前教育立法的主要内容

(一)中国台湾地区学前教育立法的主要内容

台湾地区学前教育立法的内容和特点体现在所谓的"幼稚教育法""教育基本法""儿童教育及照顾法(草案)"等几个教育法案中。

1.明确学前教育的宗旨和目的,强调学前教育的重要性

"幼稚教育法"首先对学前教育的宗旨做出了总纲式的规定。"幼稚教育法"第1条指出:"幼稚教育以促进儿童身心健全发展为宗旨。"第3条规定了幼稚教育的具体目标:"应以健康教育、生活教育及伦理教育为主,并与家庭教育密切配合,达成下列目标:维护儿童身心健康;养成儿童良好习惯;充实儿童生活经验;增进儿童伦理观念;培养儿童合群习性。"

"儿童教育及照顾法(草案)"根据学前教育的宗旨,明确规定了学前教保机构的服务内容。第11条对招收0~2岁儿童的托婴中心服务内容做出如下规定:①提供生理、心理及社会需求满足之相关服务;②提供营养、卫生保健及安全之相关服务;③提供适宜发展之环境及游戏学习活动;④记录生活及成长过程,举办促进亲子关系之活动;⑤其他有利于未满2岁儿童发展之相关服务。

第12条对招收2~6岁儿童的幼儿园服务内容做出了规定:①提供生理、心理及社会需求满足之相关服务;②提供营养、卫生保健及安全之相关服务;③提供适宜发展之环境及学习活动;④提供增进身体动作、语文、认知、美感、情绪发展与人际互动等发展能力与培养基本生活能力、良好生活习惯及积极学习态度之学习活动;⑤记录生活与成长及发展与学习活动过程;⑥举办促进亲子关系之活动;⑦其他有利于幼儿发展之相关服务。

2.明确各级行政部门发展学前教育的职责

台湾地区关于行政部门职能的规定越来越具体明确。在"幼稚教育法"里,行政部门究竟应该承担什么责任并不明晰,即使涉及一些职责的规定,通常也是隐含于法规条款之中。"教育基本法"开始对行政部门的职责进行明确规定,尤其是对台湾当局与市、县行政部门的教育权限进行了划分。"儿童教育及照顾法(草案)"则直接就学前教育的行政部门职责做出了详细而明确的规定。概括而言,台湾地区学前教育法规主要是从以下几个方面来规范与强化行政部门职责的。

(1)强调台湾当局与市、县行政部门共同承担学前教育发展的责任

"教育基本法"第9条规定台湾当局的教育职责主要包括:规划设计台湾地区教育制度;对地方教育事务进行司法监督;执行全地区性教育事务,协调或协助各地方教育发展;教育经费分配与补助;设立并监督公立学校及其他教育机构;教育统计、评鉴与政策研究;促进教育事务的对外交流;依法对教育事业、教育工作者、少数民族及弱势群体的教育事项提供奖励、扶助或促其发展等责任。

该"法"第9条做出了关于市、县行政部门的学前教育权限的规定:"前项列举以外之教育事项,除法律另有规定外,其权限归属地方。"第10条则进一步指出,市、县行政部门"应设立教育审议委员会,定期召开会议,负责主管教育事务之审议、咨询、协调及评鉴等事宜"。

(2)明确规定各相关主管部门在学前教育与保育中的角色和职责

"儿童教育及照顾法(草案)"规定,台湾地区应首先对教育部门和社会福利部门的职责做出重新定位,以厘清相关主管部门的职责。如草案获得通过,原来的托儿所与幼稚园未来将一并改称幼儿园,主要招收2~6岁儿童,并由教育部门统一管理;0~2岁儿童则进入托婴中心,依然由社会福利部门主管。

"儿童教育及照顾法(草案)"第3条对此做出明确规定,居家式照顾服务及托婴中心照顾服务的最高主管机关为内政部门,在市、县分别为市、县行政部门;幼儿园保教服务及课后照顾中心课后照顾服务的最高主管机关为教育部门,在市、县分别为市、县行政部门。本"法"所规定事项涉及各主管机关业务时,各机关应配合办理。

"儿童教育及照顾法(草案)"第4条指出,教育部门及内政部门依其主管分别负责下列事项:保教服务政策及法规的研拟;保教服务理念、法规的倡导及推广;全地区性保教服务的方案策划、研究、奖励、辅导及评鉴规划;市县地区保教服务行政的监督及指导;保教人员的人力规划、培训及人才库建立;全地区性保教服务基本资料的搜集、调查、统计及公布以及其他全地区性保教服务的相关事项。

(二)中国大陆学前教育立法的主要内容

1951年10月1日,政务院公布施行的《关于改革学制的决定》中,将幼儿教育列入学制,规定实施幼儿教育的组织为幼儿园,招收3~7岁的儿童。

1952年,教育部先后颁发了《幼儿园暂行规程(草案)》和《幼儿园暂行教学纲要(草案)》,规定幼儿园的任务是:根据新民主主义教育方针教养幼儿,使他们身心在入小学前得到健全的发育;同时减轻母亲负担,以使母亲有时间参加政治生活、生产劳动、文化教育活动等。

"文化大革命"结束后,为恢复幼儿教育,国家首先恢复建立了从中央到地方的各级幼儿教育领导机构,其次教育部(国家教育委员会)连续制定颁发了一系列拨乱反正的文件,如《城市幼儿园工作条例》(1979年)、《幼儿园教育纲要》(1981年)、《关于进一步办好幼儿学前班的意见》(1986年)等,使广大幼儿教育工作者重新明确了幼儿教育的方向。

1989年6月,国家教委为了加强幼儿园的科学管理,提高保育和教育的质量,制定颁发了《幼儿园工作规程(试行)》(1996年6月正式施行)。《幼儿园工作规程(试行)》在总结我国幼儿园教育已有成果的基础上,进一步拉开了改革的帷幕。《幼儿园工作规程(试行)》不仅明确地规定了幼儿园的保育目标、任务,而且有专门的章节对幼儿园教育

从原则到活动的组织、教育形式、方法等做了规定。《幼儿园工作规程(试行)》充分体现了正确的教育观、儿童观,十分重视幼儿的身心发展规律和特点以及幼儿园教育工作的规律。

1989年8月,为了加强幼儿园的管理,国家教育委员会颁布了《幼儿园管理条例》,这是新中国成立以来,经国务院批准颁发的第一个幼儿教育法规。该条例用法规的形式规定了幼儿园的任务、管理以及保育、教育工作,并明确了各级地方政府在幼儿园的发展、管理等方面的责任,使我国的幼儿教育管理跨入了法制化轨道。

1994年颁布的《国务院关于〈中国教育改革和发展纲要〉的实施意见》,开始鼓励社会力量办学、多渠道办学,民办幼儿园的数量和规模迅速发展。国务院1997年发布的《社会力量办学条例》和1999年制定的社会力量办学16字方针,进一步为民办和私立幼儿园的发展提供了政策上的保证和支持,加快了民办幼儿园的发展。

1994年颁布的《中华人民共和国教师法》,规定了教师的权利和义务,关系到幼儿教师的切身利益,为幼儿教师队伍的建设和管理提供了法律保障。

2001年7月,教育部根据《中华人民共和国教育法》《幼儿园管理条例》和《幼儿园工作规程》制定了《幼儿园教育指导纲要(试行)》,它就《幼儿园工作规程》中有关"幼儿园教育"这一部分内容做出了更为具体的规定,在《幼儿园工作规程》与教育实践之间架起了过渡的桥梁。这些法规的颁布与实施,进一步推动了我国幼儿教育科学化、规范化的进程。其总则是:

第一,幼儿园教育是基础教育的重要组成部分,是我国学校教育和终身教育的奠基阶段。城乡各类幼儿园都应从实际出发,因地制宜地实施素质教育,为幼儿一生的发展打好基础。

第二,幼儿园应与家庭、社区密切合作,与小学相互衔接,综合利用各种教育资源,共同为幼儿的发展创造良好的条件。

第三,幼儿园应为幼儿提供健康、丰富的生活和活动的环境,满足他们多方面的发展需要,使他们在快乐的童年生活中获得有益于身心发展的经验。

第四,幼儿园教育应尊重幼儿的人格和权利,尊重幼儿身心发展的规律和学习特点,以游戏为基本活动,保教并重,关注个别差异,促进每个幼儿富有个性的发展。

另外,国务院还签署和颁布了一些相关文件规范我国的学前教育。20世纪90年代,李鹏代表中国在世界儿童问题首脑会议上签署了《儿童生存、保护和发展的世界宣言》和《执行九十年代儿童生存、保护和发展世界宣言行动计划》之后,我国政府又签署了联合国制定的《儿童权利公约》。在国务院颁发的《九十年代中国儿童发展规划纲要》中提出了20世纪90年代我国儿童生存、保护和发展的主要目标,在全社会大力倡导树立爱护儿童、教育儿童、为儿童做表率、为儿童办实事的公民意识。具体提出了"积极发展学前教育,坚持动员社会力量,多渠道、多形式地发展幼儿教育"的方针,提出城市入园(班)率达到70%,农村学前一年幼儿入园(班)率达60%,在经济欠发达的农村和人口居住分散、交通不便的山区、牧区,要利用多种形式进行学前教育的目标。为贯彻落实《全国教育事业"九五"计划和2010年发展规划》中关于幼儿教育发展的目标,1997年原国家教委制定了《全国幼儿教育事业"九五"发展目标实施意见》,提出了2000年全国学前三年幼儿入园率达到45%以上,农村学前一年入园率达到60%以上的学前教育的新发展目标,进一步推进了幼教事业的健康发展。

2003年，针对现实存在的一些问题，教育部、国家计委等部门联合发出《关于幼儿教育改革与发展的指导意见》，提出了幼儿教育改革与发展的目标及措施。

2010年7月，中共中央、国务院印发了《国家中长期教育改革和发展规划纲要（2010—2020年）》。这是21世纪我国第一个中长期教育改革和发展规划，是今后一个时期指导全国教育改革和发展的纲领性文件。在纲要当中，把学前教育作为一个重要的章节单独列出来，这在以前是没有过的，并且提出了学前教育明确的发展目标。纲要指出，积极发展学前教育，到2020年，普及学前一年教育，基本普及学前两年教育，有条件的地区普及学前三年教育。重视0～3岁婴幼儿的教育。

知识索引

我国当前主要学前教育法规

1.《幼儿园管理条例》

2.《幼儿园工作规程》

3.《基础教育课程改革纲要（试行）》

4.《幼儿园教育指导纲要（试行）》

5.《国务院关于当前发展学前教育的若干意见》

6.《国家中长期教育改革和发展规划纲要（2010—2020年）》

7.《3～6岁儿童学习与发展指南》

8.《幼儿园教师专业标准（试行）》

总的来说，中国学前教育立法进程缓慢，专门、高层次的学前教育法缺失，规划性政策较多。

与学前教育立法步伐相应，中国教育发展规划性的政策逐渐增多。相关部门先后出台了《九十年代中国儿童发展规划纲要》《中国教育改革和发展纲要》《中华人民共和国国民经济和社会发展"九五"计划和2010年远景目标纲要》《全国家庭教育工作"九五"计划》《全国幼儿教育事业"九五"发展目标实施意见》《面向21世纪教育振兴行动计划》《中国儿童发展纲要（2001—2010年）》等带有对未来规划性质的政策文件。

拓展阅读

我国学前教育立法的基本理念和重点

庞丽娟（全国人大常委、国家督学、北京师范大学教授）

◆我国学前教育立法的基本理念

1.强化学前教育的公共性与公益性。

2.凸显和增强政府发展学前教育事业的职责。

3.以公平和均衡为基本立法价值取向，优先保障并向农村和弱势群体倾斜。

◆我国学前教育立法的重点

1.学前教育的性质、地位。明确学前教育是国家基础教育的重要组成部分，也是一项社会公益事业，是国家学制的第一阶段、基础教育的起始阶段，是社会公益事业的重要组成部分。

2.政府责任及相关部门的职责。明确中央和各级地方政府对发展学前教育事业的责任,并明确规定教育、财政、编制、人事、劳动保障和卫生等相关部门的职责。

3.学前教育的管理体制。明确学前教育的管理体制与机构,规定中央、省、地市应设立学前教育专门行政管理机构,县级应有专门机构或专职干部。

4.学前教育的财政投入体制。明确规定在中央和地方各级财政性教育预算中,应单项列支学前教育事业的财政投入,并设立专项经费用于支持和发展学前教育;确定城市和农村学前教育事业发展不同的投入体制,城市与县城地区实行政府投入、社会支持及家长分担教育成本的投入体制,农村地区实行以政府投入为主的发展体制;明确规定逐步加大各级政府教育财政性投入中学前教育经费的比例。

5.学前教育机构。明确学前教育机构的举办者、教师、设施、卫生、安全等方面的资质要求与准入标准,及登记注册、审批与管理、撤销的程序与要求等。

6.学前教育教师。明确学前教育从业人员特别是幼儿教师的身份与地位,资质、聘任与考核等要求,明确幼儿教师应当享受与中小学教师同等的政治、经济待遇,并对其责任、义务和工资、待遇、医疗、养老与失业保险、职称、培训等基本权益做出明确规定。

7.学前教育的督导评估与问责制度。明确规定建立学前教育事业发展与质量的评价制度,建立视导、督导和行政问责制度。

本章小结 ✐

本章涉及三个方面的内容:学前教育立法概述;国际学前教育立法的背景和进程;国际学前教育立法的主要内容。

学前教育立法概述包括学前教育立法的含义——学前教育法是国家关于学龄前儿童教育有关法律规范的总称。作为法律规范,学前教育法就是国家通过立法,规定人们在学前教育过程中应该遵循的行为规则,即允许做什么,应该做什么,禁止做什么。如果有关方面违反这些法律规范,应该承担什么法律责任。学前教育立法的必要性—— 维护儿童权利;确保教育公平;健全学前教育法制体系,实现依法治教;解决学前教育发展的现实问题与挑战。学前教育立法的基本价值——公共性。

国际学前教育立法选取了德国、美国、日本、法国、英国、中国(包括台湾)几个有代表性的发达和发展中国家,分别呈现其立法背景、进程和内容。

比较可见,国际学前教育立法通常基于如下背景:经济困境与福利改革催生学前教育新诉求;促进社会公平疾呼消除儿童贫困、保障其受教育权;学前教育改革与发展成为世界教改的重要内容与生长点;解决学前教育事业发展面临的诸多问题与挑战。

国际学前教育立法共同的内容包括:明确学前教育价值与性质,保障并提升其地位;明确并强化政府在学前教育事业发展中的重要职责;明确政府学前教育财政投入责任;明确幼儿教师身份、地位、权益与资质要求;扶助弱势群体,促进学前教育公平。

阅读导航 ✐

1. 庞丽娟. 国际学前教育法律研究[M]. 北京：北京师范大学出版社，2011.

作为我国第一本国际学前教育法律研究的专著，庞丽娟编著的《国际学前教育法律研究》主要面向学前教育法律与政策制定者、学前教育行政管理者、教育与学前教育法律与政策研究者、学前教育工作者，以及高等院校教育与学前教育相关专业的广大师生等。

2. 曹鑫莉. 学前教育立法的必要性[J]. 教育导刊（下半月），2014(2).

该文从我国目前的学前教育立法背景出发，论证了学前教育立法的必要性，呼吁推进学前教育立法工作。

3. 庞丽娟，韩小雨. 中国学前教育立法：思考与进程[J]. 北京师范大学学报（社会科学版），2010(5).

该文指出了目前学前教育的问题，论述了立法保障和促进学前教育事业发展的必要性和迫切性，并对立法内容和立法重点提出了建议。

拓展练习 ✐

1. 概念解释。

学前教育立法　国家督导　预算单列

2. 简答题。

(1)美国学前教育立法体现的立法取向是什么？

(2)各国是通过怎样的途径来保障幼儿教师待遇的？

(3)比较各国的做法，分析如何加强学前教育立法的科学性。

3. 实践探索。

搜集资料，比较我国港、澳、台地区在学前教育立法方面的异同。

第三章
学前教育体制比较

完善的教育体制对教育事业的发展有重要的促进作用,教育体制对一个国家教育事业的改革和发展产生重大而深远的影响。富有科学性、合理性、高效性和预见性的教育体制,是具有强大生命力的教育体制,其对教育事业的发展产生巨大的推动力,从而使教育事业保持持续、稳定、快速、高效的健康发展。相反,就会给教育事业的发展带来严重影响,就会造成教育资源上人力、物力的巨大浪费。因此,许多国家一直都在不断地、谨慎而大胆地进行着教育体制的改革,以求教育事业的最大发展。本章从办学体制、管理体制、投入体制三个方面对国内外的学前教育体制进行了介绍和比较,学习时注意结合各国的实际思考其体制的合理性和必要性,并结合我国国情思考对我国学前教育体制改革的借鉴意义。

◆ **案例链接**

　　广州刘先生感叹,上个公办幼儿园怎么就这么难?从"被赞助"到"被自愿",没有相当的条子、票子别想上。王女士为担保儿子一年后能上公办幼儿园,提前一年报了公办幼儿园的"亲子班",每学期5000元。"其实就是花钱买名额,'占个坑',担保一年后能上这个幼儿园。"

　　广东省政府督学李伟成说,公办幼儿园办学历史悠久,办学规范化程度高,且收费低廉,"价廉物美"的东西谁不抢?然而,目前各个地区公办园的比例都非常低,在公众对学前教育的需求不断提升和优质资源如此稀缺的矛盾对比下,入公办园渐渐沦为"拼爹游戏"。

　　广州市教育局局长屈哨兵不久前向媒体通报:公办幼儿园招生方案即将出台,核心内容是以抽签、摇珠或电脑派位的方式招生。

　　一位不愿意透露姓名的教育工作者告诉记者,事实上,赞助费也好,捐资助学费也罢,都是直接上缴财政,然后再由财政以教育经费的名义划拨下来,就是说,名义上是财政投入学前教育经费,实际上是由"票子生"们埋单。

◆ **问题聚焦**

　　1.近年来,入园难、入园贵成为中国公众最关注的三大教育问题之一,出现这样的局面的原因何在?

　　2.我国应如何协调公办园与民办园的办园比例?如何有效地管理学前教育事业?

　　3.世界上其他国家是否存在类似的问题,或者有哪些好的方法可供我们借鉴?

◆ **学习目标**

　　1.了解我国的学前教育在性质、地位、类型与功能方面与外国的异同之处。

　　2.了解世界各国的学前教育管理体制的特点。

　　3.结合世界各国学前教育投入体制,探讨我国学前教育的投入体制的问题和改革方向。

|第一节|
学前教育办学体制的比较

办学体制主要指因办学主体的性质而形成的教育机构的性质类型。[①]《国家中长期教育改革和发展规划纲要（2010－2020 年）》明确规定"建立政府主导、社会参与、公办民办并举的办园体制。大力发展公办幼儿园，积极扶持民办幼儿园"。该规定清晰地表述了我国学前教育办学体制的改革与发展趋势，明确地阐释了学前教育办学主体的性质与地位，为我国学前教育办学体制的完善指明了方向。学前教育办学体制的研究主要涵盖三个方面的内容：第一，办学主体是谁，幼儿园的性质、权利与义务是什么；第二，办学主体对幼儿园的干预程度如何；第三，政府部门对幼儿园的办学行为秉持怎样的态度，它的参与度、支持度与干预度如何。本节以办学体制为主题，通过论述我国与不同国家之间办学体制的异同，厘清世界各国学前教育的性质与地位、学前教育机构的类型与功能，以期为不同群体对学前教育的研究提供思考与借鉴。

一、学前教育的性质与地位

（一）学前教育的性质

学前教育又称之为幼儿教育，它的性质定位体现了一个国家对幼儿教育的重视程度，是衡量一个国家社会文明程度、教育发展水平的重要指标，关涉着教育未来发展的动力与前景。综观 19 世纪中叶以后世界学前教育的发展状况，学前教育逐渐发展成为公众的责任和社会公共事业，越来越多的国家将学前教育列入社会公共事业的范畴，正如美国国家研究院的报告《渴望学习：教育我们的幼儿》指出的："19 世纪中叶以前，幼儿教育一直是私人行为，但在 20 世纪逐渐发展成为公众的责任。"学前教育的公益性属性是依据不同国家社会制度、经济发展水平、教育发达程度等因素规定的。不同国家因其各方面因素的限制与制约，在公益性方面表现不同，如有些国家将学前教育作为准公共产品，有些国家则将学前教育列为纯公共产品。不同国家的做法反映了各国对待学前教育的态度及其发展的状况，但学前教育作为公共产品的性质与趋势并未改变，公益性始终是各国学前教育的根本属性。

1.中国学前教育的性质

我国学前教育的政策中明确规定了学前教育的两个基本性质：学前教育是社会主义教育事业的组成部分，也是社会公共福利事业。学前教育的福利性起源于新中国成立时，随后，我国学前教育的法规文件中都规定了学前教育的社会公共福利性质。

《中华人民共和国宪法》规定，国家发展社会主义教育事业，提高全国人民的科学文

---

① 赵南，雷芳，杨敏，崔晴.长株潭城市群学前教育办学体制与机制现状分析及改革建议[J].学前教育研究,2013(7).

化水平。国家举办各种学校,普及初等义务教育,发展中等教育、职业教育和高等教育,并且发展学前教育。

1987年,国务院办公厅转发国家教委等部门《关于明确幼儿教育事业领导管理职责分工请示的通知》,明确提出幼儿教育既是教育事业的一个重要组成部分,是我国学校教育的预备阶段,同时又是一项社会公共福利事业。

1997年,教育部发布的《全国幼儿教育事业"九五"发展目标实施意见》中明确规定,幼儿教育既是教育事业,又具有福利性和公益性的特点。

1996年,在教育部颁布的正式推行的《幼儿园工作规程》和2003年十部委《关于幼儿教育改革与发展的指导意见》中也都明确指出,任何组织和个人举办幼儿园不得以营利为目的。

纵览新中国成立后我国学前教育的政策内容,可初步获知我国学前教育的两个基本性质:教育性与福利性。

(1)教育性

学前期是个体社会化的起始阶段和关键时期,在后天环境与教育的影响下,在与周围人的相互作用的过程中,婴幼儿逐渐形成和发展着最初,也是最基本的对人、事、物的情感、态度,奠定着行为、性格、人格的基础。[1] 在中国有句俗语:"三岁看大,六岁看老。"学前期的教育对于儿童发展的重要性是不言而喻的。我国教委人文社会科学研究"九五"规划项目"学前儿童社会性发展与教育研究"等研究结果均表明,接受了适宜社会性教育的儿童在责任感、自控力、合作精神、交往能力等方面的发展水平要显著高于其他没有接受过适宜性教育的儿童,这充分论证了学前教育具有教育性的事实。

小故事　大思考

1988年,在75名诺贝尔奖获得者欢聚一堂之际,有记者问道:"您在哪所大学、哪个实验室学到了您认为最重要的东西?"一位白发苍苍的学者沉思了片刻说道:"幼儿园。"随后,老者将幼儿园学到的礼貌、友爱、分享、谦让、责任感、合作等良好的社会行为与人格品质进行了讲述。

思考:通过这则小故事,你有什么样的思考?

(2)公益性

学前教育是基础教育的重要组成部分,对促进个体全面健康发展,巩固和提高九年义务教育质量与效益,全面提升国民整体素质具有重要的基础性、先导性的作用,公益性是学前教育的根本性质。[2] 公益性是我国学前教育的根本属性,它主要表现在四个方面:

首先,奠基性。学前教育是社会未来公民健康和终身发展的基础,它在影响个体行为习惯、情感、态度和性格等方面具有独特的作用。一般而言,儿童在幼儿园的学业成绩和IQ分数会一直保持到小学阶段,在学前阶段所形成的习惯、性格及行为等会影响并决定儿童日后发展的方向与水平,这种影响在一定程度上具有可持续性。

其次,普遍性。《国家中长期教育改革和发展规划纲要(2010-2012年)》明确规定,

① 庞丽娟,胡娟,洪秀敏.论学前教育的价值[J].学前教育研究,2003(1).
② 庞丽娟,韩小雨.中国学前教育立法:思考与进程[J].北京师范大学学报(社会科学版),2010(5).

基本普及学前教育。积极发展学前教育,到 2020 年,普及学前一年教育,基本普及学前两年教育,有条件的地区普及学前三年教育。学前教育不同于基础教育、中等或高等教育具有选拔性特点,它的非选拔性使它成为面向全体公民的国民基础教育,成为社会公民的公共需求与公共利益。

再次,补偿性。教育公平是社会公平的基石,教育公平的起点是学前教育的公平,学前教育的补偿性特征是弥补教育不公平现状的重要举措。美国的"开端计划"和"佩里学前教育方案"均显示对家庭贫困、父母文化水平低的社会处境不利儿童实施补偿性学前教育,能成功地打破消极的贫穷循环圈,逐渐减少社会分层现象和家庭贫困数量。

最后,回报性。学前教育是高回报性公益性事业,它能够提高家庭的生活质量,保障家庭的幸福水平,能够直接影响义务教育及其他类型教育的质量与类型,还能够促进社会的稳定与发展。研究表明,从对国家经济的整体贡献来看,如果增加学前教育投资,使学龄前儿童入学率提高一个千分点,就可以使人均 GDP 提高 0.36~0.58 个百分点。[①]

2.世界各国学前教育的性质

社会产品依据其基本性质可划分为私人产品、准公共产品与纯公共产品三种类型。其中,准公共产品与纯公共产品具有受众的普遍性和受益的公共性特点。就整个学前教育而言,它应属于公共产品,并具有公共产品的基本特征——效用的不可分性、消费的非竞争性、收益的非排他性。从社会产品的性质出发,结合学前教育是否免费的特点,可将各国学前教育划分为三种类型:第一,纯公共产品性质与完全免费型;第二,准公共产品性质与部分免费型;第三,准公共产品性质与普遍缴费型。

(1)纯公共产品性质与完全免费型

从社会产品性质出发,学前教育的纯公共产品性质是指学前教育同时具有收益的非排他性、消费的非竞争性、效益的不可分割性的特征。完全免费则是从学前教育的费用来源特点对其进行的归类,它的基本费用来源为国家或政府。

纯公共产品性质与完全免费型的代表国家是法国。自近代以来,法国的学前教育一直遥遥领先于世界各国,这得益于法国历来对学前教育的重视,同时也是法国颁布多部教育法规保障学前教育的性质、地位等的结果。19 世纪的《1881 年法》规定,公立小学和幼儿园免征教育费。1958 年,法国根本大法《宪法》序言中明确指明学前教育的发展方向:各个阶段教育具有"公共性、义务性、免费性和世俗性"。2000 年,法国的《教育法典》明确指出,教育是国家的公共事业,由国家组织和执行并予以保证。《教育指导法》对学前教育的性质与基本使命做出了详细阐释。近年来,法国颁布《地方自由和责任法案》,进一步从国家提供公共服务的角度对包括学前教育在内的教育事业做出明确规定,强调"教育具有国家公共服务的性质"。[②]

(2)准公共产品性质与部分免费型

从整体视角来看,学前教育具有明显的受益排他性和效用不可分割性,但由于不同国家经济发展水平、社会发展状况的不同,学前教育仍属于较为稀缺的资源,部分国家的

---

① 胡鞍钢.影响决策的国情报告[M].北京:清华大学出版社,2002:404.

② 沙莉,庞丽娟.明确学前教育性质,切实保障学前教育地位——法国免费学前教育法律研究及其对我国的启示[J].学前教育研究,2010(9).

学前教育并未实现消费的非竞争性特征,同时,在经费来源方面也不能保证整个学前教育阶段的经费支撑。如美、英、韩等国的学前教育属于部分年龄阶段免费的准公共产品,美国对学前一年教育实施免费,并对"开端计划"学前教育项目中3~5岁儿童实施免费学前教育。韩国学前教育与美国类似,也是实行学前一年的免费政策,3~5岁儿童的学前教育在学制系统内,但不属于义务教育的范畴。

英国免费学前教育的年龄阶段分为两种:一种是3~4岁年龄阶段的儿童,该年龄阶段虽不属于义务教育范畴,但有多种形式的机构提供免费教育;另一种是5~7岁年龄阶段的儿童,属于义务教育范畴的幼儿学校或幼儿班。

印度的学前教育属于补偿性的准公共产品,通过特定项目对弱势群体实行免费政策,其中,儿童综合发展服务项目是最著名的面向弱势群体实施的综合发展型学前保教项目。

除此之外,还有少数公立学前教育机构免费的准公共产品类型,澳大利亚的学前教育就属于此种类型,它的学前教育机构设置的主要目的在于为需外出工作的幼儿家长提供便利,并给处于困境的家庭提供学前教育服务。① 因此,它一方面向少数公立学前教育机构的儿童提供免费教育,另一方面又允许大部分学前教育机构收取家长的费用。

(3)准公共产品性质与普遍缴费型

准公共产品性质与普遍缴费型是日本学前教育的重要特征。普遍缴费型主要采用的是政府补助与家长缴费相结合的方式,由于日本的学前教育不属于义务教育的范畴,没有实行全面或某个年龄阶段的免费措施,所以,日本国立、公立幼儿园不仅需要中央和地方行政当局负担一部分的费用,还需要家长缴纳一定的费用,即使是收费较低的保育所,也是由国家补助与家长缴费来共同支撑。

(二)学前教育的地位

学前教育的地位是学前教育事业前置性、源头性问题,它关系到学前教育事业的定位、属性、发展方向等根本性问题。世界各国因其本国的现实状况,在对待学前教育地位方面会持有不同的态度,一些国家会将学前教育作为义务教育的组成部分,实行完全免费,如法国;一些国家虽将学前教育作为义务教育的组成部分,但实行部分免费,如美国;一些国家将学前教育等同于义务教育,实行政府补助与家庭缴费相结合,如日本;还有一些国家将学前教育置于学制体系之外,实行特定群体免费或少数公立机构免费,如印度与澳大利亚。综观世界各国的学前教育定位,大部分国家都将学前教育作为学制系统的第一阶段,作为基本等同于义务教育,并按照义务教育的发展方向努力实现学前教育的公平与公正,由此可窥探出世界各国对学前教育的重视程度。

1.中国学前教育的地位

学前教育在我国教育事业中的地位与日俱增,它的地位主要体现在两个方面:一方面,学前教育是社会主义教育事业的重要部分;另一方面,学前教育是基础教育的有机组成部分。

---

① 简楚瑛.幼儿教育与保育的行政与政策(欧美澳篇)[M].上海:华东师范大学出版社,2005:205.

在我国,学前教育地位的彰显表现在不同法律法规的规定中。《中华人民共和国宪法》中指出,国家发展社会主义的教育事业,提高全国人民的科学文化水平。国家举办各种学校,普及初等义务教育,发展中等教育、职业教育和高等教育,并且发展学前教育。这是我国对学前教育的初步定位。

1951 年,《政务院关于改革学制的决定》中规定了"幼儿教育、初等教育、中等教育、高等教育"的学制,学前教育首次成为学制中的一环,成为基础教育的有机组成部分。在随后的 50 多年里,幼儿教育始终作为学制体系中的一环,并得以日益普及,它的地位逐渐加强。

1979 年,教育部颁布的《城市幼儿园工作条例(试行草案)》指出,幼儿教育是社会主义教育事业的组成部分,是培养有社会主义觉悟的有文化的劳动者的基础。

1995 年颁布的《中华人民共和国教育法》规定,国家实行学前教育、初等教育、中等教育、高等教育的学校教育制度。同年,李瑞环在《全社会都要关心和支持基础教育》的讲话中指出,基础教育,包括学前教育、小学教育和中学教育,在我国教育事业中有十分重要的地位。

1995 年,教育部印发的《全国幼儿教育事业"九五"发展目标实施意见》中既提出"幼儿教育既为幼儿入小学做准备,也为九年义务教育的实施奠定基础,发展幼儿教育事业是关系到人口素质提高和民族未来兴衰的大问题"的内容,又明确规定"幼儿教育是我国学制的第一阶段,是基础教育的有机组成部分"。

2001 年,教育部颁布的《幼儿园教育指导纲要(试行)》指出,幼儿园教育是基础教育的重要组成部分,是我国学校教育和终身教育的奠基阶段。幼儿教育始终是我国学制体系中的一环,是教育事业的组成部分,是基础教育的有机成分。

2.世界各国学前教育的地位

世界各国学前教育地位的考察主要依据该国学前教育在其学制系统中的地位。依据学前教育是否被纳入学制系统之中,可将世界各国的学前教育地位划分为两种类型。

(1)作为学制系统的第一阶段

学前教育在一些国家已经被纳入学制系统之中,并作为学制系统的第一阶段,如美、英、法、日等国家,这些国家的学前教育地位根据是否纳入义务教育体系又分为两个维度。第一,学前教育既作为学制系统的第一阶段,又作为义务教育的组成部分。美、英两国的学前教育在学制系统中的地位较为相似,都将 5~6 岁学前教育纳入学制系统。美国将 5~6 儿童的学前一年的幼儿园教育纳入学制系统,并作为初等教育和义务教育的起始阶段。英国将 5~7 岁儿童的幼儿学校或幼儿班纳入学制系统之中,并作为基础教育和义务教育的重要起始阶段。

第二,学前教育作为学制系统的第一阶段并基本等同于义务教育。法、日两国的学前教育地位具有相似之处,法国初等教育包括学前教育和小学教育两个阶段,2~6 岁学前教育被纳入学制系统,成为学制系统的有机组成部分,同时又是初等教育阶段幼小衔接的重要环节。日本颁布的《学校教育法》将学前教育正式纳入其学校教育体系中,"所谓学校,系指幼儿园、小学、初级中学、高级中学、中等教育学校、特殊教育学校、大学及高等专科学校",可见,幼儿教育已被纳入日本的正规教育体系。

（2）尚未被纳入正规学制系统

学前教育在有些国家并未纳入正规学制体系之中，如印度、澳大利亚，但这并不阻碍这些国家重视学前教育的奠基作用，不遗余力地发展学前教育事业。

印度主张国家应竭尽所能提供早期儿童保育和教育。印度颁布的《国家教育政策》确定了学校的教育制度为"10＋2＋3"的结构，其中"10"包括8年初等教育与2年中等教育，初等教育阶段又包括5年小学和3年高级小学，学前教育并未纳入学制体系之中，但该政策也指出学前教育是初等教育以及印度人力资源发展的重要支持与给养。

澳大利亚同样未将学前教育纳入正规学制之中。澳方政府明确提出，0～18岁应被视为一个连贯的学习和发展过程，而学前儿童保育和教育机构是学校教育连续统一体的一部分。因此，澳大利亚政府努力为不同家庭提供具有整合性、可负担且高质量的学前教育支持。

二、学前教育机构的类型与功能

世界近代公共学前教育机构发源于西方国家，如英国欧文创办的幼儿学校、德国福禄贝尔创办的幼儿园、意大利蒙台梭利创办的"儿童之家"等。目前，世界各国的学前教育机构名称可谓五花八门，功能复杂多样，但主要类型有幼儿学校、幼儿园和保育学校。随着社会的发展，学前教育机构的办学形式日益多样化和灵活化，学前教育的作用与功能在不断扩展与延伸。

（一）学前教育机构的类型

学前教育机构有广义与狭义之分，广义的学前教育机构包括幼儿在成长的各个阶段所涉及的所有机构，除托儿所、日间看护中心和幼儿园等以外，还包括幼儿保健站和妇幼医院等。狭义的学前教育机构可以分为两种：一是指从出生到入学前的各种保育和教育设施，如托儿所、保育学校、日间看护中心和幼儿园等；二是指为5～6岁儿童设立的为入学做准备的教育机构，如附设在小学的学前班和幼儿班等。[①]学前教育机构的类型与其办学体制密不可分，通常情况下，办学体制会对学前教育机构产生一定的影响，如法国99％的幼儿园是公立的，政府作为办学主体，机构类型呈现统一化趋势。世界各国学前教育机构主要分为公立和私立两种，随着社会各界的关心和支持，学前教育的办学主体日益多元，办学形式更加多样，办学要求逐步规范。从学前教育的办学体制与办学机构两个维度入手，可将世界各国的学前教育机构划分为4种类型。

1.公立办学为主，机构类型统一化：法国模式

学前教育服务由政府提供的办学体制决定了学前教育机构类型是公立的专门机构负责实施与运行。一般来说，法国学前教育机构是单一制的公立专门机构，私立机构所占比重很小，公立幼儿学校占99％，私立幼儿学校仅占1％。因此，政府出资开设的学前教育机构已经基本成为法国学前教育机构的唯一形式，也使法国成为世界上唯一实行由政府主导并直接举办与管理学前教育的国家。自1886年的法律实施以来，幼儿学校均被作为法定的专门机构被纳入初等学校范畴，政府承担发展学前教育的职责，并切实维

① 周采.比较学前教育[M].北京：人民教育出版社，2010：257.

护与保障学前教育的性质和地位。

2.私立办学为主,机构类型双轨并行:日本模式

日本的学前教育以私立学前教育机构为主,幼儿园和保育所的教育和保障并行。日本学前教育机构主要以幼儿园和保育所两种类型为主,实行幼儿园和保育所双轨并行的机制,幼儿园归文部科学省管辖,60%左右的5岁幼儿进入幼儿园;保育所归厚生省管辖,40%左右的幼儿进入保育所。2006年10月,日本开始开设幼儿园和保育所的教育职能融为一体的学前教育机构,即"认定幼儿园",真正实现办学机构双轨并行的教育理念。

3.办学主体多方参与,机构设置灵活便民:印度模式

印度学前教育由公立、私立和其他部门共同参与,但主要以公立学前教育项目为主,学前教育机构分为公立、私立和志愿组织或非政府组织举办三种类型。其中,公立学前教育机构以托儿所和儿童综合发展中心为主;私立学前教育机构主要包括幼儿园、家庭和日托之家、保育所以及私立中小学附设的学前班;志愿组织或非政府组织举办的学前机构有流动托儿所、建立在大学里的附属实验保育学校等,这种学前教育机构在印度的覆盖人数为300万至2000万不等,而公立与私立学前教育机构覆盖人数的比例为7∶3,[①]这使得印度政府始终将公立的儿童综合发展中心与托儿所作为大力发展的主要对象。

4.办学主体多元化,机构设置多轨化:美英澳模式

美、英、澳在办学体制与机构类型方面具有办学主体多样化、机构设置形式灵活多样的共同特点。美国采用各州自主办学,公立机构和私立机构相辅相成的办学体制,各州的教育机构类型依据服务对象的不同可分为幼儿园、托儿所、居家保育、全日托儿中心和"开端计划"学前教育中心。英国采用保教机构融合、举办主体并行的办学体制,学前教育机构主要分为两大类:一类是面向5～7岁儿童的幼儿学校和幼儿班,附设在小学中的保育学校和保育中心,这类机构属于学制体系的第一阶段;另一类是面向5岁以下婴幼儿,不包括在学制体系之内的儿童保育和教育机构。澳大利亚以政府、社区和私人举办并举为办学体制,它的机构类型种类繁多,以学前保育机构、学前教育中心、学前班为主要机构类型。

(二)学前教育机构的功能

1.提供儿童入学的准备教育

学前教育作为我国学制的第一阶段、基础教育的有机组成部分,它通过为幼儿做好上小学的准备,对基础教育产生重要的作用与影响。

1996年,联合国教科文组织在《教育:财富蕴藏其中》的报告中明确指出:"受过幼儿教育的孩子与没有受过这一教育的孩子相比,往往更能顺利入学,过早辍学的可能性也少得多。""学前教育的不足或缺乏这种教育,均可严重地影响终身教育的顺利进行。"

我国教育部和联合国儿童基金会历时5年合作进行的"幼小衔接研究",通过儿童入

---

① 中国学前教育发展战略研究课题组.中国学前教育发展战略研究[M].北京:教育科学出版社,2010:189.

学前半年和入学后半年的连续实验研究发现,为学前儿童做好入学前准备,包括学习适应方面的准备(如培养幼儿小学学习所需要的抽象思维能力、观察能力、对言语指示的理解能力和读写算所需要的基本技能等),以及社会适应方面的准备(如培养幼儿任务意识与完成任务的能力、规则意识与遵守规则的能力、独立意识与独立完成任务的能力以及主动性、人际交往能力等),能够使儿童入小学后在身体、情感、社会性适应和学习适应等方面都有良好的发展,从而顺利地实现由学前向小学的过渡。[①]

西方国家的"开端计划""高瞻学前教育方案"等大型研究项目也证明,学前教育为儿童进入小学学习提供了良好的开端,并会大大提高儿童在中小学的成绩和智慧。

2. 推动保育与教育的一体化

学前教育机构是社会发展到一定历史阶段的产物。1816 年,欧文首创的"幼儿学校"是世界上第一个对 6 岁以下儿童实施专门的、真正意义上的学前教育的机构。由于学前教育机构是顺应历史发展的产物,19 世纪上半叶的学前教育机构的宗旨在于服务家长和保护儿童,保育功能明显,而教育内涵不足。从 19 世纪下半叶开始,学前教育的功能逐渐受到重视。进入 20 世纪后,其功能日益显著,一方面,学前教育机构强调对儿童进行照管和养护,注重保育功能的发挥;另一方面,学前教育机构强调儿童智力的发展、全面的发展,重视教育功能的重要作用,保育和教育逐步走向一体化。

我国 1996 年颁布的《幼儿园工作规程》明确提出,幼儿园是对 3 周岁以上学龄前幼儿实施保育和教育的机构,是基础教育的有机组成部分,是学校教育制度的基础阶段。2001 年颁布的《幼儿园教育指导纲要(试行)》明确指出,幼儿园教育应尊重幼儿的人格和权利,尊重幼儿身心发展的规律和学习特点,以游戏为基本活动,保教并重,关注个别差异,促进每个幼儿富有个性地发展。

2001 年,美国国家研究院早期教育委员会在《渴望学习:教育我们的幼儿》研究报告中指出,不能把保育和教育看作幼儿问题中两个截然不同的事物,充分的保育包括提供优质的认知刺激,丰富的语言环境,以及促进社会、情感和动作发展的条件。

2006 年,日本制定的《幼儿教育振兴计划》重申要"进一步促进幼儿园和保育所的联合",并致力于"削减幼儿园和保育所间的差别,共同支撑和完善学前教育体制"。

3. 促进社会公平和持续发展

有人曾言,关闭一所幼儿园比关闭一所大学,或一所低质量幼儿园的存在比一所低水平大学的存在,更会让家庭、社会不得安宁。儿童是祖国的未来,儿童能否健康地成长和发展是影响家庭生活是否和谐幸福的关键性因素,家庭是社会的最基本单位,每一个幼儿都连接着一个或几个家庭,因此,学前教育牵动了全社会,影响着社会的公平和持续发展。20 世纪 80 年代以后,世界各国开始重视学前教育机构促进社会公平和持续发展的功能。如美国最早启动的学前教育长期效果研究项目——"佩里学前教育研究计划",这个计划选取 123 名来自低收入家庭的 3～4 岁儿童作为实验组进行了长达 20 多年的追踪研究。研究结果表明,实验组儿童与对照组相比,学业成就、就业率和经济收入高,犯罪率、吸毒率低,家庭关系和睦。另外,1984 年以后,美国教育家对 1967 年至 1972 年开

---

① 庞丽娟,胡娟,洪秀敏.论学前教育的价值[J].学前教育研究,2003(1).

展的 11 项学前教育长期效果研究计划进行了综合分析,所得出的主要结论是:学前教育能提高智商与小学学习成绩,减少精神发展迟缓与中途退学,提高中学毕业率,减少被拘留与逮捕的人次。[①] 这些研究对学前教育机构在促进社会公平和发展方面的作用和效果给予了充分证明。

📖 拓展阅读

世界各国的学前教育机构名称

世界各国的学前教育机构各异,但在名称上有相同之处。英国的学前教育机构的名称有日托中心、托儿所、社区中心婴儿室、幼儿学校、幼儿班、教会托儿所、亲子小组、儿童保育中心等;法国的学前教育机构如编织学校、日间看护中心与母育学校、托儿所、福禄贝尔幼儿园等;美国的学前教育机构有幼儿园、托儿所、保育学校等;德国的学前教育机构如传统幼儿园、幼儿俱乐部或游戏所、儿童店、裴斯泰洛齐幼儿园、特殊幼儿园、学校附设的幼儿园和学前班等;日本的学前教育机构主要为幼儿园与保育所。

---

① 曹能秀.学前比较教育[M].上海:华东师范大学出版社,2009:74.

|第二节|

学前教育管理体制的比较

在一国教育制度中,教育管理体制占有突出地位,发挥着"龙头"作用。[①] 管理体制涉及管理权限划分、机构设置及隶属关系等方面,它在学前教育中发挥着领导、协调、组织、保障等重要功能,是学前教育积极发展的关键因素。依据教育管理学的理论,学前教育有宏观与微观之分,宏观的学前教育管理体制指学前教育行政管理体制;微观的学前教育管理体制指学前教育机构(主要是幼儿园)内部管理体制。[②] 本节通过论述学前教育行政管理体制与学前教育机构内部管理体制的相关内容,明晰世界各国教育管理体制的异同,探寻不同国家或地区学前教育管理体制的多样性特征。

一、学前教育行政体制

国家的政治制度、经济基础和文化传统等因素决定着教育行政体制的性质,不同国家因政治、经济、文化的差异,其教育管理体制和方法不尽相同。依据中央和地方教育行政机构设置的特点和权利分配两个维度,各国的教育行政体制可基本分为中央集权模式和地方分权模式两种类型。伴随着社会的不断进步与发展,教育管理体制逐渐形成纵向多层教育行政系统。二战后,世界各国教育行政体制发展呈现均权化、民主化和科学化。[③]

(一)中央集权模式

中央集权模式主要在典型的中央集权制国家,一般而言,这种模式的国家中央和地方具有明确的命令和服从的隶属关系,国家直接干预教育事业,指导和监督一切教育活动,实行垂直的教育行政体制。法国是中央集权模式的典型代表,国家统一管理学前教育。法国自拿破仑时代起就形成了中央集权的领导体制,教育由国家全面管理,《教育法典》等各种文件明确规定,中央政府拥有学前教育的创建权;负责统一制定教学大纲、安排课时、制定考试与颁发文凭的规章;负责所有公立幼儿学校甚至符合条件的私立幼儿学校的教师与行政人员的管理、培训与工资;负责确定管理规则,包括提供大型或新型教学设施等。[④] 法国以公立性质的学前教育机构为主,国家特别是中央政府在学前教育管理上承担了充分的职责,推动着法国学前教育的长足发展。

印度的学前教育行政体制突显了中央政府主导公共学前教育的特点与趋势。1976年印度《宪法》第42次修正案规定,教育是联邦和各邦政府共同行使的"并行职权",中央

---

① 张斌贤.现代国家教育管理体制[M].上海:上海教育出版社,1996:17.
② 庞丽娟,范明丽.当前我国学前教育管理体制面临的主要问题与挑战[J].教育发展研究,2012(4).
③ 吴文侃,杨汉清.比较教育学[M].北京:人民教育出版社,1999:588,592.
④ 中国学前教育发展战略研究课题组.中国学前教育发展战略研究[M].北京:教育科学出版社,2010:190.

和各邦政府在制定教育政策和有关事物中具有同等地位。印度政府一方面通过出台有关学前教育的国家政策与计划来直接管理教育,如第五个五年计划中"儿童发展"从"福利"走向"发展"的重大突破,并推行综合儿童发展服务项目;另一方面,印度联邦政府主导综合儿童发展服务项目和托儿所计划等学前教育项目的实施,联邦政府在整个项目中始终发挥着指导、监控、组织与管理等重要职能。

(二)地方分权模式

地方分权模式以实行平行教育行政体制为特征,中央和地方的教育行政之间是一种平行的对应关系或"伙伴关系",下级具有自主管理的权力,上级对下级权力范围内的事物无权干涉,中央政府间接管理教育。美国是典型的地方分权模式,它以州集权为标志,联邦、州和地方三级政府参与教育管理,权力分散,各级政府享有较多的自主权和灵活度。美国地方分权模式的本质特征是权力中心的多元化,联邦政府层面不对各州学前教育实行统一要求和标准,没有负责学前教育事业发展的专职部门,未对各州实行法律意义层面的强制力,各州依据自身发展的现状与特点,制定符合各州实际的学前教育发展规划。美国的联邦政府并非以统一制定的方式直接干预各州学前教育的发展,而是以项目合作、奖励拨款、竞争机制等方式间接促进州政府学前教育的实施与推进。

德国的学前教育体制自 1990 年东、西德合并统一以后,开始实行各州自主管理学前教育、设立学前教育机构的地方分权模式。根据签订的统一条约,东部五州制定了各自的临时教育法规,设立了本州的文化教育部,领导本州的教育改革。如 1999 年,德国政府分管儿童事务的家庭、老人、妇女、青少年工作部组织了首个联邦课题,对全国儿童日托机构体系进行了质量评价的研究。[①] 该研究的目的在于为各地政府的学前教育建言献策,使各地政府的政策与规划有据可依,这些研究充分体现了德国政府通过向各地政府提供建议来辅助那些需要得到支持的对象。

中国的学前教育体制是一个动态的发展过程,从中央集权管理逐渐演变为教育部门与其他部门齐抓共管,再发展成为地方负责、分级管理的模式,各地区政府在学前教育办学体制、发展格局、经费投入方面均有一定的自主权,并逐步向自主管理的趋势演进。纵观不同时期学前教育管理体制的历史沿革,各级政府对学前教育的发展具有重要的职责,如统筹规划、经费保障、执行落实、督导评估等,这些职责的履行反映了政府对学前教育的重视程度与工作力度。2003 年,国务院办公厅发布的十部委签署的《关于幼儿教育改革与发展的指导意见》(国务院〔2003〕13 号)要求"进一步完善幼儿教育的管理体制和机制,切实履行政府职责"。中国坚持实行地方负责、分级管理的幼儿教育管理体制,通过加强政府的领导,保证幼儿教育改革与发展的顺利进行。

(三)中央与地方均权模式

均权模式是中央与地方相结合的中间状态的学前教育行政体制,它主要指过去实施中央集权制的国家在逐步加强民主化,给地方以更多的权限;过去实施地方分权制的国家则逐步加强中央的权限,由中央统一管理涉及全国利益的教育事业,从而走向权利的

[①]　郭良菁.德国研制《儿童日托机构的教育质量:国家标准集》的启示——兼论我国制定质量评价标准体系的若干问题[J].学前教育研究,2004(9).

合理分配,调整中央和地方的积极性。这一类模式的主要特点是学前教育行政由中央和地方共同管理,但中央的权力和责任主要是制定政策和法令法规,有的国家也设立学前教育机构并直接管理,而发展学前教育和管理学前教育机构的权力主要归地方,学前教育经费由国家和地方共同解决,即便是地方管理的学校,国家也应该提供相当数额的拨款。① 英国和日本的学前教育管理体制均属于中央与地方均权模式,两者在学前教育管理模式上也存在较多的共同点。

英国的中央政府主管单位包括健康部、教育就业部和社会安全部,地方主管单位分为卫生局、社会福利局和地方教育当局等。中央通过制定一些重要的方针政策来管理各地的学前教育,各地在遵守这些方针政策的前提下仍有一定的选择自由权,如中央的教育就业部门只制定学前教育课程的方针,地方教育当局等部门可按照中央的方针结合地方的特点自制课程目标和纲要,作为学前教育机构设计课程的依据。② 中央和地方均给予学前教育较多的财政支持,通过加强中央和地方的密切合作,支持和促进当地学前教育的稳步发展。日本的学前教育同样是中央集权与地方分权结合并行,中央政府的学前教育职责权限主要包括统管全国教育发展规划、教育改革方向、教育课程标准,对都道府县教育事务是否妥善给予指导、建议或援助等。地方一级政府的学前教育职责权限则包括市町村教育委员会负责设置和管理幼儿园、小学与初中;都道府县教育委员会对市町村教育是否妥善有权进行指导、建议或援助,并负责管理公立聋哑养护学校等教育机构等。③ 日本与英国在中央和地方政府学前教育职责权限的变化方面具有相似性,两国学前教育行政体制都经历了从中央集权模式到地方分权模式再到中央和地方均权模式的发展历程,一方面不断加强中央政府的统一管理;另一方面也强调增强地方的自主性,实现中央和地方政府之间的协调与合作。

二、学前教育机构的内部管理

教育机构在现代社会中已成为行使教育职能的重要机关,是实施教育教学活动的基本单位,其内部管理体制是保证教育机构有效运转的关键。④ 世界各国正规的学前教育机构的内部管理体制虽有所差别,但基本都实行园长负责制,并且家长和社会各界的主动参与成为重要趋势。

(一)内部体制管理

1.人力资源管理

中国有关学前教育机构内部管理体制的依据主要表现在法律、法规及政策中,如1985 年,中共中央《关于教育体制改革的决定》中指出:"学校逐步实行校长负责制,有条件的学校要设立由校长主持的、为数不多的、有威信的校务委员会,作为审议机构。"1989年,《幼儿园管理条例》中规定:"幼儿园园长负责幼儿园的工作。"1993 年,《中国教育改革

① 王承绪,顾明远.比较教育[M].北京:人民教育出版社,1999:257,253.
② 曹能秀.学前比较教育[M].上海:华东师范大学出版社,2009:95.
③ 陈永明.主要发达国家教育[M].天津:天津教育出版社,2006:50.
④ 潘世钦.建立与完善教育机构内部管理体制思考——兼论依法治教与从严治校[J].江西教育学院学报(社会科学),2001(5).

和发展纲要》中提出:"中等及中等以下各类学校实行校长负责制。校长要全面贯彻国家的教育方针和政策,依靠教职员工办好学校。"1996年,《幼儿园工作规程》中指出:"幼儿园实行园长负责制,建立园务委员会。"2002年,《民办教育促进法》中规定:"民办学校校长负责学校的教育教学和行政管理工作,民办学校应设立学校理事会、董事会或其他形式的决策机构。"从法律、法规、政策的历史沿革可看出,我国的学前教育一直是园长负责制,其他机构的设置具有监督和评价的功能。

日本的学前教育内部管理具有较大的自主性,每个幼儿园的经营管理不对主管机构负责,主管机构的作用是监管与指导,幼儿园只对法律负责。园长掌管全园的园务工作,对所属职员完成各自的职务内容具有监管的权力,教务主任会协助园长管理园内事物。

俄罗斯学前教育机构不仅有园长和教师,还有许多教育家的参与。教师的职责在于指导儿童玩游戏、上课和日常管理工作,教育家对教师的教育进行指导与督促,高级教师则负责监管全部教育过程。

德国幼儿园实行双向管理,通常幼儿园有3种类型的工作人员:一是仪式社会教员,必须是高等专科教育毕业;二是教育员,必须是实科中学或相当于实科中学毕业,然后实习两个学期,通过国家考试,取得国家承认的教育员资格;三是护理员,普通中学毕业以后在社会卫生职业专科学校接受两年职业教育,学习儿童护理专业知识。[1]

2. 师生比例管理

中国的一项调查表明,从幼儿园总体人数来看,1997年至2001年,幼儿园的在园人数有减少的趋势,尤其是2001年为幼儿园人数最少的一年。从2002年开始,幼儿园在园人数逐渐增加,截至2007年,幼儿园在园人数增加了326.99万,增长16.2%。从班级规模来看,幼儿园总体的班级规模变化幅度并不明显,但城市、县镇和农村有着显著差异,城市与农村的班级规模与全国水平基本持平或小于全国水平,而县镇幼儿园的班级规模要高于全国水平。从师资状况来看,幼儿园的师资总人数有所增加,从2000年到2007年,总人数增加了172950人,增长了15.1%;师资水平不断提高,从2000年至2007年,研究生毕业、本科毕业及专科毕业的人数都在增加,尤其是专科毕业的人数是2000年的42倍。

法国不同地区的母育学校和小学幼儿班的班级人数因地而异,一般而言,儿童按年龄分为小班(2~4岁)、中班(4~5岁)、大班(5~6岁)3个班型,城市的班级人数约为25~30人,乡镇的班级人数约为10~15人。

英国的学前教育机构对师生比例及班级规模控制较为严格,如0~1.5岁儿童班,约有3名保教人员,9名儿童,师生比为1:3;3~4岁儿童班,约有3名保教人员,12~14名儿童,师生比为1:4~1:5;4~5岁儿童班,约有3名保教人员,16~18名儿童,师生比为1:6。[2]

日本幼儿园平均规模为131人,班级规模一般平均为29.9人。通常情况下,日本保育所规模平均为75人,定员人数为30~60人的保育所大约占35.7%,61~90人的保育

① 周采.比较学前教育[M].北京:人民教育出版社,2010:274.

② 周采.比较学前教育[M].北京:人民教育出版社,2010:274.

所大约占 28%,91~120 人的保育所大约占 21%,150 人以上的保育所大约占 4.3%。[1]

3.幼儿活动管理

幼儿活动管理包括幼儿在学校的时间管理、活动管理等方面,幼儿活动的管理表现了幼儿园办学的理念与宗旨。在中国幼儿学习网上有一篇《幼儿一日活动安排》的文章,幼儿的具体时间安排与活动内容安排如下:

7:30-8:00　入园、晨检、晨间活动

8:00-8:30　阅读(或听故事,或活动区活动)

8:30-8:40　休息(喝水、如厕)

8:40-9:10　早操(或活动区活动)

9:10-9:20　休息(喝水、如厕)

9:20-9:40　教学活动

9:40-10:00　休息(喝水、如厕)

10:00-10:30　教学活动

10:30-11:00　户外游戏(或活动区活动,或室内游戏)

11:00-11:20　离园、接待家长或奥洗,餐前准备

11:20-11:50　午餐

11:50-12:10　户外散步或折纸

12:10-12:20　睡觉前准备(如厕)

12:20-2:40　午睡

2:40-3:00　起床,盥洗,吃午点

3:00-3:20　教学活动

3:20-3:30　休息(喝水、如厕)

3:30-4:00　教学活动(或户外游戏)

4:00-4:20　活动区活动(或看电视)

4:20-4:30　离园前的准备工作

4:30-5:00　离园

中国的《幼儿园教育指导纲要(试行)》明确指出,幼儿园教育的内容是广泛的、启蒙性的,可按照幼儿学习活动的范畴相对划分为健康、社会、科学、语言、艺术等 5 个方面,还可按其他方式作不同的划分。各方面的内容都应发展幼儿的知识、技能、能力、情感、态度等。从该幼儿园的活动安排可看出,幼儿的课外实践活动较少,时间与活动安排模式化,教学的知识性明显,但启蒙性不足,并具有小学化倾向。

英国日间托儿所实行全日制,并全年开放,幼儿每天的在校时间约为 10 个小时,从上午 8 时到下午 6 时。幼儿的活动主要有一日活动、游览活动和区域活动,常见的活动区有家庭区、玩水区、种植区、图书区、绘画区、体育区等。

德国的幼儿园大多数为半天开放,只有少数幼儿园全天开放,因此,幼儿只在幼儿园学习半天,另外半天将在家庭中进行亲子教育。幼儿的在园活动主要是游戏,每天上午 8

---

① 李永连,李秀英.当代日本幼儿教育[M].太原:山西教育出版社,1997:12,13.

点至 10 点为幼儿自选游戏时间,10 点至 11 点为其他室内和室外游戏,11 点至 12 点为散步和自由游戏时间。通常,自选游戏可分为角色游戏、建筑游戏、桌上游戏等,室内外游戏包括园艺、绘画、运动游戏等。

(二)办学条件管理

"托幼机构的环境包括物质环境和精神环境两方面。物质环境包括园舍、家具设备及玩具、教具、图书、室内外装饰和布置等一切物质性的东西。精神环境包括教师的教育理念、教育行为及人际关系和情感气氛等。"①办学条件环境和设备等相应的条件支撑,是幼儿在园学习与生活的保障。中国 1996 年颁布的《幼儿园工作规程》明确规定,幼儿园应设活动室、儿童厕所、盥洗室、保健室、办公用房和厨房;有条件的幼儿园可单独设音乐室、游戏室、体育活动室和家长接待室等;寄宿制幼儿园应设寝室、隔离室、浴室、洗衣间和教职工值班室等。幼儿园应有与其规模相适应的户外活动场地,配备必要的游戏和体育活动设施,并创造条件开辟沙地、动物饲养角和种植园地;应根据幼儿园特点,绿化、美化园地。幼儿园应配备适合幼儿特点的桌椅、玩具架、盥洗卫生用具以及必要的教具玩具、图书和乐器等;寄宿制幼儿园应配备儿童单人床。幼儿园的教具、玩具应有教育意义并符合安全、卫生的要求;幼儿园应因地制宜,就地取材,自制教具、玩具。

英国对保育学校和保育班的各项设备做出了详细的规定:每所保育学校必须有空地、游戏场所、游戏室、幼儿衣服保管室、盥洗与卫生设备、饭厅、午睡厅、主任教员厅、职员室(包括医务室)以及大型玩具等。

法国于 1927 年对母育学校的环境和设施需要游戏室、活动室、厕所、盥洗室、饭厅、厨房和运动场等做出规定,随后对接待室、交换宿舍、卫生室、贮藏室、主任办公室、露天活动场所和暖气设备做出进一步的规定。

思考与讨论

当前我国学前教育管理体制面临着四个方面的主要问题与挑战:第一,政府和市场的关系未理顺,政府职责定位不明;第二,各级政府间职责定位不清,权责配置随意性大;第三,政府各部门间职责定位不清,职权责划分不尽合理;第四,学前教育管理机构及其人员设置严重缺位,组织程序不健全。上述四个方面是现今我国学前教育管理体制方面存在的主要问题,面对如此多的困境与挑战,我们应如何面对? 谈谈你对我国学前教育管理体制出现问题的原因及解决策略的看法。

---

① 刘晓东,卢乐珍.学前教育学[M].南京:江苏教育出版社,2004:149.

| 第三节 |
学前教育投入体制的比较

国家财政支持幼儿教育是世界幼教事业的发展趋势。[①] 由于世界各国政治、经济、文化的不同,特别是教育与福利制度的基础存在差异,各国幼儿教育的投入体制配置类型和相关政策也有所差异。本节通过对比世界各国在学前教育方面的投入比重、投入模式及投入渠道,厘清不同国家投入体制的特色与方式,明确学前教育投入体制改革的方向与目标,推动学前教育事业的可持续发展。

一、学前教育投入比重[②]

(一)学前教育投入经费占 GDP 比重的比较分析

1. 中国学前教育投入经费占 GDP 的比重

学前教育的地位既反映在办学体制、管理体制等方面,也反映在政府对学前教育的投入在国家财政投入中所占份额的层面,通过学前教育投入在政府财政投入中所占的比例可管窥我国对学前教育的重视程度。依据《中国教育经费统计年鉴》《中国教育统计年鉴》《中国教育年鉴》的相关统计数据,通过纵向比较对我国 1998—2007 年学前教育经费投入比重进行分析(如图 3-1)。

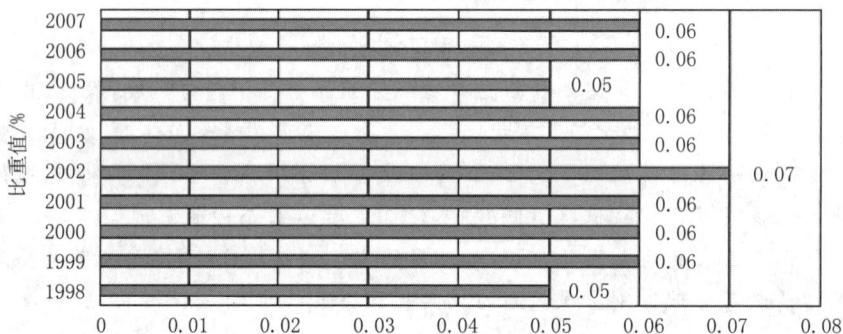

图 3-1 中国学前教育总投入占 GDP 的比重

如图 3-1 所示,1998—2007 年学前教育总投入占 GDP 的比重略有上升,2002 年所占比重最高,随后略有波动,但波动幅度较小。从整体来看,学前教育的总投入比重在 GDP 中的所占比例极其微小,处于 0.05%～0.07%之间,这样的投入比例说明学前教育的可

---

① 冯晓霞,蔡迎旗,严冷.世界幼教事业发展趋势:国家财政支持幼儿教育[J].学前教育研究,2007(5).

② 本小节的相关数据参考了周欣、中国学前教育发展战略研究课题组有关学前教育财政投入与政策的研究.

利用资源较少,国家与社会对学前教育的支持力度有限,并且也可以看出我国学前教育基本位于政府财政的边缘地位。

2. 世界各国学前教育投入经费占 GDP 的比重

由于世界各国的富裕程度不同、人才发展战略迥异、教育形式构想各异,各国对学前教育的支持力度与幅度也存在差异。通过对比不同国家学前教育投入经费占国家 GDP 比重的情况(如图 3-2),可以获悉不同国家秉持的学前教育战略思想。

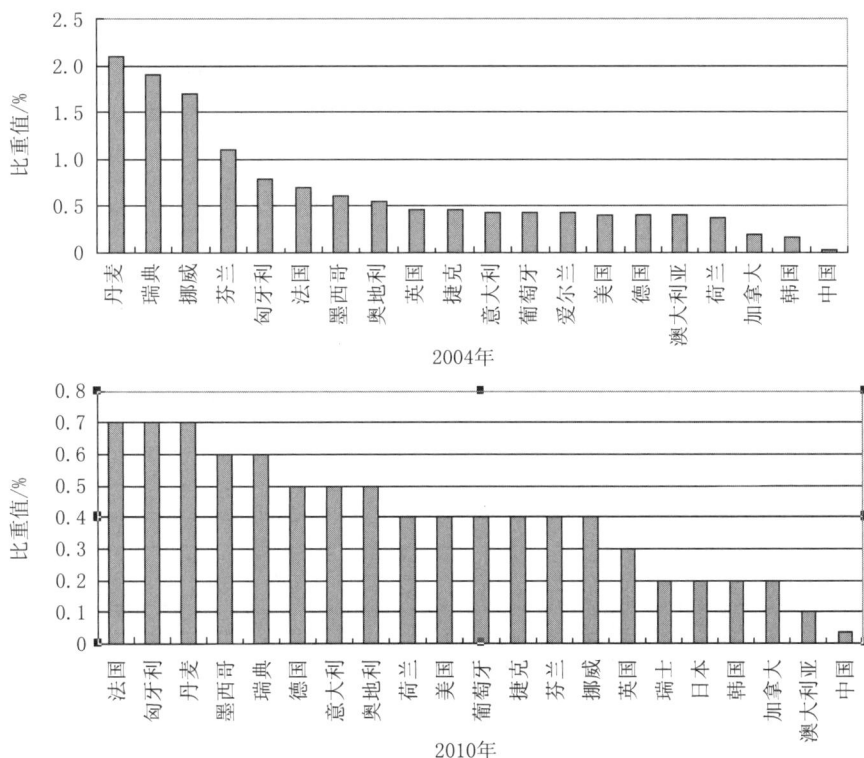

图 3-2 世界各国学前教育投入占 GDP 的比重

从图 3-2 世界各国在 2004 年与 2010 年学前教育投入占 GDP 比重的对比来看,丹麦在 2004 年学前教育经费投入占 GDP 的比重为 2.1%,2010 年的投入比重为 0.07%,但丹麦一直是学前教育投入比重的"领头羊";法国在 2004 年位居学前教育投入比重的第六位,2010 年已跃居第一的位置;在 2004 年与 2010 年,中国学前教育经费投入占 GDP 的比重均为 0.035% 左右,没有明显变化。

(二)学前教育经费投入占教育经费比重的比较分析

1. 中国学前教育经费投入占教育经费的比重

我国学前教育经费投入占教育经费的比重从 1998 年的 1.44% 下降为 2007 年的 1.29%(如图 3-3),这虽不足以说明我国对学前教育投入的减少,但可以看出学前教育作为我国教育系统的一部分,其从政府获得的教育资源是相当有限的,并且政府和社会对学前教育经费的投入也处于较低水平阶段,造成了学前教育的经济基础薄弱,地位不受重视的局面。

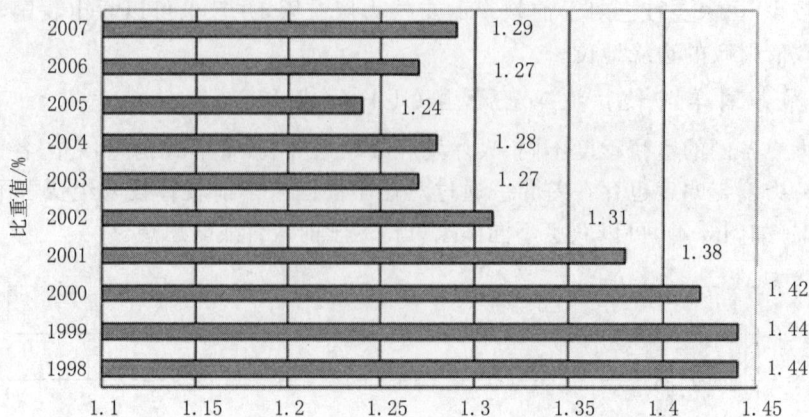

图 3-3　中国学前教育经费投入占教育经费的比重

2.世界各国学前教育经费投入占教育经费的比重

学前教育公共经费的投入占教育总经费的比重是衡量学前教育投入状况的又一指标,它能够反映国家政府对学前教育在整个人才发展战略中地位的界定。根据经济合作与发展组织的研究报告,近年各国学前教育公共经费投入占教育经费总预算的比例均有不断增长的趋势,过去投入学前教育公共经费较少的国家都显著地增加了投入(如图 3-4)。①

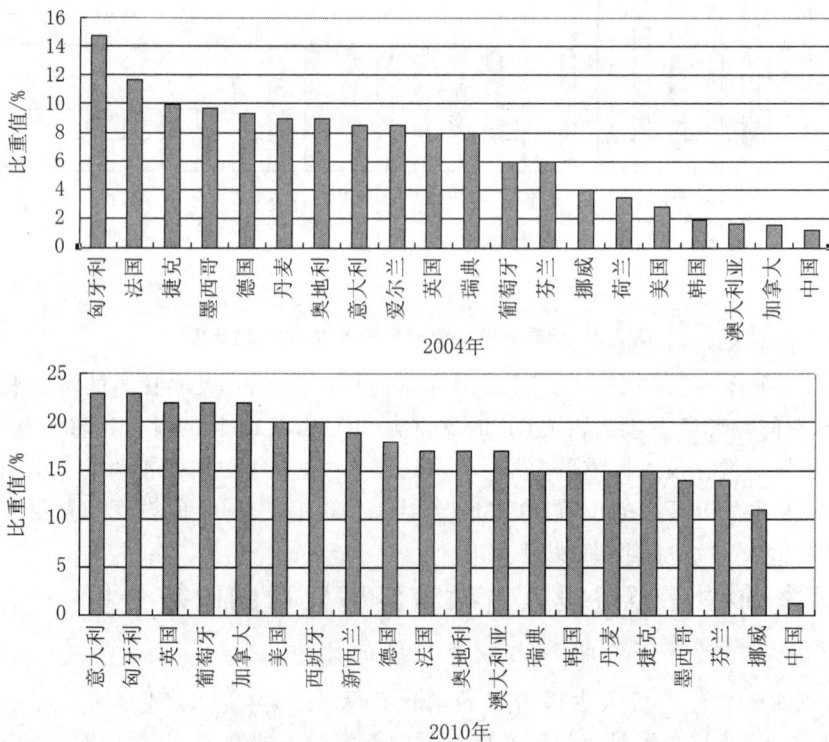

2004年

2010年

图 3-4　世界各国学前教育经费投入占教育经费的比重

---

① 周欷.国际学前教育政策比较研究[M].上海:华东师范大学出版社,2012:25—26.

从图3-4可看出,2004年与2010年世界各国在学前教育经费投入占教育经费的比重方面存在较大差异,匈牙利、意大利等一些教育速度发展较快的国家,其学前教育经费投入占教育经费的比重处于比较高的位置,并有不断增长的趋势;葡萄牙、英国的学前教育经费投入占教育经费的比重增长了2~4倍,成为学前教育增长速度较快的国家;中国的学前教育经费投入占教育经费的比重始终保持在1.2%的水平,说明我国学前教育经费投入占教育经费的比重还有待进一步的提高。

(三)学前教育生均经费投入比例的比较分析

学前教育的生均经费投入是影响学前教育经费投入状况的重要因素。从表3-1来看,中国学前教育生均经费投入从2001年到2007年之间有上升的趋势,2001年的生均学前教育经费为298元左右,2007年增长为669元左右,但从人均GDP来看,我国的生均学前教育经费仍处于较低水平。从表3-2来看,瑞典的生均学前教育经费为12097美元,为各国生均学前教育经费投入量之首。韩国的生均学前教育经费为2497美元,而中国的生均学前教育经费仅为143美元。可见,我国对学前教育的财政投入水平还很低,与世界各国相比仍处于薄弱地位。

表3-1 中国学前教育生均经费投入比例

年份	人均GDP（元）	比上年增长（%）	生均学前教育经费（元）	比上年增长（%）
2001	7543	7	298.14	30
2002	8184	9	331.92	11
2003	9101	11	370.66	12
2004	10561	16	408.59	10
2005	14040	33	479.80	17
2006	16084	15	550.06	15
2007	18868	17	669.01	22

表3-2 世界各国学前教育生均经费投入比例

国家	生均经费投入量（美元）
瑞典	12097
美国	8626
英国	8425
意大利	5445
法国	4512
韩国	2497
中国	143

二、学前教育投入模式

学前教育的投入模式与学前教育的办学体制、办学格局有着紧密的联系,一般而言,办学体制的性质决定着投入模式。因此,不同体制、不同类型的学前教育会有不同形式的投入模式。

(一)中国的学前教育投入模式

我国的学前教育投入模式随着办学体制的改革而不断发展变化,有着明显的阶段性特点,它的发展历程主要分为三个阶段。第一阶段,1979—1990 年,这一阶段的学前教育经费投入主要由国家和各级地方政府负担。1979 年,全国托幼工作会议指出:"依靠国家、集体、社会、个人各个方面,采用多种办法,解决好经费来源问题。"1980 年,《国家预算收支科目》规定:"在地方教育事业经费中列幼儿教育专项。"1988 年,《关于加强幼儿园教育工作的意见》指出:"地方各级人民政府应根据《中共中央关于教育体制改革的决定》中教育经费要'两个增长'的精神,妥善安排幼儿教育所需经费。"在 1979—1990 年期间,国家和地方各级政府是学前教育经费的主要承担者。第二阶段,1991—2002 年,幼儿园的经费主要由举办者筹措。1995 年 9 月,《关于企业办幼儿园的若干意见》提出:"要加强企业幼儿园内部管理运行机制的改革,增强办园活力。"1996 年修改实行的《幼儿园工作规程》规定:"幼儿园的经费由举办者依法筹措。"第三阶段,2003 年至今,我国学前教育经费投入中家长承担的经费比例逐步加重,公办幼儿园的经费投入逐渐减少。2003 年,《关于幼儿教育改革与发展的指导意见》提出:"地方各级人民政府要加强公办幼儿园建设,保证幼儿教育经费投入,全面提高教育、教学质量。"2005 年,《教育部办公厅关于公办幼儿园能否承包的问题的复函》重申了公办幼儿园属于国家举办的事业单位的决定。2005 年,《民办教育收费管理暂行办法》规定:"民办学校对非学历教育的其他受教育者收取的学费、住宿费标准,由民办学校自行确定,报价格主管部门备案。"公办园的减少、民办园的增加,使我国政府对学前教育投入量逐渐减少,举办者、家庭逐步成为幼儿园经费的主要筹措者。

(二)世界各国的学前教育投入模式

世界各国学前教育的管理体制、办学体制不同,其投入模式亦各有差异。依据中央与地方承担经费的比重不同,可将学前教育经费的投入划分为三种模式。

1.中央为主、地方配合的模式

中央为主、地方配合模式的主要代表国家为法国、英国和印度,这些国家学前教育事业发展的主要财政投入责任由中央政府负担,地方政府只在某些方面或某些范围内承担学前教育财政投入的部分责任。这种模式的优点在于中央在整个学前教育经费投入中占绝对优势,对学前教育事业具有强有力的支持。法国的学前教育投入遵循以政府财政为主的原则,《宪法》和《教育法典》均明确规定构建免费和世俗的各级公共教育是国家的责任,公立学前教育是各级公共教育中的一部分。《教育指导法》第 1 条明确提出,国家在发展包括学前教育在内的各级各类教育中的首要职责。法国通过制定多部法律的形式对学前教育投入中中央政府的职责做出了明确的规定,同时也极大地保障了法国学前教育的奠基性、公益性、准义务性的性质与地位。

2.地方为主、中央扶持的模式

地方为主、中央扶持模式的特点在于:中央将财政投入的责任下移,由地方政府承担对学前教育事业发展的主要财政投入责任。日本与韩国是这种模式的主要代表国家。日本的幼儿园主要分为三种类型:国立幼儿园、公立幼儿园、私人幼儿园。根据 2008 年日本文部科学省的统计,日本国立幼儿园的数量非常有限,仅占全国幼儿园总数的0.4%;公立幼儿园所占比例远远超过国立幼儿园,已经占到全国幼儿园总量的 39.2%。国立幼儿园所占比例较少,但它由中央政府承担主要的经费投入,公立幼儿园由地方政府负担主要的经费投入,而私立幼儿园则由设立该园的学校法人(团体或个人)负责筹措经费。由此可见,日本的地方政府承担了全国学前教育经费投入的主要责任,而中央政府起到了扶持的作用与功能。

3.中央与地方联合支持的模式

中央与地方联合支持的模式以美国为典型代表,财政投入的特点主要表现为:中央和地方共同承担学前教育财政投入的职责,中央和地方在学前教育经费投入中所占的比例大体相当。从美国学前教育的整体投入来看,联邦政府承担了较大部分财政经费,用于转移支付;地方政府承担较少部分的经费作为配套资金,但同时履行具体的学前教育管理职责。1992年、1995年和1999年,美国学前教育与保育经费中联邦政府财政投入与州政府财政投入之比分别为29:14,27:14和25:15。[①] 美国联邦政府财政主要负责对"开端计划"项目和儿童保育发展基金的投入,其中"开端计划"项目财政经费中各州政府的投入比例约为20%(各州情况不尽相同,有的州政府财政投入比例更高一些)。从2000年开始,州政府已经开始加大对学前教育的财政投入。[②]

三、学前教育投入渠道

财政投入是一个国家学前教育发展的有力保障,由谁提供、如何提供教育经费关系到学前教育发展的方向与性质。不同国家学前教育投入表现出不同的特点,学前教育经费的来源渠道也日益呈现出多元化的趋势。

(一)中国学前教育投入的渠道

1978年改革开放以后,我国形成多渠道、多形式的幼儿财政投入体制,学前教育经费来源渠道也日益多元化、多样化。如《全国幼儿教育事业"九五"发展目标实施意见》中指出,要拓宽幼儿教育经费渠道,坚持政府拨款、主办单位和个人投入、幼儿家长缴费、社会广泛捐助和幼儿园自筹等多种渠道解决经费问题。从我国的法律规定和相关文件的出台可看出,我国的学前教育经费来源渠道可分为四个方面:政府拨款、举办者投入、家长缴费以及社会捐助。

1995年9月1日开始执行的《中华人民共和国教育法》,对教育投入与条件保障做出了明确规定,依据相关规定可知,我国以法律的形式确立了不同教育的多种筹措资金原则。如国家举办的学校要由国家建立以财政拨款为主、其他多种渠道筹措教育经费为辅的体制,逐步增加对教育的投入,保证国家举办的学校教育经费的稳定来源。而企事业、社会团体和社会组织、公民个人举办的学校及其他教育机构的办学经费则由举办者负责筹措,各级人民政府可以给予适当支持。任何组织和个人不得以营利为目的举办学校和其他教育机构。除此以外,法律还对国家财政和地方财政的增长原则、教育附加费的征收、校办产业、集资办学以及捐资助学等做出了相关规定。

1.政府投入

《中华人民共和国教育法》在对教育投入与条件保障的规定中指出,国家教育经费要保持"两个增长":一是国家财政性教育经费支出占国民生产总值的比例应当随着国民经济的发展和财政收入的增长逐步提高;二是全国各级财政支出总额中教育经费所占比例

① 蔡迎旗.幼儿教育财政投入与政策[M].北京:教育科学出版社,2007:216.
② 中国学前教育发展战略研究课题组.中国学前教育发展战略研究[M].北京:教育科学版社,2010:215.

应当随着国民经济的发展逐步提高。法律还对各级人民政府投入的力度进行了规定:各级人民政府经费支出要按照事权和财权相统一的原则,在财政预算中单独列出;各级人民政府教育财政拨款的增长应当高于财政经常性收入的增长,并使按在校学生人数平均的教育费用逐步增长,保证教师工资和学生人均公用经费逐步增长。由此可看出,政府的财政投入始终是制约学前教育事业发展和质量提高的重要因素。

2.举办者投入

《幼儿园工作规程》规定,幼儿园的经费由举办者依法筹措,保障有必备的办园资金和稳定的经费来源。如企业、事业、机关、团体、部队、院校或公民个人办园,办学经费由单位或个人筹措;城镇街道办园,则酌情从地方自筹经费中给予街道集体性质的办学机构以补助,或支持开办,或帮助购置大型设备及房舍修理;农村幼儿教育由乡镇人民政府通过各种渠道,采取乡镇统筹、村自筹、乡镇财政收入划出适当比例等形式,作为举办者投入。举办者不同,则会有不同的投入主体,一般而言,非政府或行政部门举办的学前教育机构因举办者复杂多样,其教育经费的构成也比较复杂。

3.家长缴费

在我国,幼儿教育还未纳入义务教育体系之中,因此,学前教育未能享受义务教育的免费性。1979年,全国托幼工作会议就提出"孩子家长交保育费"的相关规定。1983年,《关于发展农村幼儿教育的几点意见》中同样规定:"发展农村幼儿教育,应通过多种渠道筹集资金,可采取社(乡)统筹,生产队(村)自筹,群众集资,家长缴纳少量保育费等办法。"1989年,《幼儿园管理条例》提出:"幼儿园可以依据本省、自治区、直辖市人民政府制定的收费标准,向幼儿家长收取保育费、教育费。"由以上法律法规可知,我国允许举办者向家长收取适当的幼儿保育费与教育费,并将其作为幼儿园教育经费的组成部分。

4.社会捐助

《中华人民共和国教育法》中规定:"国家鼓励境内、境外社会组织和个人捐资助学。"《幼儿园管理条例》中同样提出,鼓励和支持社会各界"捐资助园"。可见,社会组织与个人捐资成为我国学前教育投入渠道的重要方式。社会捐助一方面为幼儿园的经费投入提供了保证,但另一方面也带来了"无形"的隐患。如2011年《羊城晚报》上刊登的一篇名为《捐资助学费真能叫停?》的文章就暴露了社会或个人捐资助学的弊端,这种所谓的捐资费或赞助费无疑给社会、家庭带来了不良后果。同时,这种不法办学的乱收费现象造成了学前教育投入渠道的混乱局面,不利于经费投入多渠道、多形式地发展。我们必须依靠法律的力量坚决杜绝此类现象,并坚决贯彻自愿、量力和群众受益的重要原则,以促进社会或个人为学前教育捐资的良性发展。

(二)世界各国学前教育的投入渠道

世界各国学前教育发展经费的投入渠道呈现多元化的特点,主要可分为政府投入、社会捐赠及家长缴费三种投入渠道。不同国家三种渠道的经费投入有所不同,如发展中国家的政府投入要低于发达国家,而经济合作与发展组织各国的公共支出比例已达到80%,欧盟19国的公共资源比例已达到87.9%。[①]

---

① OECD. *Education at a glance* 2007:*OECD indicators*[R].2007:220.

1.政府财政投入为主

政府作为学前教育经费投入的主要主体,保障学前教育公平、可持续的发展。法国、英国、澳大利亚都是以政府投入作为主要经费来源的国家。根据经济合作与发展组织2007 年度教育概览,2004 年,法国学前教育机构(3 岁及 3 岁以上儿童)总开支的 95.8%来自公共资源;英国学前教育机构(3 岁及 3 岁以上儿童)总开支的 94.9%来自公共资源,5.1%来自私人(家庭)资源;澳大利亚的学前教育机构(3 岁及 3 岁以上儿童)总支出中,公共部分占 69.3%,是私人支出的 2 倍多。[①] 从经济合作与发展组织的数据显示来看,法国、英国与澳大利亚的学前教育经费主要以政府投入作为主要来源渠道。

2."三位一体"多方筹集经费

"三位一体"主要指政府财政投入、家长缴费与捐赠补助三位一体的模式,主要代表国家是日本与美国。日本教育经费遵循"设立者担负"的原则,国立幼儿园的经费由国家承担,公立幼儿园由地方政府支持,私立幼儿园由设立幼儿园的学校法人(团体或个人)负担。[②] 根据 2004 年经济合作与发展组织统计数据来看,日本学前教育(3 岁及 3 岁以上儿童)经费中公共支出所占比例为 50.0%,家庭支出约占 43.1%,其他私人机构或团体的支出为 6.8%。由此可看出,日本的学前教育经费由政府投入、家庭缴费与社会捐赠三方面共同构成,并且公共来源与私人来源的经费投入基本相当。"美国政府与社会、市场共同创建和支付了该国的幼儿教育体系"。[③] 根据 2004 年度经济合作与发展组织对各级教育机构经费支出公私负担比例的统计,公共投入占美国学前教育机构(3 岁及 3 岁以上儿童)经费总开支中的比例为 75.4%。[④] 除了政府投入外,家长的支出占到保育总支出的60%。[⑤] 一些社会资源也被纳入学前教育的总经费之中,形成政府投入、家长缴费与社会捐赠的"三位一体"模式。

📖 拓展阅读

亚洲各国学前教育投入概况

在亚洲国家学前教育公共投入占教育经费百分比的比较中,百分比最高的当属泰国。有关研究表明,该国政府将对学前儿童教育的关注作为稳定社会、发展经济的未来投入。相比较而言,亚洲的其他国家(地区)在教育经费的分配方面,都比较关注基础教育(小学和中学),但是韩国则在学前教育公共投入上增长了 3 倍。中国的学前教育公共经费长期占教育经费的 1.2%,而教育总经费占 GDP 的比例本就很低,这已经成为国际范围内令人印象深刻的问题。

① OECD. *Education at a glance 2007:OECD indicators*[R].2007:220.

② 中国学前教育发展战略研究课题组.中国学前教育发展战略研究[M].北京:教育科学出版社,2010:205.

③ 蔡迎旗.幼儿教育财政投入与政策[M].北京:教育科学出版社,2007:213.

④ OECD. *Education at a glance 2007:OECD indicators*[R].2007:220.

⑤ OECD. *Starting strong II:early childhood education and care*[M].Paris:OECD.2006:426.

本章小结 ✍

本章围绕学前教育体制,从办学体制、管理体制、投入体制三个方面对国内外的情况进行了介绍。学前教育办学体制部分主要介绍了学前教育的性质与地位和学前教育机构的类型与功能;学前教育的管理体制部分则主要围绕学前教育行政体制和学前教育机构的内部管理进行了介绍和比较;学前教育投入体制部分则介绍了世界各国学前教育投入比重、学前教育投入模式和学前教育投入渠道。

阅读导航 ✍

1.霍力岩等.美、英、日、印四国学前教育体制的比较研究[M].北京:北京师范大学出版社,2013.

本书介绍了美、英、日、印等国的学前教育最新进展,对世界各国学前教育的情况如学前教育的性质、地位、政府职责、财政投入、教师队伍建设和学前教育公平及其保障等问题进行了深入的探讨,可以作为《学前比较教育》的补充资料,丰富了学前比较教育的基本理论及研究,为我国学前教育的相关政策与研究提供了参考与借鉴。

2.何浩,秦姣姣.学前教育"入园难"、"入园贵"再反思——基于学前教育体制的视角[J].高等函授学报(哲学社会科学版),2013(1).

该文论述了"入园难""入园贵"与我国学前教育体制的关系,反思了我国现行的学前教育体制存在的缺陷。

拓展练习 ✍

1.我国的学前教育性质与世界各国的学前教育性质有何异同之处?

2.世界各国学前教育不同的投入比重可以说明各国学前教育受哪些方面因素的影响?

3.从中国学前教育生均经费投入比例(表3-1,第95页)与世界各国学前教育生均经费投入比例(见表3-2,第95页),可以看出我国在学前教育生均经费投入方面存在哪些问题?

4.实践探索。

"学前教育是否应纳入义务教育体系"的问题关系到我国学前教育的性质与地位,利用访谈、问卷等调查方法对不同学前教育机构及学生家长进行调查,通过数据的整理与归纳,总结目前我国学前教育机构与学生家长对学前教育性质、地位的认识情况。

第四章
学前教育师资比较

2010年以来,中国政府为了解决幼儿园"入园难""入园贵"等问题,在全国范围内大力推进幼儿园等学前教育机构的建设。随着幼儿园和幼儿的增多,师资问题日益凸显。而现状是:尽管缺口很大,但甘愿做幼儿教师的师范生数量并不乐观;在职的幼儿教师并非都合格。这些问题如何能得到有效解决,或许我们可以从他国学前教育师资的培养、准入、薪资等方面得以借鉴。本章即从这几个方面进行国际比较。

◆ **案例链接**

　　蒋励、梁霄、李宁宁和刘丽明四位"85后"的天津师范大学的全日制硕士研究生,现在是天津河西第二幼儿园的教师,第一年的职务都是保育员。

　　"保育员的工作挺累的,从早上 7:30 入园,到下午 5:45 放学,保育员要一刻不停地忙。""早上要准备消毒、通风,上课时要准备教具,吃饭时要给孩子分饭,特别是对小班的孩子,还要随时观察他们是不是拉裤尿裤。""洗小孩拉过、尿过的裤子,按点照顾每个生病的孩子吃药。"……忙碌而繁杂的保育员工作,四个女孩要从原先"不会干"到什么都要"学着干""都能干"。

　　面对硕士研究生当保育员,她们认为并不是浪费时间,而是一种锻炼。保育员照顾小孩吃喝拉撒也是为了课教得更顺利,保育员还要协助教养员做一些教学准备工作,如准备教具、排好桌椅、领着孩子做一些准备活动。了解了这些,在今后自己当教养员的时候,才能知道需要保育员配合自己做哪些准备,也才能更了解孩子情绪动作上的细微变化。

◆ **问题聚焦**

　　1.幼儿教师尤其是保育员有必要硕士以上的高学历吗?

　　2.我们到底需要怎样的幼儿教师?

　　3.我们的幼儿教师与发达国家有哪些差距?

◆ **学习目标**

　　1.了解国际学前教育师资的概况。

　　2.比较不同国家的幼儿园教师专业标准。

　　3.把握中国学前教育师资现状和存在的主要问题。

|第一节|
世界各国学前教育师资概况

学前教育师资状况或水平,一般有师幼比、教师学历水平、教师薪酬等几个指标。下面就从这三个方面去一瞥世界学前教育师资概况。

一、各国学前教育机构师幼比情况

师幼比是有质量的学前教育的一个基本条件,是影响和衡量国家学前教育水平的核心要素,也是判断一个国家学前教育发展状况的重要指标。

"师幼比"这一概念在有些国家和地区采用的是"生师比"的说法,因此,下文涉及相关国家时,会出现"生师比"的概念。

(一)中国幼儿园师幼比概况

中国是人口大国,也是学前教育大国,这体现在幼儿园在园人数和幼儿教师的总体数量上。在过去很多年里,中国政府和社会大众并未特别重视师幼比或生师比的问题。然而,近些年,随着经济水平的提高和人们对学前教育质量的追求,师幼比、生师比成为人们关注的一个指标。

1. 总体来看,中国学前教育生师比呈下降趋势

生师比是指幼儿园在园幼儿与幼儿园专任教师之比。根据《中国教育统计年鉴》官方数据,中国学前教育机构生师比总体较高。但近 10 余年来,呈下降趋势(如图 4-1)。

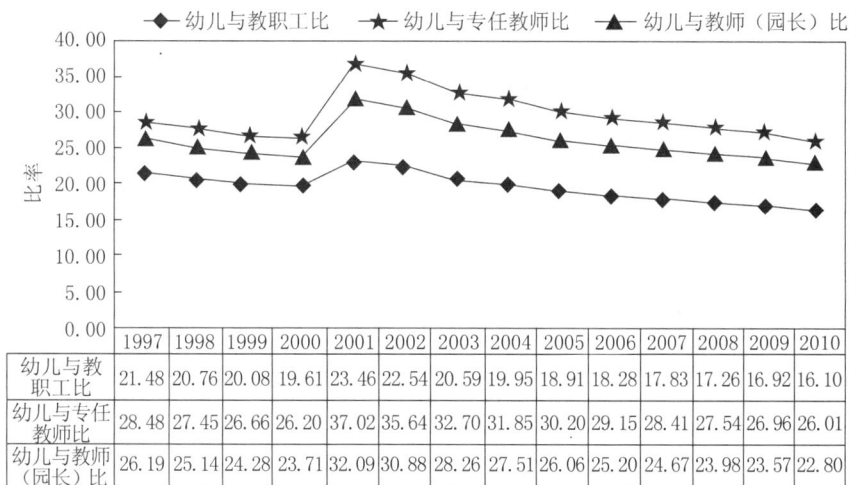

	1997	1998	1999	2000	2001	2002	2003	2004	2005	2006	2007	2008	2009	2010
幼儿与教职工比	21.48	20.76	20.08	19.61	23.46	22.54	20.59	19.95	18.91	18.28	17.83	17.26	16.92	16.10
幼儿与专任教师比	28.48	27.45	26.66	26.20	37.02	35.64	32.70	31.85	30.20	29.15	28.41	27.54	26.96	26.01
幼儿与教师(园长)比	26.19	25.14	24.28	23.71	32.09	30.88	28.26	27.51	26.06	25.20	24.67	23.98	23.57	22.80

图 4-1　1997—2010 年幼儿园的生师比

从图中数据可以看出,1997 至 2000 年,中国幼儿园生师比逐年有所下降,但至 2001 年陡然升高,之后至 2010 年,又呈现逐年下降趋势。但总体来说,中国学前教育生师比较高,2010 年是最低点,但幼儿与专任教师的比例也高达 26:1。

2. 中国学前教育生师比呈现出显著的地区性差异

以 2005 年和 2010 年的中国各省份幼儿园的生师比数据为参考,我们可以看出,中国学前教育生师比具有显著的地区性差异。其差异体现在中西部地区生师比显著高于东部;政治、经济、文化发达地区显著低于经济文化落后地区。其中,幼儿与教职工比例最高的省份是贵州、新疆、广西、安徽和河北;最低的省份是广东、浙江、辽宁、上海、北京。幼儿与专任教师(含园长)比例最高的省份是贵州、新疆、广西、四川、重庆;最低的省份是浙江、吉林、辽宁、上海、北京。

3. 中国学前教育生师比呈现出显著的城乡差异

同样将 2005 年和 2010 年城乡幼儿园生师比情况进行对比,显著的城乡差异一目了然(如图 4-2)。

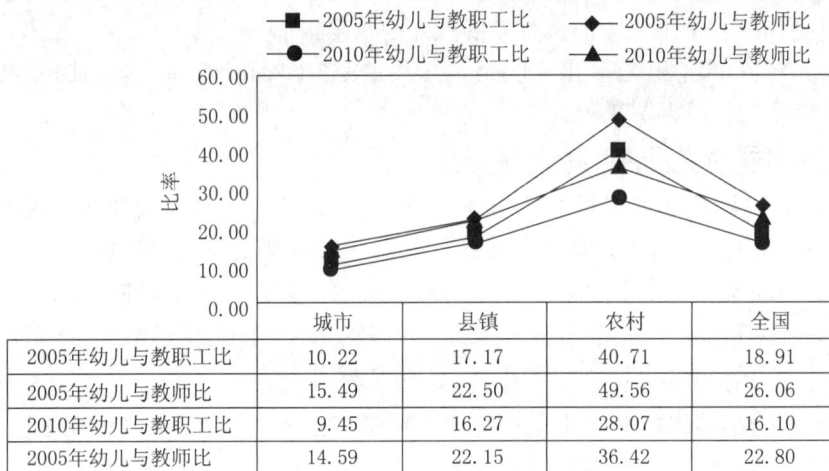

	城市	县镇	农村	全国
2005年幼儿与教职工比	10.22	17.17	40.71	18.91
2005年幼儿与教师比	15.49	22.50	49.56	26.06
2010年幼儿与教职工比	9.45	16.27	28.07	16.10
2005年幼儿与教师比	14.59	22.15	36.42	22.80

图 4-2　2005 年和 2010 年城乡幼儿园生师比对比

图中数据显示,中国幼儿园生师比,城乡差异很大。我们仅以 2010 年数据为例,幼儿与教职工的比例,城市为 9.45,县镇为 16.27,农村高达 28.07,农村为城市的 3 倍。幼儿与专任教师(含园长)的比例,城市为 14.59,县镇为 22.15,农村为 36.42。

(二)经济合作与发展组织成员学前教育师幼比概况

学前教育阶段的师幼比,在这里指的是学前教育机构,主要指幼儿园教师包括助教与幼儿的比值。

1. 经济合作与发展组织成员学前教育师幼比的总体情况

经济合作与发展组织(OECD)成员学前教育师幼比的总体情况如表 4-1 所示。

表 4-1　2009 年 OECD20 个成员学前教育阶段师幼比总体情况

师幼比	国家数	百分比(%)
1：6 至 1：10	2	10
1：11 至 1：15	11	55
1：16 至 1：20	4	20
1：21 至 1：29	3	15

(资料来源:刘占兰等.中国学前教育发展报告·2012[M].北京:教育科学出版社,2013:172.)

从表中数据可以看出,85％的经济合作与发展组织成员,学前教育阶段师幼比在1∶20以下。同年,中国幼儿园师幼比为1∶23。

2.经济合作与发展组织成员学前教育生师比发展趋势

从2008至2010年三年里部分经济合作与发展组织成员的学前教育生师比数据来看,生师比整体呈下降趋势(如图4-3)。

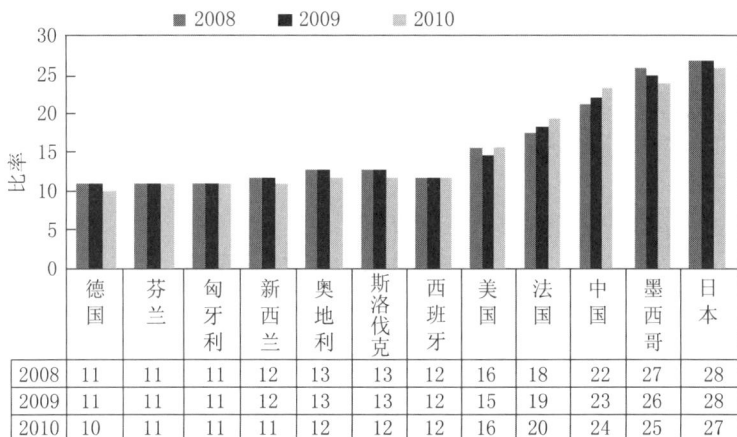

	德国	芬兰	匈牙利	新西兰	奥地利	斯洛伐克	西班牙	美国	法国	中国	墨西哥	日本
2008	11	11	11	12	13	13	12	16	18	22	27	28
2009	11	11	11	12	13	13	12	15	19	23	26	28
2010	10	11	11	11	12	12	12	16	20	24	25	27

图4-3　2008－2010年中国与部分OECD成员学前教育生师比变化趋势

(三)世界九个人口大国学前教育机构师幼比概况

1993年,联合国教科文组织把人口数量最多、文盲比率最高的9个国家作为世界全民教育发展的"特别优先对象"。这9个国家是中国、埃及、印度、印度尼西亚、巴西、孟加拉、墨西哥、尼日利亚和巴基斯坦。这9个国家的人口加在一起超过了世界人口总数的一半,文盲人口占世界总数的2/3,并拥有全球辍学儿童人数的大半,因此,这个国际群体的学前教育发展情况有着一定的说服力。

本书仅以2009年9个国家学前教育机构师幼比来做以比较(如图4-4)。

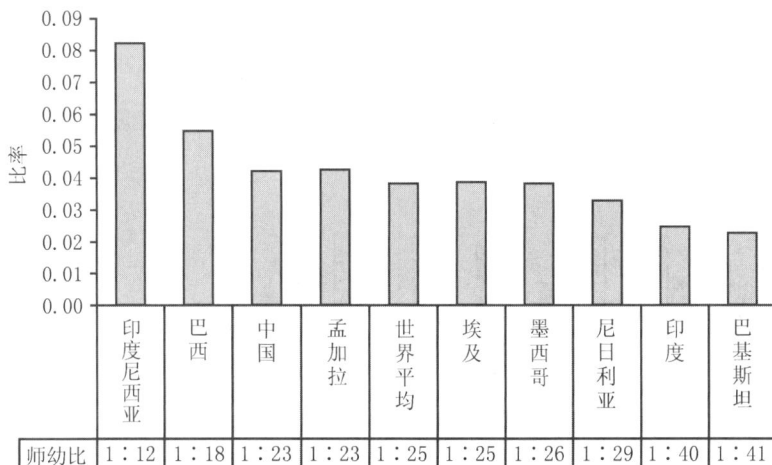

	印度尼西亚	巴西	中国	孟加拉	世界平均	埃及	墨西哥	尼日利亚	印度	巴基斯坦
师幼比	1∶12	1∶18	1∶23	1∶23	1∶25	1∶25	1∶26	1∶29	1∶40	1∶41

图4-4　2009年九个人口大国学前教育机构师幼比

如图4-4所示,在9个人口大国中,印度尼西亚学前教育机构师幼比最高,为1∶12,

达到了 2008 年联合国儿童基金会提出的标准(1∶15);其余国家均有很大差距,尤其是印度和巴基斯坦,还低于同年世界平均水平很多。

(四)世界其他经济体学前教育师幼比概况

1."金砖四国"幼儿园师幼比

"金砖国家"被预测为未来世界的最大经济体。这些国家的学前教育师幼比如何呢?我们通过 2009 年"金砖四国"师幼比情况来管窥一下(如图 4-5)。

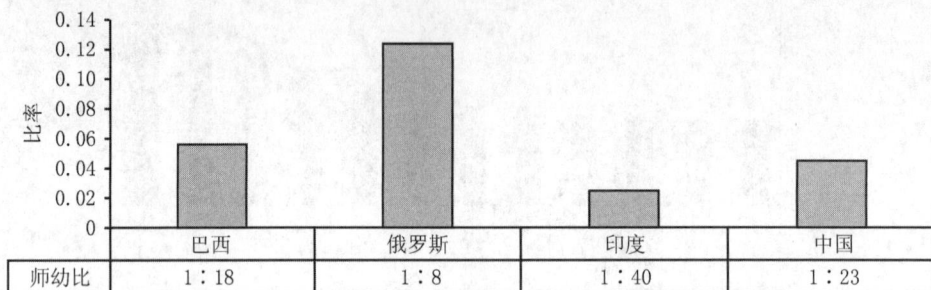

	巴西	俄罗斯	印度	中国
师幼比	1∶18	1∶8	1∶40	1∶23

图 4-5 2009 年"金砖四国"幼儿园师幼比

如图 4-5 所示,俄罗斯幼儿园师幼比最高,为 1∶8;然后是巴西,为 1∶18;中国为 1∶23;印度最低,为 1∶40。

2.世界学前教育平均师幼比及其他经济体师幼比水平

根据联合国教科文组织的统计,我们可以了解近几年世界学前教育平均师幼比情况。世界学前教育师幼比平均值在 1∶20 至 1∶25 之间,发达国家平均为 1∶15,发展中国家平均为 1∶25。

以经济合作与发展组织的报告中学前教育机构师幼比 1∶15 为基准,高于此水平的有芬兰、新西兰、英国、斯洛伐克、智利等;低于这一平均水平的有韩国、墨西哥、挪威、日本等。而美国各州情况差异较大,不同州之间形成 1∶7~1∶15 的区间。

此外,世界各国保育机构师幼比和幼教机构师幼比,以及学前一年师幼比有着差异。可参考下面 10 个国家的数据(如图 4-6)。

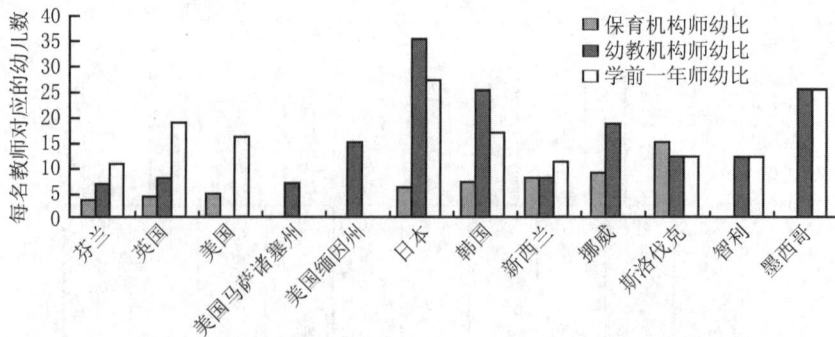

图 4-6 世界代表性国家学前教育师幼比概况

(资料来源:沙莉,姚尧.世界主要国家和地区师幼比研究及启示——基于十国数据的比较及影响因素解析[J].比较教育研究,2014(5).)

图中这些国家分别代表了发达国家和发展中国家、学前教育发达和学前教育较为落后的国家,并且这些国家从地域性上,包括中东欧地区、东亚与太平洋地区、拉丁美洲与加勒比地区、北美与西欧北欧地区;从国家体制上看,有联邦国家,有集权国家。因此,可以在某种程度上代表当前世界学前教育的概况。如芬兰的学前教育近些年确实一直居于世界一流水平,受到世界瞩目,其较高的师幼比,应该是其高质量学前教育的一个重要因素。

📖 知识索引

OECD

OECD(Organization for Economic Co-operation and Development),世界经济合作与发展组织,简称经合组织。由35个市场经济国家组成的政府间国际经济组织,旨在共同应对全球化带来的经济、社会和政府治理等方面的挑战,并把握全球化带来的机遇。成立于1961年9月30日,总部设在巴黎。

经合组织目前有35个成员:澳大利亚、奥地利、比利时、加拿大、智利、捷克、丹麦、爱沙尼亚、芬兰、法国、德国、希腊、匈牙利、冰岛、爱尔兰、以色列、意大利、日本、韩国、拉脱维亚、卢森堡、墨西哥、荷兰、新西兰、挪威、波兰、葡萄牙、斯洛伐克、斯洛文尼亚、西班牙、瑞典、瑞士、土耳其、英国、美国。

金砖国家

"金砖四国"这个词是美国高盛公司的吉姆·奥尼尔于2001年首次提出的。2003年10月,高盛公司发表了一份题为"与BRICS一起梦想的全球经济报告"。报告估计,到2050年,世界经济格局将会经历剧烈洗牌,全球新的六大经济体将变成中国、美国、印度、日本、巴西、俄罗斯。

"金砖四国"简称"BRIC",引用了巴西、俄罗斯、印度和中国的英文首字母。后由于南非的加入,简称改为"BRICS"(金砖国家)。

二、各国学前教育教师的学历情况

近年来,对学历层次的要求是大多数国家对幼儿教师资质所提出的最基本也是最为普遍的要求。目前,各国对幼儿教师从教的学历要求不尽相同,一些国家和地区仅从幼儿教师队伍整体出发,对幼儿教师从教的最低学历标准做出规定;还有一些国家和地区则不仅对最低从教学历要求设定基准,而且还在幼儿教师内部划分出不同资质等级,并规定相应不同等级幼儿教师的学历要求。

(一) 明确规定幼儿教师最低学历要求

目前,绝大多数国家均对本国幼儿教师任教的最低学历要求做出了相应规定。发达国家在此方面比较普遍的规定是大学毕业层次,包括美国、英国、日本、丹麦、比利时、澳大利亚等在内的多个国家,均将幼儿教师任教的最低学历层次确定为大学本科。

例如,日本《教育职员许可法》规定,日本幼儿园教师最低应具有短期大学学位或学士学位。任教于美国公立学校附属幼儿园的幼儿教师一般也均具有本科学位或拥有教育硕士学位;任教于"开端计划"项目的幼儿教师学历要求虽与传统学历标准有所不同,但其最低学历要求至少要达到相当于我国的大专水平。

在英国,附设在小学的托儿所或托儿班的领导者,一般均由小学副校长兼任,且均要经过严格考试获得国民职业资格 5 级的高级管理文凭(相当于研究生学位)。[①] 对于一般的幼儿教师,英国政府对合格教师(qualified teacher)的规定则是"有 3 年制大学学位加 1 年的研究生教育证书(3+1 模式),或获得 4 年制大学学位(4+0 模式)"[②]。

与此同时,一些地区基于本地区情况,对幼儿教师从教最低学历尚未做出大学本科层次的要求,而确定为中等教育层次。例如,我国台湾地区所谓的"幼稚教育法"第 12 条规定,幼儿园园长、教师以由幼稚师资培育机构毕业者担任为原则,但专科以上有关系、科毕业者,或者高级中等以上学校毕业、曾修习规定的教育学科并获得学分者也可担任。

(二)对不同级别幼儿教师提出层级化学历要求

除对幼儿教师的最低学历做出相应法律及政策规定以外,一些国家还结合幼儿教师资格制度,对不同级别幼儿教师的学历提出相应要求。

美国、日本在此方面的相关政策与制度规定比较有特色。全美幼儿教育协会将幼儿教育从业人员由低到高划分为 6 个等级,其相应的学历要求也有不同,如第五级别幼儿教师的学历要求是"已取得符合全美幼儿教育协会要求的硕士学位",而第六级别幼儿教师的学历要求则是"已取得符合全美幼儿教育协会要求的哲学博士或教育博士学位"。[③]

日本同样有类似规定,幼儿教师如想取得专修资格,则必须具备硕士学位。可见,已有一些国家对幼儿教师的学历水平提出了硕士、博士层次的更高要求,这一方面反映出这些国家对高学历、高素质幼儿教师的实际需求,另一方面也体现了未来幼儿教师学历层次逐步提高的发展趋势。

值得关注的一点是,无论是已经对幼儿教师学历做出大学及以上层次较高规定的国家和地区,还是尚未做出此规定的国家和地区,国际幼儿教师任教学历的相关要求均在不断提高。例如,美国在原有《开端计划法案》的基础上,在该法 2003 年修订案中对"开端计划"教师任职学历要求做出更高规定,要求从 2011 年 9 月 30 日起,所有任职于"开端计划"的教师均要拥有儿童早期教育的协士、学士或更高级学位。

我国香港地区 2009 年制定并发布的《学前教育新举措》中也对幼儿园园长和教师的学历提出了进一步要求,规定从 2009—2010 学年起,所有新任园长须持有幼儿教育学士学位或同等学力。以巴西为代表的发展中国家近年来也一直在持续不懈地为提高幼儿教师的基本学历水平而努力,并通过相关法律和政策保障其实现。巴西在其教育基本法——1996 年颁布的《国家教育方针和基础法》中明确规定,从本法公布后一年起,实施国家教育十年规划。到教育十年规划完成时,只有受过高等教育者或经过在职培训的人员才可任教。

① 海存福. 我所看到的英国幼儿教育[J]. 学前教育研究,2003(11).
② Sally Lubeck. *Early Childhood Education and Care in England*[J]. Phi Delta Kappan,2001,83(3).
③ 陈志超,曾红. 美国幼儿教师任职资格标准[J]. 学前教育研究,1995(1).

拓展阅读

美国儿童早期教育专业人员的级别水平

●儿童早期教育专业人员水平之六：
·在符合 NAEYC 方针的一项方案中，成功获得哲学博士或教育学博士学位。
·成功展示自身知识、成就以及符合 NAEYC 方针的博士学位课程所要求的素质与性格。

●儿童早期教育专业人员水平之五：
·在符合 NAEYC 方针的一项方案中，成功获得硕士学位。
·成功展示自身知识、成就以及符合 NAEYC 方针的硕士学位课程所要求的素质与性格。

●儿童早期教育专业人员水平之四：
·在符合 NAEYC 方针的一项方案中，成功获得学士学位或者获得符合 NAEYC/ATE 认证规则的国家级证书。
·在另一个包含超过 30 种与儿童早期发育/教育有关的职业单元的领域获得学士学位，同时包括 300 小时的受到监控的教学实践，这300小时教学实践面对小学生、婴儿、蹒跚学步的孩子、3 到 5 岁的儿童中的两类，每一类各占 150 小时。

●儿童早期教育专业人员水平之三：
·在符合 NAEYC（全美幼儿教育协会）方针的一项方案中，成功获得大专学历；或者在相关领域成功获得大专学历，外加在儿童早期发育或教育方面开展 30 项专业研究，其中包括在儿童早期课程方面从事 300 小时的受到监控的教育实践。
·成功展示自身知识、成就以及符合 NAEYC 方针的学士学位课程所要求的素质与性格。

●儿童早期教育专业人员水平之二：
·成功完成一年早期儿童证书课程班的学习；成功完成 CDA（儿童发展协会）职业准备课程的学习。
·接受了系统的、全面的培训并且成功通过了 CDA 证书的直接评估。

●儿童早期教育专业人员水平之一：
·受雇于早期儿童职业领域，在其中以职业人员的角色参加工作，所从事的工作受到测评监督或得到支持（例如，紧密联系人才供应协会或者网络或者参与受到监控的实习科目），以及参加用来评估个人能力或获得学位的培训。

（资料来源：[美]George S. Morrison. 当今美国儿童早期教育（第八版）[M]. 王全志，孟祥芝等译. 北京：北京大学出版社，2004：5.）

（三）世界各国学前教育教师学历情况一瞥

1. 中国学前教育教师学历概况

当前中国学前教育教师的学历结构比较多元——有高中以下、高中、专科、本科和研究生 5 个层次。其师资队伍的学历概况和结构可从图 4-7、4-8 中显示。

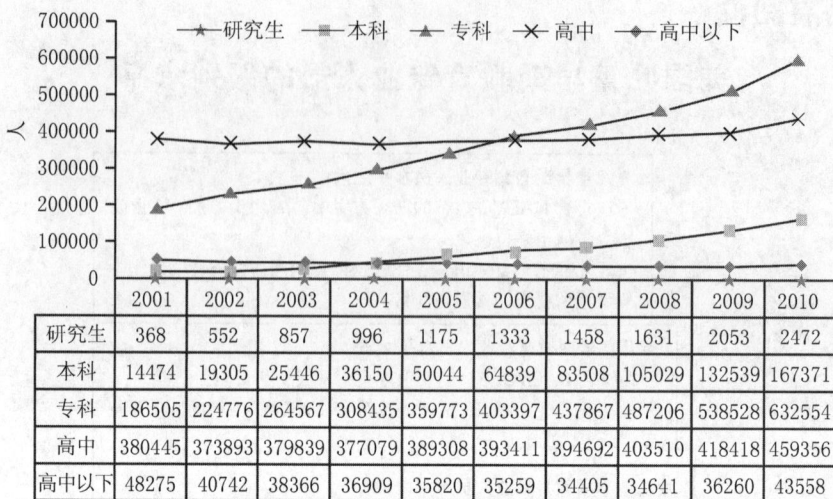

	2001	2002	2003	2004	2005	2006	2007	2008	2009	2010
研究生	368	552	857	996	1175	1333	1458	1631	2053	2472
本科	14474	19305	25446	36150	50044	64839	83508	105029	132539	167371
专科	186505	224776	264567	308435	359773	403397	437867	487206	538528	632554
高中	380445	373893	379839	377079	389308	393411	394692	403510	418418	459356
高中以下	48275	40742	38366	36909	35820	35259	34405	34641	36260	43558

图 4-7　2001—2010 年幼儿园师资队伍的学历情况

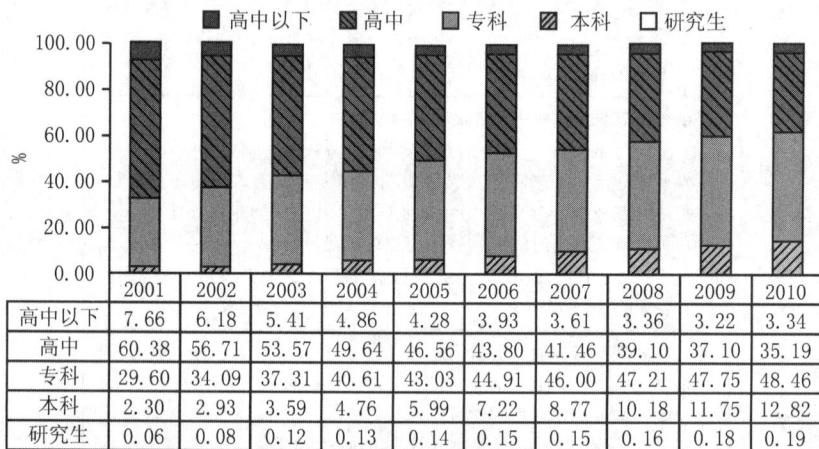

	2001	2002	2003	2004	2005	2006	2007	2008	2009	2010
高中以下	7.66	6.18	5.41	4.86	4.28	3.93	3.61	3.36	3.22	3.34
高中	60.38	56.71	53.57	49.64	46.56	43.80	41.46	39.10	37.10	35.19
专科	29.60	34.09	37.31	40.61	43.03	44.91	46.00	47.21	47.75	48.46
本科	2.30	2.93	3.59	4.76	5.99	7.22	8.77	10.18	11.75	12.82
研究生	0.06	0.08	0.12	0.13	0.14	0.15	0.15	0.16	0.18	0.19

(注：研究生学历教师由于比例过低，在图中很难体现出来。)

图 4-8　2001—2010 年幼儿园师资队伍的学历结构

从图中数据和曲线走势可以看出，中国学前教育师资队伍学历以高中和专科为主，拥有本科学历的不多，拥有研究生学历的更少。但本科学历呈缓慢增长趋势，专科学历呈明显增长趋势。

2.其他国家学前教育教师学历概况

如前文所述，基本上所有国家都规定了学前教育教师的最低学历要求。总体来说，世界各国学前教育教师的学历呈逐渐升高趋势，一些发达国家和发展中国家学前教育教师学历水平差距较大。

三、各国学前教育教师的薪酬待遇

学前教育教师的薪酬水平在很大程度上象征着一个国家对学前教育的重视程度，也是学前教育教师地位的象征。

　　国际上学前教育教师薪酬待遇较好、社会地位较高的国家包括日本、法国、美国、英国等。日本学前教育教师的工资一般会高出公务员20％左右,并且享有教育公务员的法定身份与特殊优惠待遇。法国幼儿教师也具有准公务员的身份,由中央财政直接拨付其工资。美国学前教育教师工作环境、薪资待遇都比较好。根据美国劳工部2011年发布的数据,2010年美国幼儿教师的年平均工资为51550美元(特指公立学前教育系统的教师,私立学校有差别)。英国学前教育工作者的薪资待遇不同地域有不同,但整体水平也还不错——普通雇佣人员平均每小时的薪金是14.65英镑。

(一)世界部分国家和地区学前教育教师工资状况比较

　　20世纪80年代以后,各国更加重视对基础教育教师的财政投入。值得指出的是,近年来,很多国家不断提高幼儿教师的工资,幼儿教师与中小学教师具有相同的专业地位,达到了中小学教师的工资水平(见表4-2)。

表4-2　各国学前教育工作者的工资水平比较

国家	教育人员的主要类型	儿童年龄范围	占小学教师工资百分比
澳大利亚	幼儿园教师	0～8	100％
	儿童保育员	0～5	约75％
比利时	法语区幼儿教师	2.5～6	100％
	佛兰德斯地区幼儿园教师		
捷克	幼儿教师	3～6	75％
芬兰	日托中心教师	0～7	81％
爱尔兰	幼儿教师	4～12	100％
	儿童保育助教	0～6	60％
意大利	幼儿教师	3～6	100％
荷兰	幼儿教师	4～12	100％
挪威	幼儿教师	1～6	88％～96％
葡萄牙	幼儿教师	3～6	100％
瑞典	幼儿教师	1～7	100％
美国	公共学校幼儿教师	4～8	100％
		0～8	

　　(资料来源:朱长胜,姜勇.国外幼儿园教师工资待遇与福利改革的比较研究[J].教育导刊(下半月),2012(4).)

　　为了吸引人才,一些国家大幅度提高了幼儿教师的待遇。例如,日本对志愿担任幼儿教师的师范生实行奖励制度,幼儿教师受到社会的普遍尊重,其工资比一般的国家公务员高出20％,因此,幼儿教育专业的人有很多。韩国为了防止幼儿教师队伍的流失,于1993年开始为幼儿教师增加薪水;2006年国务会议将幼儿教师工资提高2％;国立、公立幼儿园教师是国家公务员编制,工资待遇受政府保障,月薪一般在80～150万韩元(　相当于 8000～15000 万人民币）。①

　　各国幼儿教师工资水平不断提升的另一个重要依据是：与其他行业人员工资相比，幼儿教师工资处于中等偏上水平。例如，奥地利幼儿教师的月工资收入为 1231 美元，高于司机（1151 美元）、邮递员（1103 美元）、消防员（1134 美元）。② 波兰幼儿教师的月工资收入为 543 美元，高于消防员（500 美元）、司机（408 美元）、办公文员（398 美元）。③

（二）各国幼儿教师福利状况比较

　　很多国家也在不断提升幼儿教师的福利水平。例如，德国为了提升幼儿教师职业的吸引力，德国联邦和各地方政府投入大量经费为师范生发放专门补助，同时不断提高幼儿教师的福利待遇，加大对幼儿教师继续教育的经费投入，幼儿教师基本免费参加在职进修，保障了幼儿教师队伍的质量。美国联邦通过干预与相关立法，特别是法律对幼儿教师的福利待遇等进行了多方面的规定，使幼儿教师队伍整体素质稳步提高。其中，2002 年颁布的《不让一个孩子掉队法》对幼儿教师培训项目承办机构的申请、授权、拨款、职责、活动方案设计等进行了详细规定。

　　日本和韩国公立幼儿园的教师都是公务员编制，工资待遇受到政府的保障，幼儿园教师的收入和社会地位相对较高，教师这一职业受到全社会的羡慕。韩国《教育公务员法》第 48 条明确规定，除非教员为现行犯人，否则，未经该校校长同意，不能在校园范围内逮捕教员。以法律的形式保护教师良好的形象，避免了因个别教师的行为而扭曲了教师的整体社会形象。这一特权，充分体现了对教师的尊重、对校园的尊重、对学生的保护。④

　　中国幼儿教师工资水平较低，且不管在城市还是农村，公办园教师的工资水平明显高于民办园教师。幼儿教师的年平均工资明显低于小学（初等教育）教师工资，而且在整个教师行业中也是最低的。这说明《关于幼儿教育改革与发展的指导意见》（2003 年）提出的"我国幼儿教师享受与中小学教师同等的地位和待遇"的规定并没有得到很好的落实。

（三）各国幼儿教师工作时间与相应收入的比较

　　许多国家都规定了教师（包括幼儿教师）的周工作小时数，并给予了充分的闲暇时间，以改善幼儿教师的工作状况（如表 4-3）。

---

① 王冰.韩国当代幼儿教育概述[J].山东教育（幼教版），2007(Z3).

② *Teacher Salaries-International Comparison*[EB/OL].[2015-10-10].http://www.worldsalaries.org/teacher.shtml.

③ *Poland Average Salaries & Expenditures*[EB/OL].[2015-10-10].http://www.worldsalaries.org/poland.shtml.

④ 童宪明.美日韩幼儿教师任职资格及职后培训[J].早期教育，2008(04).

表 4-3 各国教师周工作小时数及相应收入

国家	净月收入（美元）	总月收入		周工作小时
美国	4055	5266	美元	36.6
德国	3309	4088	欧元	40.0
英国	3568	2759	英镑	32.5
韩国	2096	2402059	韩元	39.7
澳大利亚	2742	4632	美元	39.1
加拿大	2236	3868	美元	31.1
芬兰	2311	2654	欧元	36.4
葡萄牙	1441	1519	欧元	24.4
奥地利	1231	1600	欧元	40.0
泰国	388	16580	泰国铢	38.0
科威特	1506	430	第纳尔	36.0
捷克	681	21679	克朗	37.9
墨西哥	651	8146	比索	38.0
波兰	543	2811	兹罗提	25.0
立陶宛	300	1403	立特	29.4
巴西	299	942	雷亚尔	22.3
斯洛伐克	363	14526	克朗	31.1
罗马尼亚	302	1244	列伊	38.8

（资料来源：*Teacher Salaries-International Comparison*［EB/OL］.［2015－10－10］. http://www. worldsalaries. org/teacher. shtml.）

有的国家教师岗位虽然报酬有限，但是工作强度较低。例如，全美幼儿教育协会规定幼儿园班级师幼比不得高于 1：10，幼儿在园时间比较短，而且幼儿园为幼儿提供了灵活的入园、离园时间……这些规定，无形中都减轻了教师的负担。相比之下，我国幼儿园教师工作时间长、工作强度大。教育部发布的 2012 年全国教育事业发展统计公报数据显示，目前我国在园幼儿（包括附设班）3685.76 万人，幼儿园园长和教师共 167.75 万人，生师比下降至 22：1，但边远地区和农村地区，幼儿园生师比例更大。中国幼儿教育质量急待保障性制度的出台。

|第二节|
学前教育教师培养体系

一、学前教育教师培养的机构类型

世界各国学前教育机构类型是多样的,有托儿所、日托中心、母育学校、保育所、幼儿园、学前班等。不同的幼教机构,其服务对象和服务内容也不尽相同,这就使得这些机构对教师或教育工作者的要求也有区别。相应地,也需由不同的教师培养机构培养相关的幼儿教师。如表4-4,我们可以一览世界几个主要发达国家学前教育教师培养的机构类型。

表 4-4   几个发达国家学前师资培养机构一览

国家	早期教育机构的主要服务方向	早期教育机构的种类	师资培训机构	师资培训系科
日本	看护、教育	保育所(招收 0～6 岁儿童),幼稚园(主要招收 3～6 岁儿童)	各种短期大学(两年制,相当于专科),四年制大学	家政系、初等教育系、教育系
法国	教育、补偿、诊断治疗、与小学衔接	母育学校,中小学附属幼儿班,日托机构	(女子)师范大学	教育系
美国	保护儿童、早期介入、幼儿保育、家庭支持、入学准备	托儿中心,学前一年级(入学准备),幼儿园(分发展性、过渡性及预备性几类,服务于5～6 岁儿童),保育学校,游戏图书馆(玩具外借),婴儿刺激计划,私人保育,上学前或放学后的保育(以上机构通常分为公立的、私立的和属于"开端计划"的三大系统)	四年制大学,两年制大学(社区大学、技术大学、专科学院),教师资格准核部门的培训机构(CDA),专门学校系统的培训部门(如蒙台梭利协会)	儿童发展系、家政系、早期儿童教育系、初等教育系(大学三年加教育学院早期教育专业)
澳大利亚	看护幼儿、提供家长和幼儿短暂休息、支持困难家庭、促进幼儿发展、入学准备	学前教育中心,日托中心,幼儿园(与小学先修班类同),小学先修班,家庭托育,私人家庭保姆,游戏团体,课后托育,玩具馆	职业教育学校,高等教育,在职进修	教育学院
英国	看护、帮助贫困家庭幼儿、学业准备	保育学校,保育班,幼儿班,小学附设的预收班,游戏团体,假日社团,独立学校	两年制技术学院,四年制大学(三年制学位,外加一年教育课程进修)	儿童发展系、家政系、教育系
丹麦	照顾、尊重幼儿、入学准备	托婴中心,幼儿园,学前班,混龄托儿所,课后托育中心,居家保姆	四年制大学/硕士,取得五年以上实践经验后参加非全日制性的进修课程	教育学院(全部免费)
瑞典	提供有启发性和发展性的保育与教育,促进与家长的紧密合作,照顾幼儿,提供让家长兼顾工作与亲子教育的服务	学前教育机构,小学附设学前班,家庭式托儿所,课后中心,开放式学前教育机构	三年的大学课程	教育学院(全部免费)

(资料来源:何敏.中外学前教育师资培养的比较与思考[J].幼儿教育(教育科学版),2007(12).)

从表 4-4 可见,学前教育教师培养机构有着不同层次,各国又有层次和类型上的区别。这里介绍几种培养机构:短期课程培训机构、职业学校或幼儿师范学校、2～3 年制初等学院、大学。①

1. 短期课程培训机构

这是世界各国不同种类的学前教育协会或团体为了满足社会对幼儿教师的需要而设立的幼儿教师职前培养机构。在发达国家和一些发展中国家,这种课程培训机构是正规的幼儿教师职前培养机构的补充形式。在多数发展中国家,这种课程培训机构和正规的幼儿教师职前培养机构一起,担负着培养幼儿教师的重要任务。

例如,美国的专业认同评议会近年来设有"CDA 专业培训方案"(CDA Professional Preparation Programs,简称 CDAP3)。该方案是专为毫无托儿经验人员、无早期教育学分人员而设立的。该方案提供儿童发展课程,并安排无托儿经验人员在学前教育机构获得工作经验,取得必备的实际技能。在专业认同评议会登记读 CDAP3 的学生,可在它的直接监督下完成训练后获得相关证书。又如,在印度,国家公共合作和儿童发展学会提供 3 个月的课程,培训一体化儿童发展服务部的幼儿教师;儿童福利会设有一个培训中心,培训儿童看护者等。

2. 职业学校或幼儿师范学校

这是一些发展中国家和个别发达国家幼儿教师职前培养的一种机构。初中毕业的学生进入职业中学,学习 2～4 门学前教育课程,进行一定时间的幼儿园见习和实习,毕业后即可从事保教工作;幼儿师范学校招收初中毕业生,学制一般为 2～3 年,有 1/4～1/3 的幼儿心理与教育的专业课程。

例如,20 世纪 90 年代以来,俄罗斯学前教师教育继承了苏联的两极教师教育体系(中等和高等),幼儿教师职前培养的主要机构之一仍然是中等师范学校,兼收初中和高中毕业生,培养年限一般为 3 年。又如,我国幼儿教师职前培养的主要机构之一为中等学前师范教育,包括幼儿师范学校、普通师范幼师班和职业高中幼师班等。

随着对学前教育教师学历要求的提高,这类培养机构在各国都日趋减少。

3. 2～3 年制初等学院

这是世界大多数国家都具有的幼儿教师职前培养的机构。一般来说,各国的高中毕业生通过考试或申请进入初等学院,学制 2～3 年。

例如,在美国和加拿大,初等学院主要是社区学院,学制 2 年,培养为 5 岁以下儿童服务的日托中心教师。各社区学院可以使本社区没有机会到外地高等学校学习但有能力的高中毕业生在本社区接受专业教育。这些高中毕业生进入社区学院,在完成了基础课、专业课的学习并参加了教育实践后,可获副学士学位。他们毕业后或者在托幼机构做助理教师,有了一年的经验后,成为主教师;或者继续升入四年制大学。这类社区学院适应性强,收费较低,既可满足毕业生继续升学的要求,又可为地方教育部门培养幼儿教师,促进了地方学前教育事业的发展。

---

① 曹能秀.学前比较教育[M].上海:华东师范大学出版社,2009:148－150.

4.大学

许多发达国家和一些发展中国家的大学中设有学前教育系（早期教育系或教育学院），招收本科生，也招收硕士和博士学位的研究生。可以说，大学为学前教育培养师资有3个层次：一是学士学位，主要是对学生进行基础教育，学习有关学前教育的课程，掌握理论知识并重视能力的培养；二是硕士学位，主要是培养学前教育的专业人才，要求学生广泛通晓本学科知识，并掌握本学科某一方面的专门知识，学制1~2年；三是博士学位，这是目前世界学前教育授予的最高学位，该学位重视专业知识的广度和深度，理论和实践相结合，学制2~3年。也有高等教育学院的幼教专业招收高中毕业生，通过3年学习后，即可获得教学证书，担任幼儿教师，再经过至少1年的教育实践后，可继续进行第四年的学习，毕业后获得教育学学士学位。也有一些州的高等教育学院的学前教师教育课程是四年一贯制。综合性大学则通过让学生攻读3年文理专业课程，再进行1年的学前教育专业培训，来培养幼儿教师。部分综合性大学还为学前教育专业的学生开设了硕士学位课程。此外，高等教育学院和综合性大学还为非教育专业的本科生设立了1年的学前教育证书课程，使他们有机会选择幼儿教师这一职业。

二、学前教育教师培养的课程

世界各国学前教育教师培养课程有所不同，但基本都由3个板块组成：通识教育课程、学科专业课程、教育实践课程。

（一）通识教育课程

通识教育课程，在有些国家又称公共基础课程或普通教育课程等，是学前教师教育课程体系的重要组成部分。在教师教育课程体系中，通识教育课程属于基础学科，一般由人文科学、自然科学、社会科学和工具类课程构成。

国际上学前教育发达的国家都比较重视通识教育课程。如美国和丹麦的四年制早期教育专业的普通教育课程，内容涉及人文、历史、哲学、艺术、科学、社科、戏剧、政治等学科，占整个课程的1/3。法国师范学校的通识教育课程包括法语、数学、科学与技术（其中计算机70课时）、历史、地理、公民教育、体育和艺术教育等课程。德国学前教育教师培养的通识课程还包括青年文学、社会卫生与权利等。

发展中国家学前教育专业设置的通识课程通常比较局限，不够丰富。如中国学前教育学院通识教育课程通常包括思想道德修养与法律基础、马克思主义基本原理、毛泽东思想与中国特色社会主义理论体系概论、中国近现代史纲要、计算机、大学语文、大学英语、体育、心理健康教育、就业创业指导、形势与政策等。

（二）学科专业课程

学科专业课程包括教育专业课程和学前教育专业课程，是核心主干课程，具体为教育基本理论、教学法、教育的组织与管理等课程。

近些年，各国都努力通过研究和实验来设置更合理的专业课程，以确保学前教育教师知识的核心性、全面性、前沿性。如澳大利亚的学前教育专业课程目前大部分采用专题设课的形式，开设各种学前教育的理论和实践课程。以昆士兰科技大学的幼儿教育系为例，一学年内开设的学前教育专业必修课就多达70种，如幼儿教育导论、幼儿课程讨论、家庭和幼儿教育、幼儿教师和家庭、幼儿教学策略、幼儿的语言和认知发展、幼儿的发展和学习、幼儿的教学科学和文化、幼儿的音乐和运动、幼儿科学和健康教育、幼儿的角色和社会教育、幼儿的食物、幼儿的安全游戏和体育教学、角色游戏、绘画等。

德国学前教育教师培养的专业课程主要包括教学法、社会教育实践方法、美术、手工、音乐、游戏、运动和体育、教育学、心理学等。

中国学前教育学院教师培养的专业学科课程一般包括幼儿卫生学、幼儿心理学、学前教育学、幼儿园课程、幼儿5大领域教育(语言、社会、科学、健康、艺术)、幼儿教师谈话能力训练、普通话以及家庭教育学、儿童文学等。

(三)教育实践课程

教育实践课程就是教育实习课程,目的在于让学生了解学前教育活动的实际,能够把所学的理论转化到实践中去。各国在培养学前教育师资的过程中,都非常重视学前教育理论与实践的结合。增加教育实践课,是20世纪80年代以来世界各国改革幼儿教师职前培养的重要内容。许多国家认为,教育实习为学生把课堂上所学的理论转换成教育实践提供了机会,是保证学生胜任幼儿教师工作的有效途径。世界各国的教育实习时间为2~6个月不等,教育实践作为学前师资课程的一个组成部分,占有一定比重。

美国学前教育教师在实践和实习环节上,具体项目名称不尽相同,有实训、临床实践、田野经验、实习、同伴合作、学生教学等。若仅从时间分布上来划分,可以分为专业实践和教育实习两类。专业实践一般结合具体课程开设,且分散进行;而教育实习一般集中在最后一学期。大学校内通常有实验学校和校园儿童中心,在这些机构中,幼儿教师、幼儿教育专业学生、大学老师等一起观察儿童,照料儿童,进行教育教学和反思。另外,对于专业实践和教育实习的学分均有严格的规定,如爱丁堡大学就规定专业实践为6学分,教育实习为10~12学分。[1]

英国对于学习学前教育专业的学生的培训,注重提供更多的、即时的实践机会。为便于学生的见习、观摩,学校一般附设幼儿园,并与多所幼儿园建立联系,供学生随时参与幼儿的活动。这样,不仅可以发现幼儿的具体活动表现,而且可以从中总结出幼儿的身心特点,从而为今后的工作奠定基础。

丹麦培训学院为了使学生把所学的幼教专业知识运用于实践,掌握教育幼儿的技能技巧,给一年级学生安排14周、二年级学生安排13周的教育实习时间;三年级时,学生除了听80学时的课程以外,其余时间皆用于参观访问、调查了解、评价研究学前教育机构及活动。

澳大利亚学生在3年的学习时间里,要到儿童保育中心、幼儿园、学前班以及小学低年级进行教育见习和实习,时间为19周。见习和实习安排在各个学期,为学生提供大量观察儿童、班级、幼儿园和小学的机会,使学生获得与个别儿童、小组儿童和全班儿童相互作用的技能,掌握教学的基本技能技巧。

在挪威,学前教育专业的师范生实习期有20周,其中18周在幼儿园实习。此外,还要到小学一、二、三、四年级和校外活动中心实习。

---

[1]　杨晓萍,何孔潮.美国幼儿教师职前培养的历史、现状与走向[J].比较教育研究,2013(2).

在中国,也已经非常重视实践课程的作用,采取分散和集中实习、长期和短期实习相结合的方式。专科或本科的实践课程一般占到 1/4 的比重,在整个 3~4 年里,约有 47 周。

三、世界学前教育教师培养体系

一般而言,世界各国学前教育教师的培养体系由职前培养、入职教育和在职(职后)培训构成。有些时候,把入职教育和在职培训归为一体。

(一)美国的学前教育教师培养体系

1. 职前教育

职前教育主要有职业中学、初级学院、大学教育和研究生教育 4 种教育模式。

从事早期教育的人员有些是从职业中学家政系毕业的。在职业中学需要学习 2~4 门学前教育课程,在学习期间必须到幼儿园做观察与见习。

美国高等院校的学习程度以"学分"来衡量,学生为了获得学位必须积累一定数量的学分,同时还必须完成所选专业规定的一定数量的课程。不同课程所得学分均不相同,一般依照此门课程的学时数而定。学校对于学生在学习期间能够修读的最高学分和必须修读的最低学分,根据学时长短不同都有相应规定。初级学院(两年制短期大学)主要以招收社区里没有机会到外地高等学校学习的中学毕业生为主。这些学生在社区里接受 1~2 年高等教育。学生毕业后,可担任学前班的助理教师、幼儿园的保育员和日托中心的教师,也可以升入四年制大学。在初级学院的学前教育课程中,学生两年之内要修满 60~64 个学分,其中 20~25 个学分是专业课程,包括生理学、幼儿生理学、营养学、幼儿文学、幼儿教育和幼儿观察等。毕业生参加工作后,第一年进行观察,第二年才能参加实际的教学活动。

美国大学主张,学生在修专业幼教课程之前,应该先学通识教育课程。所以,大学 4 年内需要修满的 120~130 个学分中,只有 40 个是专业领域课程。[①] 毕业后,除了可以获得学士学位外,也可以任教于幼儿园或小学低年级。

研究生教育包括硕士学位和博士学位教育。攻读硕士、博士学位的学生在 1~2 年内必须修完 30 个学分的硕士、博士研究生程度的课程。

2. 在职进修教育

美国是个非常重视教师在职进修的国家。除了大学会利用寒暑假举办幼教相关的短期培训课程外,民间还有很多专业的培训中心,如蒙特梭利培训中心等。

(二)英国学前教育教师培养体系

1. 职前培养

英国学前教师的培养由教育学院、多科技术学院教育系和艺术训练中心实施。在英国,约有 3% 的教育学院开设了学前教育系。地方教育当局对教育学院的招生对象做出了具体规定,如具有良好的性格和身体,入学前曾有过半年至 1 年从事学前教育的实际工作经验,年满 18 岁,具有高中毕业文凭等。

---

① 魏惠贞.各国幼儿教育[M].台北:台湾心理出版社,2008:102.

希望成为学校早期教育教师的人,一般或在理工学院,或在高等教育学院,或在大学教育系接受训练。凡年满18岁的青年人,有2门功课成绩达到A级,以及社会上已就业人士或是将要就业的成人,都可通过3种途径成为一名合格的教师:第一,年满18岁的英国青年,至少有2门功课(主要是数学和英语)得了A级,经过任何学科的3年学位学习,再加1~2年的本科学位后的教师专业教育资格证书学习,就可成为一名合格的教师,这种途径最为普遍;第二,大学4年教育学本科学习;第三,教师证书学习班学习,学制为3年。

2.职后培训

英国重视在职教师的培养与提高,学校常年提供资金,鼓励教师到大学的短期幼教培训班学习,或是去参加郡、市的各种幼教会议,有时也请幼教专家到学校给家长和教师做讲座,以及参观其他小学和托儿所。为了不断更新保教人员的专业知识,提高保教人员的教育能力,学前教育机构做出了保教人员在职必须定期参加专业培训的决定。有的学前教育机构要求全日制教师制订个人的职业发展计划;有的学前教育机构还规定了培训日,此时机构关闭,不对儿童开放,以保证员工有足够的时间和精力参加培训。托马斯考勒姆(Thomas Coram)早期教育中心规定,每年有5天为培训日,所有员工必须选择参加不同形式的培训活动,如中心自培、地方学院的教育课程培训、考勒姆教育局的培训等。

教师的在职进修,与他们日后的晋级和加薪是相互联系的,因为晋级的主要依据是教师的学历水平、教学能力和教学质量。1992年,英国政府发布教育白皮书,规定新任教师要有1/5的时间进修,正式教师每7年轮流脱产进修一次,力求在任何时间内,有3%的教师能够带薪进修。在职的幼儿教师同样享受此规定。由于英国学前游戏小组的指导者中有不少未接受过专门的职业训练,所以,英国的"学前游戏小组协会"委托扩充教育机构和空中大学积极在各地举办学前游戏小组指导者的在职培训,时间由几个星期至1年不等,结业时发给证书。

(三)日本学前教育教师培养体系

1.职前培养

二战后,日本实行"开放式"的教师培养制度,这一制度遵循两大原则:一是由大学承担培养教师的责任;二是教师资格证的颁发实行开放制。日本教师的培养机构包括国立、公立、私立的师资培养大学,综合大学的教育部,一般大学,短期大学。幼儿教师主要由300多所四年制大学和两年制的短期大学培养。另外,当按大学规定的正规课程所培养的教员不足所需时,可由文部大臣指定某些机构培养,其水平相当于两年制短期大学,毕业生可获得幼儿园教谕两种普通资格证书。此外,3所新设想教育大学、大学院(研究生院)及18所国立师资培养系统大学、大学院所设的学前教育研究部,开设硕士课程,为培养幼教师资和幼儿教师在职研修服务。

《教员许可法》规定,教育课程包括一般教养科目、学科教育专业科目和教职专门科目,并设定履修标准和最低学分数,学生必须达到规定的最低标准。其中,一般教养科目分为人文、社会和自然科学3大领域,至少各修8学分,外语科目要修12学分以上,保健体育需修4学分。学科教育专业科目和教职专门科目与将来的教职密切相关。其中,教职专门科目的内容包括两个方面：一是关于教育基础性、理论性素养的，包括教育思想，教育史，教育制度及政策，教育与社会、文化的关系等；二是关于教育实践性的技术和方法的，指在学科学习及学科外的教育活动中，把从一般教育及专业教育中学到的知识编成教材，系统地传授给学生的方法和技术。教育实习是教职专门科目中的必修科目。新修定的《教员许可法》增加了教育实习的时间和学分。在幼儿园进行的教育实习一般分为观摩教学、自我体验和上课实习 3 个阶段，还包括研究讲义、参加研究会和研究教材等。

2.职后培训

日本将幼儿教师职后培训作为提高教师质量，进而提高教育质量的重要环节，因而给予了高度的重视。

幼儿教师的进修机构主要是各都道府县设立的教育研究（研修）中心和新设想教育大学。幼儿教师可以在园外进行半日至 1 个月以内的短期进修，也可以到大学和都道府县教育研究（研修）中心参加 1 个月至 1 年的中期进修，还可以在新设想教育大学甚至海外进行 1～2 年的长期进修。从进修形式来看，有自主进修和共同进修，有脱产进修和半脱产进修，有面授和函授等，非常灵活。从主办单位看，有文部省、都道府及市町村教育委员会、教育研究（研修）中心、民间团体、师资培养机关以及幼儿园。此外，日本还实施新任教师进修制度。幼儿园园内教师经常性的教研活动，是教师进修的重要内容，也是教师业务学习的主要形式。教研活动形式多样，有以园长、教谕等为对象的"幼儿园教育指导者讲座"，有以助理教谕为对象的"幼儿园实际技术讲习会"，有以中坚骨干教员为对象的"教员中央研修讲座"等。还有通过各种协会开展的活动，如专门以园长为对象的"园长研究协会"，以幼儿园教员为对象的"幼儿园教育课程都道府县研究集会"和"幼儿园教育研究发表大会"等。

（四）法国学前教育教师培养体系

1.职前培养

法国师范学校的招生名额由省、学区、教育部三级根据两年后的需要和预算提供的可能来确定。为此，师范学校以按规定名额择优录取的竞争方式招生。在法国，教师职位的竞争十分激烈，报考人数与录取人数之比通常是 10∶1。1986 年 5 月 7 日，法国教育部颁布决定，重新规定了师范学校的招生原则和办法：报名起止时间由学区长决定；凡持有 2 年或 2 年以上高等教育文凭者，均可报考；教育部每年公布一次考试大纲；原则上考试在各省进行，由师范学校校长组织监考。

师范学校入学考试的内容十分广泛，主要包括知识和能力的考察，一般要经过初试、复试和自选考试三道关口。初试以笔试的方式进行，考试的内容涉及法国文学和语言、数学、科学与技术。复试以口试、实践和操作的方式进行，内容包括谈话、体育、造型艺术、音乐与朗诵。至于自选考试，考生必须在报名时事先提出要求。内容是翻译一篇用教育部规定范围内的外文或方言写成的短文。自选考试的成绩高于及格分数的部分，计入考生复试的总成绩。复试结束后，考试委员会按分数列出录取名单。学区长在审查了考生的成绩和健康状况以后，确定并公布名单。被录取者被任命为"学生—教师"，一入学就成为国家公务人员，并领取工资。

2.职后培训

20 世纪 70 年代以前,法国在职教师的培训尚没有形成完整的制度。70 年代以后,在终身教育思潮的影响下,法国在职教师的进修才有了较大的变化。政府在思想观念上肯定了教师培养应包括职前和职后两个部分。教育部规定,每个初等教育教师,从工作的第五年起到退休前 5 年止,有权利带薪接受累计时间为 1 年(36 周)的继续教育,以补充知识,提高教育教学能力,进一步了解学校的社会和经济环境。培训分为长期(4～12 个月)、中期(1～2 个月)和短期(1 个月以内)三种。各省制订进修计划以后,主要由本省师范学校负责实施。

拓展阅读

如何为从事儿童早期教育职业做好准备

作为一个儿童早期教育专业人士是绝对值得的。下面这些你能够完成的事情将使你的职业变得快乐,对你自己、儿童和他们的家庭也富有建设性。

1.形成一种教育与教学哲学。

2.分析你对教学的态度和愿望。

3.分析你对儿童的态度与感觉。

4.相信所有的儿童都有学习能力。

5.提高技巧,扩大知识面。

6.尝试新事情。

7.对教学保持热情。

8.在整个实践领域而不是公立学校中探求教育服务的可能性。

9.抓住每一次教育机会去提高训练方案与职业水平。

10.寻求在各种各样的环境中与所有类型的孩子在一起的经验与机会。

11.走进对你有机会的地方。

(资料来源:[美]George S. Morrison.当今美国儿童早期教育(第八版)[M].王全志,孟祥芝等译.北京:北京大学出版社,2004:27—29.)

|第三节|
学前教育教师资质认证与准入制度

教师资质认证和准入制度是衡量学校教师的质量与素质及数量供需调节的重要标准，也是保证儿童受到良好教育及教师专业发展的基础。因此，世界各国都逐步把幼儿教师纳入国家统一的教师资质系列，建立幼儿园教师及保育人员的资格准入制度。

一、中国学前教育教师资质认证与准入制度

（一）关于学前教育教师资格条件、考试、认定的规定

中国 1995 年 12 月 12 日颁布执行的《教师资格条例》中对幼儿教师的任职资格做了规定，包括资格条件、资格考试、资格认定等（见表 4-5）。

表 4-5　幼儿园教师资格条件、考试、认定的相关规定

教师资格条件	• 遵守宪法和法律，热爱教育事业，具有良好的思想品德。 • 应当具备幼儿师范学校毕业及其以上学历。 • 具备上述学历或者经过国家教师资格考试合格，有教育教学能力，经认定合格。
教师资格考试	• 不具备《中华人民共和国教师法》规定的教师资格学历的公民，申请获得教师资格，应当通过国家举办的或者认可的教师资格考试。 • 属于幼儿园、小学、初级中学、高级中学、中等职业学校教师资格考试和中等职业学校实习指导教师资格考试的，由县级以上人民政府教育行政部门组织实施；属于高等学校教师资格考试的，由国务院教育行政部门或者省、自治区、直辖市人民政府教育行政部门委托的高等学校组织实施。 • 幼儿园、小学、初级中学、高级中学、中等职业学校的教师资格考试和中等职业学校实习指导教师资格考试，每年进行一次。
教师资格认定	• 具备教师法规定的学历或者经教师资格考试合格的公民，可以依照本条例的规定申请认定其教师资格。 • 幼儿园、小学和初级中学教师资格，由申请人户籍所在地或者申请人任教学校所在地的县级人民政府教育行政部门认定。 • 认定教师资格，应当由本人提出申请。

（资料来源：中国学前教育发展战略研究课题组.中国学前教育发展战略研究[M].北京：教育科学出版社，2010：108－109.）

（二）一些专门文件中的具体规定

20 世纪 80 年代以来，中国陆续出台相关政策或法令文件，其中对幼儿教师资格和准入进行了更为具体的规定（见表 4-6）。

二、日本学前教育教师资质认证与准入制度

为确保幼儿教师的质量，日本政府制定了一系列法律法规，并分别建立幼儿园教师和保育所保育士的许可证（即资格证书）制度。按日本有关法律的规定，凡是教师必须持有教师许可证。对幼儿园教师来讲，按照《教员许可法》《教员许可法施行令》等法律的规定：首先，不论国立、公立、私立与否，凡幼儿园教员均需具备幼儿园教员许可证；其次，幼儿园教育许可证分普通许可证和临时许可证两种。普通许可证分三类：第一类是幼儿园教

员专修许可证,一般发给具有硕士学位的毕业生;第二类是幼儿园教员一级许可证,发给具有学士学位(本科学历)的毕业生;第三类是幼儿园教员二级许可证,发给接受 2 年以上高等教育的毕业生。持有普通许可证的幼儿教师为教谕,且一旦获得许可证,终身有效,并全国通用。持临时许可证的幼儿教师为助教谕,在特别情况下可以通过教育职员考试获得该资格。该许可证有效期 3 年(有特殊需要时可以延长),且只能在所授予的地区使用。[①]

表 4-6　幼儿教师资格要求

文件	有关幼儿教师资格的要求
幼儿园工作规程（试行）(1989)	幼儿园园长和教师:具有师范学校(包括职业学校幼儿教育专业)毕业程度,或取得幼儿园教师专业合格证。
中华人民共和国教师法(1993)	具备本法规定的学历或者经国家教师资格考试合格后取得教师资格;取得幼儿园教师资格,应当具备幼儿师范学校及其以上学历。
幼儿园工作规程(1996)	幼儿园教师必须具有《中华人民共和国教师资格条例》规定的幼儿园教师资格,并符合本规程; 园长需具有一定的教育工作经验和组织管理能力,并获得幼儿园园长岗位培训合格证书; 保育员需具备初中以上学历,并受过幼儿保育职业培训。
国家教委关于正式实施《幼儿园工作规程》的通知(1996)	各地要认真执行 1995 年国务院颁发的《中华人民共和国教师资格条例》(国务院令 188 号),做好幼儿园教师岗位培训和资格认定工作,逐步达到《中华人民共和国教师资格条例》规定的要求。
全国幼儿园园长任职资格、职责和岗位要求(试行)(1996)	示范园和乡镇中心园园长需具备幼儿师范学校(含职业学校幼教专业)毕业及其以上学历,有 5 年以上幼儿教育工作经历,具有小学、幼儿园高级教师职务; 其他幼儿园园长需具备幼儿师范学校(含职业学校幼教专业)毕业及其以上学历或高中毕业并获得幼儿园教师专业合格证书,有一定幼儿教育工作经历,具有小学、幼儿园一级教师职务。
全国幼儿教育事业"九五"发展目标实施意见(1997)	认真贯彻国务院颁布的《中华人民共和国教师资格条例》及配套规章,做好幼儿教师资格过渡及认定工作。 要根据农村幼儿教师的实际制定相应的办法,保证农村幼儿教师队伍的稳定。 教师资格制度实施后,尚不具备幼儿园教师资格的教师,应采取措施限期取得教师资格。
关于当前加强教师队伍管理的通知(1998)	认真贯彻执行《中华人民共和国教师法》和《中华人民共和国教师资格条例》,严格按照教师资格条件聘任教师,确保教师素质。各地要对中小学教师队伍中临时代课人员进行一次清理整顿,对不合格人员要立即予以辞退。
中共中央国务院关于深化教育改革 全面推进素质教育的决定(1999)	全面实施教师资格制度,开展面向社会认定教师资格工作,拓宽教师来源渠道。
关于幼儿教育改革与发展的指导意见(2003)	要依据《中华人民共和国教师资格条例》的有关规定,实行幼儿园园长、教师资格准入制度,严格实行持证上岗。
中华人民共和国民办教育促进法(2003)	民办学校聘任的教师应当具备《中华人民共和国教师法》和有关行政法规规定的教师资格和任职条件。
教育部关于进一步加强幼儿园安全工作的紧急通知(2004)	幼儿园教职工的聘用应符合有关法规对其任职资格的规定。
国家教育事业发展"十一五"规划纲要(2006)	严格教师资格准入制度。

(资料来源:中国学前教育发展战略研究课题组.中国学前教育发展战略研究[M].北京:教育科学出版社,2010:107.)

---

① 刘占兰.中国学前教育发展报告·2012[M].北京:教育科学出版社,2013:175.

三、英国学前教育教师资质认证与准入制度

英国学前教育和保育领域的资格证书结构比较复杂,课程管理局的网站上列出的与儿童发展相关的证书共计 77 类。各类证书并非按照一定的计划发展而来,而是随着社会需求的变化而不断发展形成的。

总的来说,与学前教育工作相关的资格证书共分以下三类:全国职业资格证书(National Vocational Qualification,简称 NVQ)、基础学位(Foundation Degree)和儿童早期研究学位(幼儿教育学位)(Early Childhood Studies Degree),其证书获取途径各不相同。各类证书各有其优势,在互相竞争的同时又互为补充,相互促进,最终呈现出一个多样化的证书结构体系。这些证书或学位课程在经过专业认可后,形成了不同的资格证书等级,从而方便政府及托幼机构的管理人员据此组织相应的聘用工作。[①]

四、美国学前教育教师资质认证与准入制度

(一)学前教育教师的资质认证与入职标准

美国各州均规定担任公立学校教师者需取得教师证书。美国幼儿园教师资格证书由各州政府发放,基本标准是:申请者除修完必修的专业课程和实践学习外,必须参加名为 Praxis 的考试。Praxis 考试由三部分组成:基本技能、教学基本原理、早期教育。其中,基本技能又分为阅读、数学和写作。

由于教师证书标准是各州制定、各州颁发,因而,教师证书的种类很多。各州对早期儿童教育证书的适用年龄和年级有不同的规定,有的州规定适用范围是学前教育阶段,而有的州则规定适用于幼儿园至小学三年级,但大体相近。以宾夕法尼亚州为例,规定取得教师证书者,须符合下列条件:①年龄在 18 岁以上;②良好的品德;③非酒精中毒或毒品使用者;④经州政府认可的大学院校或机构毕业者;⑤经州教育委员会认可完成师资培育课程者。

申请教师资格的时机各州各有规定,以加州为例,有 5 个时机:①修完师资职前培育课程,准备任职成为初任教师时;②初任教师完成实习后再参加第二阶段申请,成为正式合格教师时;③合格教师准备取得担任另一学科合格教师资格时;④合格教师证书有效期限届满,准备换发新证书时;⑤合格教师转到其他州服务,准备具有在该州继续担任教师资格时。

各州政府在核发教师证书的同时,也具有撤销教师证书的权力。一般情况下,地方学区可以决定教师的聘任、停聘、解聘、不聘等事项,但撤销教师证书的权力则在州政府手中。各州均在相关的法令中规定了撤销教师证书的事由,主要有不道德、违反聘约、不胜任、不服从等事项。根据规定,聘任教师的决议必须由地方学区教育委员会集体做出,个别委员或教育局长的承诺不具有法律效力。部分州甚至规定聘任教师会议的时间、形式,违规者则决议无效。

(二)教师教育机构和教育计划的认证

当前,美国学前教育对教师资质认证和准入已经提升到首先对教师教育机构及其教

① 刘占兰.中国学前教育发展报告·2012[M].北京:教育科学出版社,2013:176.

育计划进行认证上。高等教育机构中设置的幼儿教师教育计划需通过专门的教师教育认证机构的认证,其幼儿教育专业学生的毕业文凭和学位才能被政府和雇主认可;同时,经认证的高等教育机构培养的准幼儿教师在质量上也能得到较好的保证。

目前,在美国比较权威的教师教育认证机构主要是全美教师教育认证委员会(NCATE)。全美教师教育认证委员会于 1954 年正式成立,其目的在于制定和不断完善教师教育认证标准,为教师教育机构和教师教育计划的质量提供一种专业判断,以保证教师教育的质量。幼儿教师教育计划的认证通常由全美教师教育认证委员会和全美幼儿教育协会进行,其中,两者联合对四年制学院和大学的幼儿教师教育计划,即学士学位和硕士学位幼儿教师教育计划进行审核与认证。一般通过认证的幼儿教师教育计划,标志着在美国享有全国知名的质量声誉。目前,美国已有 38 个州的 450 多项学士学位和硕士学位幼儿教师教育计划通过认证。另外,对提供副学士学位幼儿教师教育计划的两年制社区学院的审核和认证,主要由全美幼儿教育协会单独进行,认证的程序分成自查、外部评价和整改三个步骤。目前已经通过认证的有 29 个州的 173 项副学士学位幼儿教师教育计划,另外有 39 个州的 100 多项副学士学位幼儿教师教育计划处在自查阶段。通过认证的学院和大学通常会在幼儿教师教育计划的扉页醒目位置进行标识。[①]

五、韩国学前教育教师资质认证与准入制度

(一)学前教育教师的资格标准

韩国自 2004 年 1 月 29 日《幼儿教育法》颁布以后,从 2005 年开始使用新的幼儿教师资格标准。为了审议教师资格鉴定的有关事项,在教育部长官所属下设立幼儿园教师资格鉴定委员会。《幼儿教育法》规定幼儿园的教师分为园长、园监和教师。教师分为正教师(1 级、2 级)和准教师。各自具体资格标准如下:

1. 园长

园长的资格标准是:取得幼儿园园监资格证后,具有 3 年以上教育经历并接受所规定的再教育者;学识渊博、德高望重,被教育部长官认定为已具备了总统令所规定的标准者。

2. 园监

园监的资格标准是:取得幼儿园正教师(1 级)资格证后,具有 3 年以上教育经历并接受所规定的再教育者;取得幼儿园正教师(2 级)资格证后,具有 6 年以上教育经历并接受所规定的再教育者。

3. 正教师(1 级)

正教师(1 级)的资格标准是:取得幼儿园正教师(2 级)资格证后,具有 3 年以上教育经历并接受所规定的再教育者;取得幼儿园正教师(2 级)资格证后,在教育研究生院或教育部长官指定的研究生院教育学科修完幼儿园教育课程,取得硕士学位,并具有 1 年以上教育经历者。

---

① 杨晓萍,何孔潮.美国幼儿教师职前培养的历史、现状与走向[J].比较教育研究,2013(2).

4.正教师(2级)

正教师(2级)的资格标准是:毕业于大学幼儿教育学科者;大学(包括专门大学及同等以上各种学校)毕业并于在校期间取得所规定的保育和教职学分;在教育研究生院或教育部长官指定的研究生院教育学科修完幼儿园教育课程,并取得硕士学位者;取得幼儿准教师资格证后,具有2年以上教育经历并接受规定的再教育者。

5.准教师

准教师的资格标准是:幼儿园准教师资格鉴定合格者。

(二)幼儿园教师的任用

在韩国,如果想在国立、公立幼儿园就业,必须通过幼儿园任用考试。持有幼儿园正教师2级以上资格证者或大学预备毕业生、非现职幼儿教师者,可以申请参加幼儿园教师任用考试。考试分两次,第一次考试主要是有关教育学科的内容,满分是100分。其中,教育学占30%,幼儿教育专业占70%。全国统一考试。第二次考试是按市、道地区进行。其内容和第一次考试不一样,主要有论述、电脑、技能和面试。具体内容各地区不一样。最后把第一次考试成绩和第二次考试成绩相加确定最终成绩,按最终成绩的高低录用教师。

拓展阅读

表4-7　韩国不同类型学前教育教师资格证管理及就业方向

区分	幼儿园正教师资格证	保育教师资格证
管理与监督	教育部	女性部
培养机构与学科	大学(四年制、两年制) 放送通信大学 幼儿教育学科 儿童学科(定员的30%)	大学(四年制、两年制) 放送通信大学 保育教师培训所 保育学科 幼儿教育学科、儿童学科 其他幼儿教育、儿童福利相关学科
就业与方向	幼儿园 幼儿之家、游戏房 学院幼稚部	幼儿之家、游戏房 学院幼稚部

(资料来源:黄亨奎.韩国学前教育[M].长春:吉林人民出版社,2005:141.)

其他国家也都有相应的幼儿教师资质认证和准入制度。在法国,幼儿教师必须通过国家级别考试,并且这种考试只对那些已经获得准入凭证的教师开放,如规定只有拥有三年制高等教育文凭才可以参加。在丹麦、德国、比利时、希腊、爱尔兰、卢森堡、葡萄牙、芬兰等国家,要求必须中学毕业后再完成至少3年的继续教育。西班牙则规定幼儿教师至少需要获得硕士学位。

上述国家和地区幼儿教师资格认定制度的改革与发展,特别是相关程序与标准的确立和完善,与这几个国家和地区相应政策、法律的明确规定与有力保障密不可分。教师资格制度及其聘任的相关法律规定,对提高幼儿教师准入门槛和聘任质量,提高幼儿教师队伍的整体素质,进而促进学前教育质量的提升均具有重要意义,因而成为当前世界主要国家和地区学前教育法律规定的主要内容与重要特点之一。

第四节
国际幼儿教师专业标准

在强调教师专业发展的今天,教师专业标准已成为许多国家促进教师专业发展、提高教学质量和改善学生学习的一种重要举措。从 20 世纪 80 年代起,世界各国陆续制定了本国的幼儿教师专业标准,以保障幼儿教师的质量和促进幼儿教师的发展、成长。

一、中国幼儿教师专业标准

2011 年 12 月 12 日,为贯彻落实《国家中长期教育改革和发展规划纲要(2010—2020年)》,促进教师专业发展,建设高素质教师队伍,教育部通过官方网站向社会公布了《幼儿园教师专业标准(试行)》(征求意见稿)。2012 年 2 月 20 日,《幼儿园教师专业标准(试行)》(以下简称《专业标准》)正式发布。

(一)《专业标准》的定位

中国对幼儿教师专业标准的功能定位,在教育部下发的文件中有原文表述:《专业标准》是国家对合格幼儿园教师专业素质的基本要求,是幼儿园教师实施保教行为的基本规范,是引领幼儿园教师专业发展的基本准则,是幼儿园教师培养、准入、培训、考核等工作的重要依据。

(二)《专业标准》的基本框架和内容

《专业标准》从专业理念与师德、专业知识、专业能力 3 个维度对幼儿教师提出了应当具备的专业条件。在此基础上,分 14 个领域提出了具体 62 条基本要求。

专业理念与师德包括职业理解与认识、对幼儿的态度与行为、幼儿保育和教育的态度与行为、个人修养与行为等 4 个领域,15 项指标。

专业知识包括幼儿发展知识、幼儿保育和教育知识、通识性知识等 3 个领域,20 项指标。

专业能力包括环境的创设与利用、一日生活的组织与保育、游戏活动的支持与引导、教育活动的计划与实施、激励与评价、沟通与合作、反思与发展等 7 个领域,27 项指标。

二、美国幼儿教师专业标准

美国是当今世界教师教育标准、教师专业标准和教师资格认证制度发展较早、比较成熟和完善的国家。在幼儿教师专业标准制定与实施方面,美国也走在世界各国的前列。

(一)幼儿教师专业标准的制定机构

美国幼儿教师专业标准的制定是非政府的自发行为,各州对各种类型幼儿教育机构中的教师没有统一的管理体制,这使得幼儿教师专业标准随着州和制定机构的不同而不同,没有一个统一的标准。

1990 年,全美专业教学标准委员会(NBPTS)在全美幼儿教育协会(NAEYC)的参与和帮助下制定了3~8岁优秀幼儿教师专业标准。1994年,"开端计划"着手建立自己的幼儿教师资格标准,即开端行为标准。各州根据1992年州际新教师评价和支持联合会(INTASC)制定的"新任职教师专业标准",纷纷制定出适合本州情况的初任职幼儿教师专业标准。

其中,由全美幼儿教育协会制定的"幼儿教育职业准备标准"是幼儿教育专业师范生职前任职教育的专业指导标准;由州际新教师评价与支持联合会制定的"新任职教师专业标准"是幼儿教师初入职时的基本专业标准。它们共同构成了美国幼儿教师入职前后的专业标准,体现了由师范生到新教师的角色转变和过渡的基本专业要求。

概言之,美国幼儿教师专业标准的制定机构,主要包括全美幼儿教育协会、州际新教师评价与支持联合会、全美专业教学标准委员会(见表4-8)。

表4-8　美国幼儿教师专业标准主要制定机构基本情况

机构名称	成立时间	标准对象	标准性质
全美幼儿教育协会(NAEYC)	1926	候选教师	职前标准
州际新教师评价与支持联合会(INTASC)	1987	新教师	初入职标准
全美专业教学标准委员会(NBPTS)	1987	优秀教师	在职标准

(二)幼儿教师专业标准的内容

我们仅以全美幼儿教育协会制定的"幼儿教育职业准备标准"为例,来一瞥美国幼儿教师专业标准。

20世纪90年代初,全美幼儿教育协会联合美国师范教育者协会制定了美国0~8岁教师的任职资格标准。以此为基础,全美幼儿教育协会为培养幼儿教育从业人员的正规高等教育分别设计了3种职前标准(见表4-9),并从专业知识、专业技能、专业倾向3个维度规定了具体标准和内容(见表4-10)。[①]

表4-9　NAEYC幼儿教师三种标准

颁布时间	标准级别	对应学位水平
2001	初级证书标准	本科水平
2002	高级证书标准	硕士或博士水平
2003	副学士学位标准	专科水平

---

① 姜勇,严婧,徐利智.国际学前教师教育政策研究[M].上海:华东师范大学出版社,2012:166,167.

表 4-10　NAEYC 幼儿教师专业标准的六项核心标准和内容

核心标准	标准关键内容
标准一:促进儿童的发展和学习	1.知道并了解年幼儿童的个性和需求。 2.知道并了解儿童发展和学习过程中的诸多影响因素。 3.利用儿童发展的知识来创设健康、尊重、支持和富有挑战的学习环境。
标准二:建立家庭和社区之间的联系	1.知道并理解不同家庭和社区的特点。 2.通过尊重和互惠的关系来支持和帮助家庭与社区。 3.让家庭和社区参与到儿童的发展和学习当中。
标准三:观察、记录、评价及支持幼儿和家长	1.知道并理解评价的目标、益处和用处。 2.知道并利用观察、记录和其他合适的评估工具和方法。 3.了解实践相关的评估理论,促进每个儿童的积极发展。
标准四:利用有效的发展方法与儿童及其家庭进行沟通	1.了解积极的关系和支持性的互动是幼儿教育工作的基础。 2.知道并了解幼儿教育的有效策略和工具。 3.利用各种丰富的适宜发展的教与学的技能方法。 4.对自身实践进行反思,并促进每个儿童发展。
标准五:利用学科知识来建构有意义的课程	1.了解学科内容知识及学科资料。 2.知道并利用中心概念、查询工具以及学科领域的组织建构或内容。 3.利用自身的知识、合适的早期学习标准以及其他的资源来设计、实施和评估对儿童来说有意义且有挑战性的课程。
标准六:成为专业人士	1.能够明确并将自我融入幼儿教育工作。 2.知道并能主动利用伦理标准和其他职业指南。 3.参与持续的、合作性的学习,促进自己的教育教学能力的提高。 4.对早期教育工作持有反思性、批判性和专业性的观点。 5.支持合理的早期教育实践和政策。

三、新西兰幼儿教师专业标准

(一)新西兰幼儿教师专业标准的出台

新西兰的学前教育比较发达。2002 年,新西兰发布了一项名为《未来之路》的幼儿教育 10 年战略计划。在推进该计划落实的过程中,政府对幼儿教育的资金、管理、师资、合作关系和规划 5 个方面进行了有效改革。其中,建立了幼儿教师专业标准。

2004 年,新西兰幼儿园教师专业标准出台。2005 年,由教育部颁布的,由教师委员会依据《2002—2005 年幼儿园教师、园长和高级教师集体雇佣协议》研制的《幼儿园教师专业标准与绩效管理制度整合指南》成了幼儿教师专业标准的全国性文件。《幼儿园教师专业标准与绩效管理制度整合指南》分别规定了新教师(beginning teacher)、完全注册教师(fully registered teacher)、经验教师(experienced teacher)、园长教师(head teacher)和高级教师(senior teacher)须具备的知识技能和工作态度,且将专业标准与教师的职业晋升和绩效薪酬考核相挂钩。下面我们以其新教师专业标准为例,来管窥其师资培养。

(二) 新西兰幼儿新教师专业标准

新西兰对幼儿新教师提出了 6 个主要标准,它们分别是:学习与教学、学习环境、沟通交流、支持并与同事合作、对发展幼儿园业务的贡献、幼儿园管理。

1.学习与教学

学习与教学突出了新西兰对新任职幼儿教师在专业知识、教学策略以及计划与评价方面的基本要求,内容包括:①理解《Te Whariki》;②理解《怀唐伊条约》(Treaty of Waitangi);③实施《Te Whariki》;④学习与教学策略(包括资源与技术的利用);⑤计划、评价和评估。

📖 知识索引

《Te Whariki》

它是学前教育工作者的"圣经",它规定了儿童从出生到入小学前的早期教育和保育范围。新教师需要在理解《Te Whariki》的基础上,结合幼儿的生活实际对目前的教学及评估理论具有全面而正确的了解。在实施该课程的过程中,新教师应提升幼儿自我保护、自我学习、自我评价和规划学习的能力,并承认毛利儿童特有的知识和经验。这些做法体现了《Te Whariki》的信念——学习是伴随人生的一个过程,它始于人生的最早阶段。

《怀唐伊条约》

这是1840年英国王室与毛利人之间签署的一项协议,它确认了毛利人对其土地和文化的拥有权。理解《怀唐伊条约》以及毛利人的相关法律是对新教师的基本要求之一。具备良好的法律素养,懂得基本的法律常识,这有助于新教师更好地理解儿童权利并保护儿童的基本权利免受侵害。

(资料来源:姜勇,严婧,徐利智.国际学前教师教育政策研究[M].上海:华东师范大学出版社,2012:174.)

2.学习环境

学习环境标准强调了教师在建立良好学习环境上的重要作用。良好的学习环境有利于幼儿充分参与学习,养成良好的学习习惯和学习品质。新教师在创设学习环境中应做到以下5个方面:①积极正面的指导;②充实幼儿的学习;③提供丰富的学习环境;④对幼儿的发展充满期望;⑤尊重与理解。

3.沟通交流

绩效考核参考指标指出,新教师应利用各种沟通策略,并在不同的场合选择适当的策略与不同的人们进行有效沟通;保持自信,并尊重和相信他人;学会积极倾听,利用积极的强化以鼓励幼儿的适宜行为;在遇到不确定或被误解的情况时能够寻求同事的帮助;重视家庭对幼儿园的帮助和投入,且能有效地回应家长的咨询。

4.支持并与同事合作

绩效考核参考指标指出,新教师应了解自己的专业发展前景,能与评价者沟通自己的成长期望;将自己的时间和精力投入到个人终身的专业发展上;与同事分享有关课程和教学法方面的知识,提升教学实践能力并学会支持他人;共同发展教学资源、策略和方法。

5.对发展幼儿园业务的贡献

新教师应愿意参加有利于幼儿园发展的各项活动,合理地评价幼儿园的发展和改变,参与幼儿园内部的评审过程。

6.幼儿园管理

绩效考核参考指标更多地指向了管理知识的获得,如新教师应了解幼儿园各部门的作用及其相互之间的联系,熟悉并遵循幼儿园及协会的政策和法律程序。

由上述各国幼儿教师专业标准可以总结:虽然各国教师专业标准在教师专业发展阶段划分方面略有差异,但都根据教师专业发展各个阶段的一般进程和发展水平,为每个层次和水平的教师制定了相应标准,并注重通过设立标准来促进教师的终身专业发展。各国标准都强调教师的专业理念,要求教师具备较为完整的教育教学知识体系并凸显对教师专业实践能力的要求,尤其突出教师专业交际能力,强调教师的德行、社会责任感、扮演多重角色、履行重要的社会服务等要求。同时,各国标准都关注不同层面教师的专业发展,以促进教师的终身专业发展为重要目标。

📖 拓展资料

学前教育师资短缺如何解决

教育规划纲要实施以来,学前教育"入园难""入园贵"问题大为缓解,而随着投入、场所、规模等硬性指标的逐步实现,幼儿师资短缺问题越来越突出。如何建设一支合格、稳定的幼儿教师队伍,实现学前教育质量的提升和内涵发展,成为代表委员们热议的话题。

全国人大代表、北京师范大学教授庞丽娟:
打出组合拳 解决燃眉之急和长久之需

连续三届当选全国人大代表,庞丽娟对学前教育的关注持续了10多年。"最近两年,学前教育有了非常积极的发展,覆盖率、入园率等很多指标达到历史新高。但规模扩大的同时,师资短缺问题逐渐凸显。"庞丽娟说。

"究其原因,一是历史遗留问题,幼儿教师身份、编制、职称和待遇等因素长期没有被重视;二是学前教育发展主要是以项目制形式,集中进行基础设施投入。"庞丽娟说,学前教育要有科学发展的思路,规模扩大和质量提升要同步,尤其要重视幼儿教师队伍的培养和培训。

庞丽娟建议,要解决幼儿师资短缺难题,必须广开师资来源,通过专业培养和培训保证质量,然后择优录用。从培养的角度看,高师、幼专、幼师三个层面的培养都要跟上,尤其要加强幼专和幼师建设。此外,既有的师范、心理等专业学生,综合大学毕业生,中小学富余教师甚至其他社会从业人员,只要愿意从事幼教,都可以面向他们招聘,再有针对性地进行培训。只有多渠道、多举措并行,打出组合拳,才能灵活有效地解决燃眉之急和长久之需。

"有了幼儿教师后,就要想办法稳定这支队伍。幼儿教师也是我国教师队伍的一部分,一定要解决幼儿教师的身份、待遇、职称、社会保障以及培训等权益问题,把教育法和教师法的相关规定落到实处。"庞丽娟呼吁。

> **全国政协委员、北京师范大学教授刘焱：**
> **农村开"半日园"相当于多出一倍师资**
>
> "即使缺乏幼儿师资，也绝不能让不合格的教师上岗，否则会严重影响学前教育的质量，对孩子的成长也是极不负责的。"当谈到幼儿师资问题时，刘焱反复强调自己的观点。
>
> "像前段时间发生的幼儿教师拎着孩子的耳朵，把孩子就地拔起的事情，就是最好的例证。这样的教师会给孩子带来巨大的伤害。没有拿到幼师资格证的人就不能做教师。"在刘焱看来，不合格教师流入幼儿园，让孩子付出的代价太大。
>
> 刘焱坦称，目前幼儿师资缺口很大。"全国的缺口达到了 64 万，与城市相比，农村幼儿园更缺教师。因为没有足够的合格师资，导致现在很多农村幼儿园聘用了大批不合格教师。"
>
> 对此，刘焱建议，农村可以尝试开办半日制幼儿园。"从教育的角度来讲，半日的教学基本能够满足孩子成长的需要。在国外，不少国家的幼儿园都是半日制的。从现实的角度讲，农村孩子大多就近入园，接送比较方便，是开办半日制幼儿园的有利条件。"
>
> "如果大批的农村园能够推行半日教学，就相当于多出了一倍的师资。这也是最快速解决问题的办法。去年，教育部专门颁布了关于半日制幼儿园教师的配备标准。在操作层面上，这个办法是完全可行的。"刘焱肯定地说。
>
> （资料来源：张以瑾，柴葳，张婷.学前教育师资短缺如何解决[N].中国教育报，2013—03—10.）

本章小结

师资问题是教育中一个最核心的问题。本章就师资问题中比较重要和热点的问题进行了国际对比，包括各国师资水平现状、学前教育教师培养、学前教育教师的资质认证和准入制度、幼儿教师专业标准。学前教育师资的概况中分别比较了各国学前教育机构的师幼比、学前教育教师的学历、学前教育教师的薪酬待遇问题。学前教育教师的培养中就培养机构类型、教师教育课程、职前职后培养体系进行了对比。学前教育教师资质认证和准入制度中对比了中国、日本、英国、美国、韩国等几个国家的资格认证准入制度。幼儿教师专业标准中以中国、美国、新西兰为例进行了对比介绍。

阅读导航

1.周采.比较学前教育[M].北京：人民教育出版社，2010.

本书在第一编国别比较中，分别就日本等一些国家的学前教育师资进行了一些介绍；在第十一章中又有专门的比较研究。值得阅读。

2.曹能秀.学前比较教育[M].上海：华东师范大学出版社，2009.

本书分专题做了学前教育相关问题的比较，其中，学前教师教育被作为一个重要专题，进行了较为深入的比较分析。

3.中华人民共和国教育部网站,http://www.moe.edu.cn.

4.张以瑾,柴葳,张婷.学前教育师资短缺如何解决[N].中国教育报,2013—03—10.

拓展练习 📝

1.比较文中几个国家学前教育教师的培养方式。

2.走访几所幼儿园,访谈几位幼儿园园长或你认识的研究型教师,亲自了解一下当前我国学前教育师资存在哪些主要问题。

3.对照新的《幼儿园教师专业标准》,去你所在地区的2～3所幼儿园做一个调查,了解当前幼儿教师达标状况及存在的主要问题。

4.结合你们正在接受的教育,和你的同学们讨论一下,作为未来的幼儿教师,你们今天的培养方案和模式哪些比较好、哪些有问题。

第五章
学前教育课程比较

课程是一个立体的概念,它包含多个关键词和核心内容。本章主要抓住学前教育课程的几种模式进行介绍和比较,以期大家能对学前课程有所了解。在对各种课程模式的介绍中,又主要从理论基础、课程结构、教师作用方面进行。在阅读时,要前后对照,比较各种学前课程模式的异同,掌握各种课程模式的核心特点。

◆ 案例链接

小组活动时，教师带来一个新鲜的菠萝。"我不要碰它，因为它身上有刺！"特丽莎说。"让我摸摸，让我摸摸。"萨姆说。

教师说："我们把它传一遍，让每个人都摸一摸。"特丽莎说："它有刺。"教师说："比尔，你说呢？""它扎我的手。"比尔回答。

"看我，我抓叶子把它拿起来啦！它好重。"詹妮弗兴奋地喊。"我能让它滚，你看。"凯西说。

在每个幼儿都感受并谈论菠萝后，教师问："你认为它里面会是什么样的？""湿的。""有种子。""它像香蕉一样软。"

"怎么才能知道里面是软的呢？"教师问。"切开，切开！"幼儿喊。于是，教师就把菠萝切成片，并给幼儿每人一片。"现在关于菠萝，你们还想说什么？""味道挺香。"琼斯舔了舔自己的菠萝片说。"我喜欢它。"吉夫说。"它是甜的。"特丽莎跑到娃娃家区拿了一把钝刀，"我要切切看。""我也要。"艾利克斯跟着说。

"闻上去怎么样？"教师问。正在仔细感受与品尝菠萝的艾里插话说出了自己的发现："黏糊糊的，我的黏糊糊的。"菠萝片摸上去确实黏糊糊的。"气味怎么样呢？"教师又问。

"它的气味像一个，像一个菠萝！"萨拉兴奋地喊道。

◆ 问题聚焦

该案例中，教师围绕一个主题"菠萝"让幼儿运用包括触觉、嗅觉、味觉等在内的多种感官主动探索以获取关键经验。例如，让幼儿通过直接经验发现事物之间的关系；让幼儿自己操作工具进行大小肌肉训练（如提、滚菠萝，切菠萝片等）。请问该课程活动体现了什么价值取向？它是哪种经典课程模式在实践中的表现？教师在活动过程中扮演了什么角色？

◆ 学习目标

1. 了解学前教育课程的发展历程和价值取向。
2. 基本掌握几种主要的学前课程模式。
3. 掌握各国学前课程的概况与特色。

|第一节|
学前课程发展历程与变革取向

一、学前课程发展的基本历程

艾宾浩斯曾说:"心理学有着漫长的过去,却只有短暂的历史。"这句话用在学前教育发展史上亦同样适用。幼儿教育实践可以追溯到人类社会的早期,幼儿教育思想的产生和发展同人类历史一样源远流长。但在一段漫长的历史时期内,幼儿教育思想只是作为人们的经验总结散见于各种著作中,还没有成为一门独立的学科,作为其教育内容和文化传承载体的学前教育课程亦未成型。本节仅从教育学成为独立学科之后的历史中略述国内外学前教育课程的发展历程。

(一)国外学前教育课程的发展历程

1. 学前课程的萌芽阶段(17世纪至19世纪上半叶)

早在17世纪,学前课程思想便已开始有所体现,所以,探讨学前课程的发展历史可以追溯到十七八世纪。在这一时期,有三个重要人物可以作为学前课程萌芽阶段的代表,他们是夸美纽斯、卢梭和裴斯泰洛齐。

(1)夸美纽斯

夸美纽斯是17世纪捷克杰出的教育家,"母育学校"是他的代表作《大教学论》中的重要一章,夸美纽斯在该章中阐述了自己的幼儿教育思想,概括了学前教育的内容。他不仅为母育学校制订了一整套教育计划,还编写了幼儿教材《世界图解》。具体而论,他主张:在体育方面,给孩子活动的自由,让其愉快并有规律地生活;在德育方面,让孩子初步学习有关德育的知识并养成良好的习惯;在智育方面,认为智育的中心任务是训练孩子的感觉;在劳动方面,他要求训练孩子从事最基本的手工艺劳动。夸美纽斯总结了古希腊、古罗马和文艺复兴时期的学前教育经验,第一次以家庭为背景,比较系统地探讨了学前教育的规律,为世界学前教育理论的形成奠定了一定的基础。

(2)卢梭

卢梭是18世纪法国杰出的启蒙思想家、哲学家、教育家。在他的著作《爱弥儿》中,卢梭系统地阐述了自己的自然教育思想。在自然教育的基础上,他把儿童的教育划分为四个阶段:0~2岁的婴儿期,主要任务是保障婴儿的身体健康;2~12岁,继续发展体育和各种感觉;12~15岁,接受包括劳动教育在内的广泛学习;15岁至成年,进行道德教育。在身体健康方面,他主张从幼年起即对儿童进行严格的训练,养成健壮的体格,为此,卢梭提倡婴幼儿参加跳跃、舞蹈、爬山、游泳、打球等游戏活动。另外,在教育史上,卢梭首次提出幼儿感官训练,如主张在日常生活和游戏中锻炼触觉,在绘画和认识几何图形活动中培养观察能力,通过唱歌和听音乐训练听觉等。[①]

(3)裴斯泰洛齐

裴斯泰洛齐是18世纪瑞士著名的教育家,他深受卢梭教育思想的影响。他实施的教育主要有两个方面的内容:一是爱的教育,培养儿童善良的情感和团结友爱、互助合作的精神;二是劳动教育,针对儿童的年龄特点组织劳动训练,促进他们体力、智力和道德的发展。裴斯泰洛齐注重知识的获得,更注重能力的培养,他强调数量、形和语言的教学,以培养儿童的脑、心和手。在教学方法上,他主张幼儿期的教育采取直观的教学方法,通过孩子日常接触的事物进行教学。

以上三人的教育思想和主张一定程度上反映了当时的课程思想和幼儿教育状况。虽然其课程思想尚处在萌芽状态,但他们的幼儿教育实践和主张对之后学前课程的成长和发展产生了巨大影响。

2.学前课程的形成和发展阶段(19世纪中期至今)

幼儿公共教育机构的产生标志着学前课程的正式形成。1837年,福禄贝尔在德国创办了世界上第一所幼儿园。之后,正规的幼儿社会教育机构建立并逐步发展,在这些机构中实施的教育实践活动也就成为较早的学前课程模型。此间的主要代表人物有德国的福禄贝尔、美国的杜威和意大利的蒙台梭利。

(1)福禄贝尔

福禄贝尔是德国著名的教育家,幼儿园的创始人,被称为"幼儿园之父"。他提出,幼儿园教育的任务在于促进儿童的自我活动和内在本质力量的发展。福禄贝尔不仅创办了世界上第一所幼儿园,还为儿童设计了一套完整的课程。其内容主要包括:宗教知识、体育卫生、游戏活动、恩物、语言、手工、绘画和颜色辨别、唱歌和诵诗、自然科学常识等方面。其中,恩物是他发明的一套玩具,实际上是12种手工材料,作为儿童的核心教材。由此可见,福禄贝尔的课程结构和内容已经比较完备,学前课程真正意义上的产生可以以福禄贝尔的课程方案为标志。

(2)蒙台梭利

蒙台梭利是意大利的儿童教育家、医生,是继福禄贝尔之后最杰出的幼儿教育家。她认为,幼儿教育有两个目的:一是生物目的,即帮助个体自然发展;二是社会目的,即帮助个体适应并利用环境。根据自己的教育理论和实践,蒙台梭利主要为儿童确立了以下教育内容:①感觉教育。感觉教育在蒙台梭利教育体系中占有重要地位,即利用不同的方法和材料对儿童进行包括触觉、视觉、听觉、嗅觉、味觉、立体感觉等感官的训练。②纪律教育。这也是蒙氏教学法的重要课程内容。她认为,真正的纪律就意味着自由,"纪律必须通过自由而获得"。康奈尔也指出:"自由、工作和纪律是蒙台梭利为儿童建造的三根主要柱子。"③语言教育。蒙台梭利把语言机制看作高级心理活动的先决条件,认为语言能促进智力的发展。她的语言教育包括口头语言训练和简单的书写活动。④初步知识教育。蒙台梭利认为,3~6岁的幼儿天生具有学习初步知识的能力,完全可以教他学习阅读、书写和计算。她设计了简单的字母教具让幼儿进行练习,使视觉、触觉、听觉和

---

① 许卓娅.幼儿园课程理论与实践[M].南京:南京师范大学出版社,2008:63.

发音结合起来。皮亚杰曾指出:"蒙台梭利对于智力缺陷儿童心理机制的细致观察成了一般方法的出发点,这种方法在全世界的影响是无法估计的。"但是,蒙氏的教育方法也带有机械的和形式主义性质。[①]

(3)杜威

杜威是美国教育家、哲学家和社会学家,实用主义的代表人物,对美国乃至世界现代教育包括现代学前教育的发展起了重要作用。在学前课程方面,杜威主张,课程应当尊重儿童,以儿童为中心,让儿童在做中学,通过实际操作获得经验。他认为,在课程的设计和教材的选择上,必须充分顾及儿童的个人经验、需要、兴趣和能力,教材应取自儿童的现实生活,儿童的心理条件是课程设计和教材选择的基本要素。当然,杜威的课程思想过于注重儿童,曾被教育学界批判过,但是他把人看作课程设计中心的思想,以及他对教育本质的独特理解,至今仍值得我们认真思考。

拓展阅读

胡适邀请杜威来华始末

1919年4月,美国哲学家约翰·杜威受邀于胡适、蒋梦麟等,携妻女来华讲学。5月3日和4日,杜威先后做了两场《平民主义的教育》的演讲,有千余青年冒雨赶来,"座为之满,后来者咸环立两旁"。由此杜威开始了中国的演讲之旅,并为各地教育界、思想界、文化界留下了许多真知灼见,对实用主义在近代中国思想文化中的发展产生了很大影响。这也是后来流传很广的"五大演讲",即"社会哲学与政治哲学""教育哲学""思想之派别""现代的三个哲学家"和"伦理讲演纪略"。

关于实用主义的方法,胡适概括为"大胆地假设和小心地求证",成为流传至今的一句名言。胡适对他老师的中国之行曾经有评价说:"自从中国与西洋文化接触以来,没有一个外国学者在中国思想界的影响有杜威先生这样大的。"他甚至还断言:"在最近的将来几十年中,也未必有别个西洋学者在中国的影响可以比杜威先生还大的。"

(资料来源:章云华.胡适邀请杜威来华始末[N].人民政协报,2008—12—04.)

(二)我国学前教育课程变革的基本历程

从20世纪初至今,我国的学前课程经历了100多年的发展。在这段历史进程中,学前课程随时势而变迁更迭,依社会政治、经济、文化环境而革新,主要经历了5个发展阶段。

1. 学习、模仿日本模式的清末民初学前课程(1903—1918年)

在1903年之前,我国没有独立的学前教育体制和课程设置。1901年以后,随着清政府新政"兴学育才"的实施,到1903年"癸卯学制"的颁布,我国的学前教育制度才正式确立。当时,人们以为日本"明治维新"导致国力强盛,又因日本与中国路途相近、风俗相似且文化交流历史悠久,文字、心理、思想较西方更易把握,便于借鉴,因而在教育上极力学习、模仿日本,几乎就是日本教育体制的翻版,当时日本幼稚园盛行的课程也被源源不断地引进。1904年,清政府颁布了我国第一个学前教育法规《奏定蒙养院章程及家庭教育

[①] 陈文华.中外学前教育史[M].北京:科学出版社,2011:272.

法章程》,尽管带有明显的移植和抄袭迹象,但仍可以称为我国教育制度史上最早的学前课程。

2.向西方学习及中国学前课程本土化探索(1919—1948年)

20世纪二三十年代,随着新文化运动的不断勃兴,民主、科学思潮在中国得到广泛传播,福禄贝尔、蒙台梭利及杜威等人的先进教育思想也被引进。以陈鹤琴、陶行知、张雪门等为代表的老一辈学前教育家,针对我国学前课程外国化、宗教化及非科学化的弊端,借鉴西方比较先进的教育思想,结合我国当时的实际情况,展开了轰轰烈烈的学前课程变革运动,形成了中心制课程、行为课程、生活教育课程、社会化课程等模式。此次变革取得了中国学前课程的第一次辉煌成绩,开创了学前课程中国化、科学化的道路。在此基础上,当时的教育部于1932年10月正式颁布《幼稚园课程标准》。这是我国学前教育史上第一个学前课程标准,它使我国的学前课程摆脱了近30年的混乱局面,有了中国化的学前课程标准,对我国20世纪三四十年代直至新中国成立前的学前课程产生了重大影响。

3.借鉴苏联经验的新中国学前课程变革(1949—1965年)

新中国成立后,我国的学前课程变革经历了以老解放区的新教育经验为基础,借鉴苏联经验到抛弃陈鹤琴等人创制的单元中心课程,全面系统学习苏联分科课程的过程。在苏联专家的指导下,教育部制订了《幼儿园暂行规程(草案)》《幼儿园暂行教学纲要(草案)》,并于1952年颁布实施。这两个文件指出学前教育的首要任务是保证儿童的健康及其身心的正常发育,规定了学前课程包括体育、语言、认识环境、图画手工、计算等6个科目,详细规定了各科的教学纲要并制订了严密的学科工作计划。20世纪50年代的课程变革奠定了新中国学前课程的格局,而且在20世纪80年代前一直占据主导地位,对中国的学前课程影响极大。

4."文革"期间的学前课程(1966—1975年)

"文化大革命"中,我国的整个教育体系遭受了一次空前浩劫,学前教育也自然不能幸免,原有的课程体系遭到严重破坏,整个学前课程处于无序状态。

5.改革开放以来我国学前课程的完善与发展(1976年至今)

十一届三中全会以后,我国加大了对外开放力度,与世界其他国家的交流日益频繁。这一时期,西方的儿童发展理论和学前教育思想的逐渐引入,极大地冲击了我国原有的学前教育体系。我国的学前教育工作者在重新评价、学习、探讨陈鹤琴、陶行知等老一辈教育家思想的基础上,借鉴吸收西方的教育理论与课程理论,针对我国当时学前课程重知识掌握轻能力培养、重上课轻游戏、课程内容分裂、组织形式单一等弊端,开展了20世纪80年代的学前课程变革,出现了多元化的课程模式。自1981年《幼儿园教育纲要(试行草案)》颁布实施以来,我国的学前课程改革突破了50年代以来分科教学一统天下的局面,强调整体性、联系性,强调幼儿的主体性和教师的主导作用,重视幼儿的主动性,开创了中国学前课程发展的新前景。

20世纪90年代,我国学前课程继续改革和发展。90年代前期,我国学前课程改革主要是在贯彻落实《幼儿园工作规程(试行)》的进程中完成的。这一时期,我国的学前教育工作者在借鉴国外最新的学前儿童心理和教育理论的基础上,重视幼儿整体发展,注重课程内容的整合,强调幼儿与周边环境的相互作用,强调幼儿情感的培养,强调游戏及日常生活活动在课程实施与幼儿发展中的作用,这一阶段形成了游戏课程、情感课程、生存课程等课程实践模式。90 年代后期,随着国际交流的深入,世界学前教育的新理念和新观点不断被引进吸收,这些国外学前课程理论极大地影响了中国的学前教育课程改革。这一时期的课程,注重社会文化环境,注重课程的预设和生成,注重幼儿兴趣的培养和个体主观能动性的发挥,注重儿童完整人格的塑造。

2001 年 9 月,我国颁布了《幼儿园教育指导纲要(试行)》。它总结了我国 20 世纪 90 年代以来的课程改革经验,体现了我国学前课程改革的新理念,是我国现今学前课程建设的指导性文件,是我国新时期课程改革的结晶。我国的学前课程正在从封闭走向开放,从关注课程结果走向关注课程情境的变化,关注课程实施过程中儿童的经验。通过学前课程变革,国家、地方、园本课程三级课程并存的局面正在形成。①

二、学前课程变革的价值取向

课程的价值取向是课程主体在课程活动中根据自身需求进行价值选择时所表现出来的价值倾向性。② 学前教育课程的价值取向是学前教育课程实施过程中所追求的目标,同时也是实施学前教育课程时所必须持有的价值观念。它不仅指通过学前教育课程将儿童培养成为什么样的人,而且也包括如何将之培养成理想的人。

(一)学前课程的三种价值取向

从历史与现实的角度考察发现,对学前课程价值取向具有深远影响的观点可以归结为三种:文化传递论、成熟论和建构主义。在这三种理论影响下,分别形成了三种学前课程价值取向。

1.教师/环境决定论

文化传递论的观点以行为主义为基础,把儿童的学习和发展看作一系列持续的、由有条件的学习规则控制的可改变的行为,而不是由生理决定的行为。③ 它认为,只需通过有条件地安排外部的环境就会预期到儿童的学习,因此,儿童的学习取决于外部环境。教育是知识、技能、价值以及社会道德规范的逐代传递,而儿童就需要被灌满知识、技能和预定的占优势的文化。在这种价值取向上,儿童被看作一个"无力的"个体,他们是被动地接受外部环境对其自身的影响。认同此种观点的教育者在课程设置和实施中往往不会把儿童的兴趣、好奇心或者智力和情感需要放在主要的位置,他们认为,儿童学习什么、如何去学以及发展的程度等都是由外在力量控制的。按照这种观点,儿童早期是未来成功生活的准备,是儿童从童年的未完成状态到成人状态这一成熟过程的起点。因此,幼儿园课程应通过测试,以确定儿童是否已经具备在课程所规定的学习任务中必须具有的知识和技能,并根据所具有的水平接受教学。④

① 虞永平,王春燕.学前教育学[M].北京:高等教育出版社,2012:199.
② 刘旭东.现代课程的价值取向研究[D].西北师范大学博士论文,2000:10.
③ Hyun,Eunsook. *Critical Examination of U. S. Curriculum History in Early Childhood Education*[C]. New Orleans:American Educational Research Association. 2000. 4:14.
④ 朱家雄.幼儿园课程[M].上海:华东师范大学出版社,2003:15.

2.儿童中心论

成熟论者相信生物体拥有编码的发展时间表,他们将发展看成儿童自身成熟的结果,将教育看成内在的美德和能力的自然展开。他们相信儿童的能力是由遗传所决定的,这也就是相信儿童有天生寻求真理、道德和美感的本能。学习产生的基础在于儿童发展的成熟,也就是说,儿童的学习仅仅通过天生的发展顺序就会自动地实现。因此,儿童天生就继承了一些固定的、普遍的能力,儿童的发展就是一个由其本身生物性决定的、天然的过程。遗传决定论的观点使成人设法把儿童从纷繁复杂的环境中分离出来,为其创造一个能为他们提供保护的、稳定而安全的环境。在这种取向上,教师和父母被鼓励去等待,不允许有不适当的教育干预来限制儿童的成长,儿童的发展也离不开他们的天性。按照这种观点,教师和父母应该细心观察儿童的成长,并利用适当的时机给予他们适当的教育经验。

3.主体交互作用论

受建构主义理论影响,部分学者认为,儿童的发展不只是自身的成熟或仅仅是环境单方面的作用,而是在主体与环境的相互作用过程中实现的,儿童是主动的个体。持有此观点的教育者在实施课程过程中非常重视环境创设的丰富性以及激发儿童学习的主动性。按照皮亚杰的理论,如果给儿童提供多样的、适合他们年龄特点和兴趣的材料,将会有效地促进他们的学习和发展。如果儿童来自一个"乏味"的环境中,他们可能会由于缺乏丰富的刺激与经验而被看作不利的学习者。建构主义的课程取向还十分注重从多个维度来看待和评价儿童的潜力。目前,有许多学前教育课程都是以这种取向为基础的。正如皮亚杰的认知任务一样,这类课程都比较强调儿童逻辑的和数学的认知倾向(如 High-Scope 课程)。然而,由于其过于强调儿童的认知发展,在这种观点上,儿童的一些能力被割裂开来,如儿童的社会发展、智力发展和动作发展等。[①]

(二)世界各国学前课程价值取向变迁

从历史上看,学前教育经历了重视保育价值到重视教育价值的过程。在教育价值受到重视之后,又经过了片面强调某方面价值,如重智力或情感发展,强调教育外在功利价值,到全面发展,重视儿童内在价值的历程。[②]

在幼儿园产生之初,学前教育机构主要发挥保育的作用,真正意义上的"教育性"不足。20 世纪前后,在蒙台梭利、杜威等人的大力倡导下,学前教育开始从保育性转向实施主体性教育,塑造完整儿童。

20 世纪五六十年代,苏联特别重视智力发展,注重儿童创造性的培养。乌索娃在蒙台梭利感官教育的基础上提出新感觉教育并形成体系,主张以系统知识教育儿童来促进其智力发展。加里培林等也强调并证明了幼儿智力发展的重要性与可能性。这一时期,苏联的学前教育课程重点在发展儿童潜能和智力开发上面,对其他方面注意不足。

美国在 1957 年苏联卫星升空之后,力图寻找新对策,认为必须进行智力教育且要从

---

①　[美]冈尼拉·达尔伯格,彼得·莫斯,艾伦·彭斯.超越早期教育保育质量——后现代视角[M].朱家雄,王峥等译.上海:华东师范大学出版社,2006:54.

②　石筠弢.学前教育课程论[M].北京:北京师范大学出版社,2014:76.

早期教育入手。而此时,美国早期教育家亨特在《智力与经验》中强调了早期教育对幼儿智力发展的作用,提出在 4 岁以前丰富儿童经验效果最好。布鲁姆在 1964 年发表的《人性的稳定与变化》中阐述了智力发展的观点,他认为,智力发展在 1 岁时达 20%,4 岁时达 50%,8 岁时达 80%,这表明,人智力的 3/4 是在入小学前形成的。这些观点以及当时的内外环境造成美国着重发展智力教育的局面。

二战后的日本随着现代化的推进,注重发展教育。但由于战后社会环境变化,家庭结构简单,子女减少,都市化加剧,社会压力增大,父母望子成龙成凤,社会、家庭双重压力,片面强调智力发展,忽视儿童其他方面成长,严重影响儿童个性全面发展。

到 20 世纪 70 年代中期,一些教育家和心理学家逐渐认识到儿童是一个独立完整的个体,儿童是身体与心理、智力与能力、社会性与个性协调发展的整体,学前教育不能片面追求智力发展而忽视其他方面。随着学前教育理论与实践的进一步深入,人们提出培养"完整儿童"的教育理念,在这种理念指导下,各国均对学前课程做了较大变革。苏联在 20 世纪 80 年代以马克思主义整体系统观点为指导,制定了新的学前教育构想,提出个性定向型相互作用教育模式,以期发展幼儿的健全个性。70 年代中期,美国的幼儿园课程安排首先放在儿童身体、心理、社会和情绪等的成长上。90 年代,美国掀起了幼儿教育课程标准化运动,包括英语、数学、科学、历史、地理、外语、公民和艺术等 8 门学科,希望到 2000 年,所有儿童在上小学前就已经为学习做好了准备。[①] 日本为了改变之前的教育问题,从 80 年代初开始,以面向 21 世纪和终身教育为方向和指针,在学前教育领域进行了全面改革,培养具有广阔精神世界和丰富创造力,有自主精神、全面和谐发展的日本人。

清末民初,我国学前教育课程价值取向以社会为本,更多地注重学前教育课程辅助家庭教育的作用,较少考虑儿童的发展。20 世纪二三十年代,受杜威进步主义教育思想的影响,课程开始特别注重儿童自身需要的满足,但也并不排除社会的需求,主张在满足儿童的好奇心、冲动、求知欲,激发儿童的创造力的前提下,通过儿童与自然、社会环境的互动,为社会培养真善美的主人,以促进社会民主的发展。五六十年代,由于受苏联教育的影响,课程更多地注重学科体系和知识结构,强调教育为社会的政治、经济服务,注重把儿童培养成为为社会服务的"人力",忽视儿童个性的多样化及主体性的发展。[②] 80 年代以来,随着西方先进的儿童教育理论和思潮的传入,我国的学前教育课程形成了儿童本位的价值取向,开始重新认识课程与儿童的关系。最初,课程价值取向走向另一个极端,过分强调儿童需要,忽视社会需要。但随着社会的发展与人们对社会、对幼儿教育理解的深入,人们认识到个人与社会的相互制约关系,逐渐形成了兼顾儿童发展需求与社会需要的价值取向。课程不再仅仅定位于知识的灌输、技能的训练,而是更重视培养儿童的学习兴趣、能力与好奇心,注重培养儿童终身学习的能力和品质。

① 刘存刚.学前比较教育[M].北京:科学出版社,2007:88.
② 罗环.试论学前教育课程的价值取向[J].教育导刊(下半月),2007(9).

|第二节|
学前课程经典模式

一、蒙台梭利课程

蒙台梭利出生于意大利安科纳地区基亚拉瓦莱镇的一个军人家庭。1896年毕业于罗马大学医学系,成为意大利第一位获得医学博士学位的女性。在对智障儿童的治疗工作中,她对教育产生了兴趣,并于1907年在罗马创办了第一所"儿童之家"。在这所教育机构中,蒙台梭利将她的教育理论与方法应用于正常儿童身上,为那些低收入家庭的幼儿提供服务,得到全球的瞩目。1909年,蒙台梭利著成《蒙台梭利教学法》,创立了以感官教育为基础的幼儿园课程模式。迄今为止,蒙台梭利的教学思想在幼儿教育中仍具有广泛影响,蒙台梭利课程在世界许多国家方兴未艾。

(一)蒙台梭利课程的理论基础

受卢梭、裴斯泰洛齐、福禄贝尔自然教育和自由教育观点的影响,蒙台梭利根据自己的实践与经验,形成了自己独特的儿童观和发展观。她认为:"存在一种神秘的力量,它给新生儿孤弱的躯体一种活力,使他能够生长,教他说话,进而使他完善,那我们可以把儿童生理和心理的发展说成是一种实体化。"[①]这种力量是儿童的内在潜能,它是积极的、活动的、发展着的存在。教育的任务就是要创设有利的环境和条件,激发儿童对自己内在生命力的发现,并使之遵循自己的规律获得自由和自然的发展。

蒙台梭利认为,儿童是活生生的人类个体,他有自己的兴趣和需要,会能动地、积极地与环境相互作用,并从中获得发展。总的来说,蒙氏不仅十分重视遗传素质和内在生命力,而且相信环境对儿童发展有着举足轻重的作用。同时,她还从自己对幼儿心理、生理发展特点的观察研究中,发现儿童发展和学习过程中存在"敏感期",并且每个儿童个体有不同的发展节律,教育必须以不同的方法和节律实施个别化教学,让儿童根据自己的需要自由活动。

(二)蒙台梭利课程的目标

蒙台梭利课程模式的基本目标是促进幼儿的发现和自由,其教育方案的目的也可分为个体和社会两个维度。就个体发展而言,蒙台梭利课程旨在培养儿童发掘自身潜能,成为身心均衡发展的人,形成完美的人格。从社会性方面来讲,蒙台梭利特别注重儿童秩序感和规则意识的培养,希望儿童具备遵守纪律、爱好和平的理想品质,并希望通过儿童教育的推广来改变社会文明的轨迹,解决社会改革与世界和平问题。

(三)蒙台梭利课程的内容

蒙台梭利课程的主要内容包括以下几个方面。

---

① ［意］玛丽亚·蒙台梭利.童年的秘密[M].马荣根译.北京:人民教育出版社,1990:30.

1. 日常生活教育

日常生活教育是蒙台梭利教育方案中的基础内容,是儿童展开其他工作和教师进行下一步教育的铺垫。日常生活教育的目的在于使儿童通过对生活中事物的认识及动作的操作练习来习得实际生活中的自我服务技能,培养幼儿独立自主的能力,并促进其注意力、协调力、意志力的发展以及良好生活习惯的养成。

蒙氏的日常生活教育包括基本动作、社交行为习惯、照料环境行为和自我照顾行为四类训练。

(1)基本动作的练习

此类行为包括行走、有节奏的运动、跑步和跳跃,也包括简单的坐、抓、拍等。这些动作训练有助于儿童肢体的正常发育,有利于增强幼儿动作的灵活性和协调性,也有助于儿童身体健康以及意志锻炼与合作精神的培养。

(2)社交行为习惯的训练

人生活在社会中,需要从小培养良好的社交习惯。蒙台梭利对幼儿社交行为习惯的训练包括:礼貌应答、打招呼、物品收受、致谢、致歉以及简单的礼仪。她也培养儿童换位思考、不给别人增添烦恼和困扰等良好的行为习惯。

(3)照料环境行为的训练

此类行为指的是幼儿对人类以外的生物与非生物的关心和照料,也包括对环境的打理,如扫地、擦桌子、收拾玩具、开关门窗、照顾小动物和花草、收拾房间等。这样的训练不仅培养儿童整洁、卫生的习惯,也有利于培养他们形成创造并维护和谐环境的素质与能力。

(4)自我照顾行为的训练

此类行为指儿童的自我服务,即儿童需要独立自主完成的保持自身干净整洁的行为,如刷牙、洗脸、穿脱衣物、梳头、洗手、剪指甲等。

2. 感觉教育

感觉教育是蒙台梭利教育体系中的重要部分,也是她教育实验的主要内容,具体包括触觉、视觉、听觉、嗅觉、味觉及立体感觉等感官的训练。不同的感觉训练采用不同的方法和材料。例如,触觉训练采用限制戴指套的练习和闭目练习等,使用材料有不同形状和光滑程度不一的木板等,以此来帮助儿童辨别物体的轻重、厚薄、光滑程度、形状等性质;视觉训练采用大小、颜色、长度、形状不一的物体,以帮助幼儿学会辨别颜色、长短、形状,培养良好视觉;听觉训练是利用发音盒、音感铃及其他乐器来培养儿童辨别音高、音响和音色的能力;嗅觉训练是通过让儿童嗅鲜花、嗅觉筒等来训练其嗅觉灵敏度;味觉训练即通过让儿童用舌头接触酸甜苦辣等各种溶液来学习辨别不同味道,训练味觉灵敏度;立体感觉是一种统觉训练,让幼儿分别在睁眼和闭眼状态下触摸物体,这样可以在一定程度上帮助其区分方位,初步接触空间概念。

蒙台梭利的感觉教育遵循两个原则:一是循序渐进原则,即根据儿童感觉发展的阶段特点,由简单到复杂、由易到难地逐步发展;二是自我教育原则,她提倡儿童发现自己的能力与需要,并以此为依据进行自我选择、独立操作、自我矫正,把握自己和环境。

蒙台梭利认为,通过感觉教育可以达到两个目的:从生物学角度讲,感觉教育的目的在于通过各种感官训练帮助儿童获得经验知识,让其在考察、辨别、比较和判断过程中获得感觉机能的发展,提高自己的能力。从社会学角度来看,蒙台梭利认为,儿童为了适应未来社会生活,必须对环境有敏锐的观察力,必须具有观察时所必需的能力和方法,感觉训练即训练每一位儿童成为观察家。[①]

3.纪律教育

纪律教育在蒙台梭利课程中占重要地位,也是她为幼儿设计的重要课程内容。事实上,蒙氏的纪律教育包含纪律、自由和工作三个组成部分。蒙台梭利指出:"纪律和自由是一种事物不可分的两部分,犹如一枚铜币的两面。"纪律就意味着自由,真正的纪律是积极的、活动的、主动的,且只能建立在自由活动的基础之上,也表现在自由或自发的活动中。但蒙氏的自由也不是完全的放任自由,而是有限度和范围的,不能损害集体或他人的利益。她强调,要让儿童在自由活动中自然而然地接受纪律和道德方面的教育和训练。

另外,"活动,活动,再活动"是蒙台梭利揭示的儿童发展的秘密。她认为,只有身心结合的活动才是真正形成良好纪律的活动,儿童对某一项工作有了强烈的兴趣和投入,纪律性才能显现出来。她认为,工作是人类的天职和生活的需要,也是儿童的内在需要,要把儿童的每一项学习都看作工作。儿童在工作中不仅可以使肌肉和肢体动作协调,还可以通过手脑并用,促进自己身心和谐发展。

4.基本知识技能教育

基本知识技能教育包括数学、语言、文化等方面的教育。

(1)数学教育

数学教育也是蒙台梭利教育体系中极富特色的一个领域。她认为,儿童的数学学习在3岁之前已经开始了,应该把丰富的数学常识教给儿童。"3岁的孩子在进入我们的学校时已懂得数数,能数到2或3了。所以他们很容易学会计数,数物品的件数。为达到这个目的,可以使用很多不同的方法。"[②]因此,她设计了大量数学教具,在十进制转换、四则运算、平方立方、分数等多个领域都设计了教学内容,并利用数棒、数卡、数字板、分数小人以及数字游戏等教具与教学方式帮助儿童进行数学学习。

(2)语言教育

蒙台梭利非常重视对儿童进行语言教育,因为她认为语言是儿童思维发展的外在表现,语言机制是高级心理活动的先决条件,语言教育有助于促进儿童的智力发展。蒙氏的语言教育包括听、说、读、写四个阶段。

听、说教育紧密联系,进行听、说训练是语言教育的第一步。成人和教师需要为儿童提供有准备的环境和适宜的刺激,为儿童提供丰富的信息来促进其语言练习,让其在多听、多看、多说的环境中学会用耳朵来听懂别人说话的含义并能表达自己的想法。

关于读的教育,蒙台梭利采用三阶段教学法进行,即命名、辨别、发音。如在学习水

① 高敬.幼儿园课程[M].杭州:浙江教育出版社,2010:53.
② [意]玛利亚·蒙台梭利.蒙台梭利幼儿教育科学方法[M].任代文译.北京:人民教育出版社,2001:286.

果名称时,教师先将几种水果实物或图片呈现在儿童面前,然后告诉他们这些水果的名称,同时让儿童进行复述,以加深印象,接着由教师向儿童提问,以进一步让儿童把握读音,巩固幼儿的辨别能力。

蒙台梭利为儿童的书写教育设计了许多辅助教具,并根据儿童的实际情况准备了多种多样的学习途径和方法,如她根据幼儿喜欢观察的特点,设计了书卡、砂纸字母等富有童趣的教具,使儿童在愉悦的心理状态下主动学习。

（3）文化教育

文化教育涵盖的内容包括历史、地理、动植物学、天文学等多方面的基础知识,目的在于发挥幼儿的好奇天性,培养幼儿观察、探究等兴趣,使其拓展知识,增长才干。同时,文化学习还可以使幼儿学习前人创造的历史文化知识,了解本民族的文化精髓与习俗传统,最终培养幼儿热爱生活、热爱生命的积极态度,为将来的更好发展奠定基础。

此外,蒙台梭利的课程内容还包括音乐、美术等艺术成分。通过提供油画、泥塑、造型纸等美术材料,以及开展韵律活动、乐器演奏、聆听经典曲目等一些音乐活动,帮助幼儿在陶冶情操的同时学习用绘画、音乐等艺术形式来表达自己的感情。

（四）蒙台梭利课程的实施

1.环境创设

蒙台梭利课程中所说的环境不是自然的、随意的环境,而是由教师精心创设的有准备的环境,因为她认为儿童的吸收性心理使其具有积极主动从外界获取经验刺激的能力,为他们创设良好的环境可以保证儿童从环境中获得更多的有益经验。为了保证更好的教学效果,蒙台梭利主张,"儿童之家"实行混龄编班,3～6岁幼儿各占1/3,且每班不能超过25人。同时,"儿童之家"讲求纪律与自由并重。纪律不是绝对的严格要求,而是要保证良好的秩序;自由也不是完全的自由,而是在保证不损害他人利益或不对别人造成困扰的情况下给予相对自由。自由与纪律是一体的,二者并行才能给儿童创造更好的秩序与环境。

2.教学方法

（1）示范法

在进行每项工作之前,教师都要向儿童进行示范,保证操作活动和步骤的完整性、正确性,儿童通过观察和模仿进行学习。[①]

（2）三阶段教学法

这是蒙台梭利课程模式中的一大亮点,是蒙台梭利设计的一种行之有效的语言教育方法,包括命名、辨别、发音三部分。这在前文中有提到,此处不再赘述。

（3）自我教育

蒙台梭利课程的核心是借助具有教育性、感知性和概念性的教具让儿童自己进行活动。其主要意义在于利用外在刺激来激发幼儿的内在生命力。这些带有"错误控制"的教具可以帮助儿童发现自己的错误,并在自主学习中发现操作要求和规范,最终了解并掌握学习的内容。

---

① 陈文华.中外学前教育史[M].北京:科学出版社,2011:138.

(五)蒙台梭利课程模式的评价

蒙台梭利课程模式的评价是以教具为中心,在教师和幼儿之间展开的。教师从教具的系统性、幼儿操作行为的矫正以及幼儿正确的模仿等方面入手,进行自我的教学评价和反思。对儿童的评价,则依据教师的日常观察记录,有针对性地做形成性评价。

(六)蒙台梭利课程中教师的作用

蒙台梭利认为,教师的作用在于通过对儿童的积极引导促进其实现自我发展。正是从这种教师观出发,蒙台梭利把"儿童之家"的教师称为"导"师,而不是"教"师。[①]

就整个教学活动中教师的作用而言,蒙台梭利认为,活动前,教师是一个组织者,要为儿童提供一个精心设计的、有准备的环境,它必须符合儿童的身心发展规律并能促进儿童的成长,环境中也应包括适合儿童身心发展特点的教具和材料。活动中,教师首先要做一个观察者。她需要通过仔细观察并做好客观翔实的观察记录来掌握儿童现有的发展水平,从而更好地为实施下一阶段教育提供依据。教师在活动中还要充当辅导者,一方面,为儿童提供示范;另一方面,在儿童出错时,教师要适时介入,引导幼儿掌握正确的方法和技巧。另外,教师还是监督者。在班级管理中,教师必须认真负责地履行自己的义务,时刻关注活动情形,防止幼儿粗鲁行为及其他意外情况的发生,帮助幼儿营造一个井然有序的活动环境。

在世界教育史上,蒙台梭利是真正以优秀教师而闻名的罕见的教育家之一。[②] 她以自己对儿童的爱、信任、尊重、细致而耐心的观察、机智而及时的指导,赢得了儿童的喜爱与人们的广泛赞誉。她的教育思想以生理学、医学、心理学为基础,并在实践的检验中得到论证,具有一定的科学性。同时,蒙台梭利方法还具有独到之处,如注重对儿童的感官训练,尊重并充分信任儿童,重视对儿童主观能动性的培养,提倡建设良好学习环境以及完整而有针对性的成套教材等,都是其教学方案中值得借鉴和发扬的闪光点,这些优势为之后的学前课程模式提供了重要参考,对当时乃至如今、对意大利乃至世界的学前教育事业产生了巨大影响。但受限于时代,蒙台梭利课程模式中还存在有待改进的方面。例如,该方案中教具过于程序化,使用方法呆板,带有相当程度的机械主义和形式化色彩,使儿童囿于枯燥的操作练习,忽视了创造性的培养;蒙台梭利方法对儿童间相互交往训练相对不足,儿童在班级中多各自进行自己的工作,与他人疏于交流等。

总之,蒙台梭利课程模式虽有局限,但更具一定的积极意义。随着时间和地域的推移,该课程方案也在不断地发展改进,我们要掌握蒙台梭利方法中的精髓,使之在未来的教育探索和研究中继续完善与进步。

二、斑克街早期教育方案

斑克街早期教育方案又称为银行街教育方案,起源于 1916 年露茜·米歇尔创办的教育实验局。后来,在它的基础上成立了斑克街教育学院。1919 年,约翰逊建立了斑克街儿童学校,这是斑克街教育学院的前身。1928 年,拜巴也加入了斑克街早期儿童教育

---

① 袁爱玲.当代学前课程发展[M].广州:广东高等教育出版社,2007:132.

② 朱家雄.幼儿园课程[M].上海:华东师范大学出版社,2011:210.

方案的理论与实践研究。1965年，美国推行"开端计划"，该教育机构为计划的实施做了许多有价值的工作。1971年，斑克街早期教育模式命名为"发展—互动"模式。直至今日，该方案仍是美国学前教育领域中的重要课程模式之一。

(一)斑克街早期教育方案的理论基础

斑克街早期教育方案的理论来源有3个方面。

1.心理动力学理论

心理动力学理论强调将儿童发展置于社会背景中，认为教育就是要为儿童提供一个可以激发其内在发展动力的环境，来促进儿童情绪、动机和自我发展。该理论的代表人物有弗洛伊德父女和埃里克森。

2.认知发展理论

该理论关注儿童认知发展领域，认为儿童认知发展具有阶段性。其主要代表人物有皮亚杰和温纳等发展心理学家。

3.进步主义理论

进步主义代表人物杜威认为，教育对民主社会的发展具有非常重要的作用，学校教育应该以有意义的方式与儿童的生活联系起来。另外，约翰森、艾萨克森和米切尔为斑克街早期教育方案的奠基发挥了很大作用，勒温、拜巴等人的想法也对其方案成型产生过很大影响。

(二)斑克街早期教育方案的课程目标

斑克街早期教育方案的一个主要观点是：儿童的自身发展与其社会化是不可分离的，学校教育的作用不仅要让学生实现智力上的发展，也要促进学生情感、态度、价值观、自我概念和理想的形成与发展；同时，儿童是社会中的人，学校的教育目的也要包括儿童社会性的培养。从上述观点出发，斑克街早期教育方案的课程目标主要有以下4个方面：

首先，培养儿童的能力，不仅包括认知能力及其他知识技能的发展，也包括培养其表达、交流、与他人沟通以及有效作用于环境的能力。

其次，促进儿童自主性和个性的发展，包括自我认同、独立行事、行为抉择、承担责任和接受帮助等能力的发展及儿童自身行为习惯、思维方式、价值理念等个性品质的形成。

再次，培养儿童的社会性，包括自我控制、关心他人、友爱同伴、与人合作以及团体意识等。

最后，培养儿童的创造性，不仅包括自然科学的创新，也包括音乐、绘画等人文科学的再创造；不仅包括对其创新能力的发展，更重要的是要达成对儿童创造性思维的培养。

总而言之，斑克街早期教育方案的课程目标不仅仅是要培养儿童某一方面或某些方面的能力，而是要促进他们身体、智力、品德、审美、社会适应等全方位的发展，即要培养"完整的儿童"。

(三)斑克街早期教育方案的课程内容

斑克街早期教育方案强调儿童社会性的发展，因此，该方案设置了以"社会学习"为核心的课程内容。其具体内容包括6个部分：人类与环境的互动；人类为生存而产生的从家庭到国家的各级社会单位及其与人的关系；人类世代相传；通过宗教、科学和艺术，了解生命的意义；个体和群体行为；变化的世界。[①] 学习的主题取决于儿童的年龄、兴趣以及儿童的生活经验和社会要求儿童掌握的知识技能。

在学习过程中，斑克街早期教育课程注重对儿童在各个领域与学科中的已有经验进行整合，并以此来帮助儿童加深对世界的理解。以社会为核心展开的课程整合了 4 个方面的经验内容：①围绕社会学习主题的音乐、阅读、书写、数学、戏剧和美术等不同的课程经验；②身体、社会、情绪情感和认知等儿童发展的各个方面；③第一手经验以及再创造这些经验的机会；④儿童在家庭和在托幼机构的经验。[②] 斑克街早期教育方案的设计者们认为，对儿童而言，最有意义的是那些相互联系的、能引导儿童进一步学习并有助于他们获取新知的经验。

（四）斑克街早期教育方案的课程实施

斑克街早期教育方案中的课程实施以幼儿自发性游戏为主，设置丰富的角落区域，让幼儿进行自主探索。其常用的课程设计与实施工具是"课程轮"，"课程轮"的中央是主题，轮辐间的空间是由教师设计的各个活动区的内容。运用此工具计划、统整各区的活动，可以使儿童学习的内容丰富而多元。斑克街早期教育方案的实施分为以下 7 个步骤：选择主题；确定目标；教师学习与主题有关的内容并收集资料；开展活动；家庭参与；高潮活动；观察和评价。[③]

斑克街早期教育方案的课程实施强调幼儿的主动学习，因此，在课程实施过程中，它注重做好以下几个方面的工作：第一，环境创设。要兼顾个人和团体活动的需求，提供一个开放的、学习的且充满快乐的环境。典型的斑克街早期教育方案的教室是界限清楚、功能分明的区角式规划，在各个区角中还要提供幼儿可以自由运用的且符合其年龄和兴趣的最佳材料，这样他们就能选择适宜的活动并从中不断成长。第二，时间安排。学校每天的作息时间安排有一定的顺序，目的在于培养儿童的秩序性，但在符合教育目标和课程目标的前提下，教师也可以根据自己以及班级幼儿的实际情况对课程时间分配做一定调整。第三，教师引导。学生在学习过程中拥有相当的自主权，但教师也要做好辅助引导。儿童自主活动时，教师要细致观察并在适当时机鼓励儿童对前后经验做比较，以将其作为发展语言能力和思维能力的主要素材，同时运用幼儿的直接经验去澄清其认知的意义。

（五）斑克街早期教育方案的课程评价

在斑克街早期教育课程评价中，教师以日常的观察记录、儿童活动的文件袋以及教师为儿童设计的技能检测表等为依据，运用宽泛的评价方法对儿童基本技能、学科知识及儿童在与环境互动时的态度和个性特征等内容进行评价。该方案强调评价的真实性，因此，需要严格而系统地对观察记录等评价材料进行分析和总结，这样能使教师更好地理解每个儿童的特点和需要，并为教师与家长的沟通以及确定下一步计划打好基础。

---

① 罗泽林，杨晓萍.银行街教育方案：一种值得借鉴的幼教课程[J].学前课程研究，2008(Z1).

② Mitchell，A. & David，J. *Explorations with Young Children-A curriculum guide from the Bank Street College of Education*[M]. Gryphon House Inc.，1992：146.

③ 简楚瑛等.幼教课程模式：理论取向与实务经验[M].台北：台湾心理出版社，2003：433.

(六)斑克街早期教育方案中教师的作用

斑克街早期教育方案强调教师在幼儿认知发展和社会情感发展方面的作用。

1.帮助幼儿实现认知方面的发展

第一,评价幼儿的思维,使之将想法变成行动,或对其想法进行概括和转换,然后引导幼儿提高概念的水平或在控制下扩展内容的范围。

第二,对幼儿的行动、困惑或评议予以口头回应、澄清和纠正。

第三,培养幼儿直觉的和联结性的思维。

第四,提出能提高幼儿归纳性思维能力的问题。

2.促进幼儿社会情感方面的发展

第一,教师和学校是幼儿家庭和外部世界间的协调者。刚进入学校的幼儿都会产生分离焦虑以及离开家庭步入外部社会的心理冲突,而此时,教师可以作为幼儿可以信赖的重要人物使他们产生安全感,从而更好地帮助幼儿适应社会。

第二,班集体是幼儿走出家庭后遇到的第一个正式的社会群体,在与教师和同辈群体打交道的过程中,很容易产生摩擦与冲突,这就需要教师关注幼儿交往的状况,并适时提供鼓励、支持和引导,促进幼儿社会性的成长。

3.对教师的要求

教师不仅在促进幼儿认知能力和社会情感发展方面具有重要作用,而且对幼儿其他各方面的成长产生重大影响,因此,在教学过程中教师需要:第一,通过教育提升幼儿的创造力和社会公平意识,鼓励幼儿参与社会民主;第二,必须具有既深又广的各学科领域知识,并通过常规学习、直接观察和互动参与不断进行实践学习;第三,理解幼儿在家庭、社区和社会文化综合大背景下的学习和发展,这对于教学是必需的;第四,作为一个完整的人和教师专业化的需要,也要不断成长和发展;第五,教师要有一套教育哲学——学习观、儿童观、知识观,这些都是进行教学的必备要素。[①]

有些学者从不同立场出发阐述了自己的见解,并对斑克街早期教育方案提出批评。例如,建构主义学者德弗里斯认为:"发展—互动理论似乎更多的像是一些从各种理论而来的,没有经过统和的观点的集合体,而不像一种完整的理论。"[②]其内部的一些观点经常是相互矛盾的。

但我们也应看到,斑克街早期教育方案强调以儿童为中心,关注儿童的发展和需要,并通过教师辅助下的儿童自由自主性的发挥来达到培养"完整儿童"目标的做法也是值得肯定的。它不仅为美国的"开端计划""随后计划"等国家教育项目做了很多有价值的工作,而且对我国当前幼儿园课程改革和实践具有重要的指导意义。

三、直接教学模式

直接教学模式产生于20世纪60年代中期。当时,贝瑞特(Bereiter,C.)和恩格尔曼

---

① Nancy Nager,Edna Shapiro. *A Progressive Approach to the Education of Teachers：Some Principles from Bank Street College of Education*[M]. New York：Bank Street College of Education，2007：90.

② De Vries,R.,Kohlberg,L. *Programs of Early Education*[M]. Longman,1987：366.

(Engelmann，S.)创办了一所幼儿教育机构,目的是帮助学前儿童掌握上小学前所需的基本能力。他们认为,所有的小孩都是可以被教育的,贫困家庭儿童学业失败的原因是他们在学前阶段没有获得所需的知识和技能,学业失败补救的办法是补偿教育。因此,他们为贫困儿童设计了一个每天 2 小时,直接教阅读、拼写、语言和算术的课程,这个课程逐渐发展为贝瑞特—恩格尔曼模式,简称"BE 模式"。

1967 年,贝瑞特离开该机构,贝克(Becker，W.)加入,从那时起,该模式便被命名为恩格尔曼—贝克直接教学模式。1981 年以后,又被称为直接教学模式(简称"DI 模式")。目前,该模式已成为一种保证儿童以较高比率在学业上取得成功的有效课程模式。

(一)直接教学模式的理论基础

由于参与直接教学模式的研究者多为教育工作者和行为主义心理学者,因此,直接教学模式主要建立在教育理论和行为主义理论基础上,尤其是斯金纳的操作性条件反射理论。以斯金纳为代表的新行为主义理论者认为,操作性条件反射是一种学习形式,被指定的行为在这一形式中得到强化,就会导致其反复出现,即任何习得的行为都与强化有关,因此,我们可以通过强化来塑造儿童的行为。直接教学模式将学生视为信息接收者,而不是具有主观能动性的活动参与者。它强调在学习中运用行为主义心理学理论中的正负强化、正负惩罚等方法来增强或削弱刺激与反应间的联系,以此来培养儿童的学习行为习惯。

(二)直接教学模式的课程目标

1.BE 模式的课程目标

BE 模式的课程目标包括:能用肯定句和否定句回答问题;能用肯定句或否定句表达自己的要求;能掌握至少 4 个概念组;能正确使用介词;能说出至少 4 个反义词;具有简单演绎的能力;具有否定演绎的能力;能说出几种基本颜色的名称;具有认识和讲出元音和至少 15 个辅音的能力;能识读由 4 个及 4 个以上字母组成的词;能用语言进行简单的逻辑推理;能说出 1 个词,并使它与已给定的词形成押韵;能在图画中区分出印刷体书写的字;能正确点数 10 以内的实物;具备独立、出声数完 20 以内数字的能力,且能在帮助下,以 10 为单位数到 100。

2.DI 模式的课程目标

DI 模式的课程目标可分为长期和短期两种。长期目标是培养低成就儿童基本的学习技能,让他们与文化背景较好的儿童一样具有在竞争社会中接收更高教育机会的能力。短期目标则是帮助 5 岁幼儿至三年级学生达到自己所在年级的学业标准。[①] DI 模式设计者也注重对儿童情感与社会性的培养,并帮助其形成积极的自我概念,从而更好地适应社会。

(三)直接教学模式的课程内容

1.BE 模式的课程内容

依据贝瑞特和恩格尔曼在规定课程内容时的策略,BE 模式的课程内容主要来自两

---

① 高敬.幼儿园课程[M].杭州:浙江教育出版社,2010:62.

个方面:一是依据小学一年级新生应该具备的能力;二是根据比纳—西蒙智力测验量表去分析小学生应普遍具备的概念是什么。[①] 他们认为,课程内容应该包括颜色、大小、位置、形状、分类、排序等。

2.DI 模式的课程内容

以学业目标为导向,DI 模式的课程内容规定了 3 个核心科目:语言、阅读和算术。每个科目都包含 3 个层次的目标,因此形成了 9 套课程方案。其市场化的教材名称是"DISTAR",而算术教材就包括 DISTAR 算术 1,2,3,语言和阅读课程亦是如此。

(四)直接教学模式的课程实施

1.BE 模式的课程实施

在具体的课程实施过程中,BE 模式具有 5 个方面的特征:

第一,快节奏。例如,教师会在 20 分钟的课时中向儿童呈现 5 个或 5 个以上的学习任务,每个儿童会被不断要求做出反应,有时需要产生的反应甚至在 500 个以上。

第二,课程由教师事先周密设计好,并采用小步递进的教学单元形式进行,学生在学习过程中要不断地提供反馈。

第三,以教师为中心安排课程和组织教学,对学生要求严格。如果学生对教师的问题给出正确反应,会受到表扬或奖励;但若不正确,教师会加以纠正,直到儿童能重复正确答案才会进行下一阶段的学习。

第四,教师会将与计划任务无关的行为减少到最低限度。

第五,教师常使用强化手段鼓励儿童学习以提高儿童的语言使用率,特别注重儿童的口语反应。

2.DI 模式的课程实施

小组教学是 DI 模式课程实施的最主要特征。一个班级通常被分为 4 个小组,每组4～7人,每次上课,都包含教师和幼儿之间通过游戏和比赛进行的口语交互作用的活动。根据小组水平灵活调整活动时间,如在第一和第二水平的小组教学中,小组活动时间为30 分钟,而第三水平的小组则包括 5 分钟教学和 30 分钟自由练习。为了保证小组教学的顺利有效进行,学前 1 年、一年级和二年级班上一般都包括 1 位主讲和 2 位助理教师,而三年级则有 3 位助理教师。就每日作息时间而言,DI 模式每天上课 5 小时,其中 3 小时进行学业学习,2 小时进行学业外的活动。

(五)直接教学模式的课程评价

1.BE 模式的课程评价

BE 模式的评价方式是标准化成就测验,在每节课结束后都有标准化参照测试,教师据此把握儿童对语言、算术、阅读等能力的掌握情况。

2.DI 模式的课程评价

与 BE 模式一样,DI 模式的课程评价都是有关语言、阅读、计算等方面的标准化的成

---

① 简楚瑛.学前教育课程模式[M].上海:华东师范大学出版社,2005:102.

就测验,每节课结束后都会有对所学知识掌握情况的测试。

(六)直接教学模式中教师的作用

在直接教学模式中,教师主动对儿童施加教育影响,儿童只是被动接受知识。一般情况下,教师都会根据事先设计好的教学计划,运用强化、惩罚、塑造、消退等方法,来增强或消除刺激与反应之间的联结,并以此来达成教师的预设目标。在这样的教学过程中,教师是儿童行为的训练者和强化者。

直接教学模式是一种高度结构化的课程模式,许多研究表明,经过这种课程训练的儿童往往在入小学后,在阅读、拼写、语言和算术方面都能达到较高水平。直接教学模式不仅使儿童有效地避免了学业失败,避免了辍学,而且使其建立了自信,对改变处境不利家庭出身的儿童产生了良好影响,甚至对社会和谐与稳定也有一定的积极影响。

但是,凡事都有两面性,直接教学模式也存在某些局限。例如,在课程实施过程中过分强调教师的作用,强调教师的直接灌输,把儿童看作环境的被动反应者和刺激的被动接受者,忽视了儿童的主观能动性。而且,经过此种课程训练的儿童,在归因时常常习惯将他们的成功归因于教师或其他外在因素,将失败归因于自己,易对儿童的长远发展产生不利影响。

四、高瞻课程模式

高瞻课程模式又被称为海伊斯科普课程模式,它始于1962年。20世纪60年代,美国密歇根州伊普西兰蒂公立学校的大卫·韦卡特成立了一个行动委员会,研究如何帮助来自低收入家庭的学生。经过研究,该委员会认为,对三四岁儿童提供早期介入的服务,可以帮助其以后的学习。1962年,韦卡特在州政府的支持下,建立了第一个政府赞助的托儿所方案,被称为培瑞学前方案,也就是高瞻培瑞学前方案。该方案主要培养儿童认知方面的能力,其主要目的是为低收入家庭儿童进入学校做准备,为他们以后的学习打基础,它是美国"开端计划"的重要组成部分。1970年,韦卡特等人成立了高瞻教育研究基金会,进一步推动了课程方案的发展。80年代末以后,该课程模式经过不断完善与发展,逐渐成为在美国被运用得最为广泛的课程方案。

(一)高瞻课程模式的理论基础

高瞻课程模式是建立在皮亚杰的儿童发展理论基础上的,但在课程发展的三个阶段中,其理论基础也有所不同。

第一阶段,课程设计者们主要关注儿童进入小学前在知识技能方面的学习准备。教师根据对课程内容的传统理解设置明确的教学目标,并在学前阅读、数学、科学课程方面制订了有序的计划,鼓励儿童按照程序学习。事实上,在这一时期,还未真正将皮亚杰的理论引入课堂中。

第二阶段,课程设计者们接受了皮亚杰关于儿童发展阶段的观点,并尝试将代表儿童各阶段发展水平的知识和技能教给他们。他们开始运用皮亚杰的理论组织课程,从强调对儿童学前学业技能的训练,转变成注重根据每个儿童的发展水平促进其发展。这一阶段,设计者们一定程度上接受了儿童主动性的观点,但在课程实施过程中,他们运用的是皮亚杰式的任务方法,通过提问那些已知答案的问题进行教学,儿童并未获得真正意义上的主动。

第三阶段,课程设计中很好地体现了皮亚杰的将儿童作为知识建构者的理念,强调教师通过直接和表征的经验,以适合儿童发展水平的方式帮助儿童增强认知能力,而不是通过传授皮亚杰式的技能去加速儿童的发展。[①] 此时,课程设计者们认识到儿童具有主动学习的能力,认为他们能在自己计划进行和反应过程中获得良好的发展。

(二)高瞻课程模式的目标

在课程发展初期,这一课程方案的目标是有效地促进儿童认知方面的发展,即以培养儿童上小学所应具备的认知能力为主要目标,为其今后的学习奠定基础。在课程发展后期,主动学习成为其核心,课程目标不仅注重儿童认知能力的培养,同时考虑儿童情感和社会性的发展。其具体目标可表述如下:培养儿童解决问题的能力;培养儿童做决定和选择的能力;培养儿童用语言文字、绘画、音乐等形式表达自己情感的能力;培养儿童在集体中合作、分享的能力;培养儿童多方面的兴趣和自我价值感。

(三)高瞻课程模式的内容

高瞻课程模式的内容主要来自关键经验和幼儿兴趣。幼儿兴趣自不必说,真正符合儿童兴趣的课程内容才更容易吸引儿童的注意力且更易于掌握。而关键经验对幼儿来说是基础的、连续的、对其发展必不可少的经验。最初,高瞻课程的关键经验被分为8大类,49条内容,囊括了主动学习、语言、经验和表征、分类、排序、数概念、空间关系和时间关系等领域的内容。后期,主动学习成为课程目标的核心,其下所属的关键经验也凌驾于其他关键经验之上,具体包括:运用所有的感官主动地探索;选择材料进行活动;掌握使用工具和设备的技能;通过直接经验发现事物之间的联系等。

(四)高瞻课程模式的实施

高瞻课程模式的实施是由"计划—做(工作)—回忆"三个环节以及小组和大组活动等其他因素构成的,其中"计划—做(工作)—回忆"是该课程的主导机制。

1.计划环节

在这一环节中,教师给儿童表达自己想法的机会,让他们自行选择、决定并采取有序方式开展自己渴望进行的活动,这样可以使他们体验独立工作的感受,并且在实践独立性的过程中,看到自己是一个可以做出决定的个体,同时从中体验到快乐。当然,鉴于儿童认识与能力的局限,在计划实施前,教师会与他们一起讨论计划的可行性,帮助儿童澄清自己的观点并对其进行积极有效的反馈,使儿童感受到成人的鼓励和支持。这样不仅有利于增进师生情感,而且有利于教师深入了解儿童的发展水平与思维方式,为计划的进行和之后的教学活动开展奠定良好基础。

2.工作环节

工作环节是占日常活动时间最多的一个环节。在此环节中,儿童按照他们事先制订好的计划,运用教师提供的材料,对周围的环境进行探索,不断尝试并验证自己的想法,

---

① 陈时见,何苗.幼儿园课程的国际比较——侧重幼儿园课程设置的经验、案例与趋势研究[M].重庆:西南师范大学出版社,2011:17.

同时学习新的技能。教师则主要负责仔细观察儿童的行为并做好观察记录,在儿童活动过程中提供鼓励、支持和引导,并在适当的时机进行介入,与儿童展开互动。

3. 回忆环节

回忆环节是高瞻课程实施的最后一个环节,在此段时间内,教师引导儿童对之前的活动经验以各种方式进行再现。比如,讲述活动的过程,重温活动中遇到的问题,以绘画方式表现活动场景等。经过这种形式的回忆,可以使儿童加深对自己计划和行动的理解,同时在表达经验和想法的过程中,儿童不仅可以提高自己的语言表达能力,也在一定程度上锻炼了思维能力。

当然,高瞻课程实施中不仅包含上述三个环节,也包括其他活动。例如,由教师组织的、儿童参与的小组活动,教师根据儿童的兴趣和需要,为他们设计活动框架,幼儿在活动中以自己的方式思考并解决问题。小组活动没有预设的结果,但可以反映出儿童的需要、能力、兴趣和认知水平。还有大组活动,即教师将整个班级的所有儿童集合在一起游戏、唱歌、演奏、做手工或开展其他特别活动。在大组活动中,教师与幼儿轮流担任组织者和活动掌控者。课程设计者期望以这种形式来使儿童逐渐形成集体意识,并使其在与成人及其他同辈群体的共同活动中学会分享与合作。此外,还有户外活动,儿童不仅可以在这段时间内活动身体,还可以体验户外活动形式并积累相关经验。

(五)高瞻课程模式的评价

高瞻课程模式提倡的是真实性评价,即在真实的情境中对儿童的行为表现进行把握,并以此对其认知、技能等发展水平进行分析评价。在实践中,高瞻课程模式发展了一套儿童评价模式,并形成了一种以关键经验为基础的评价工具 COR(High/Scope Child Observation Record)。COR 是在观察基础上形成的,是为儿童在各个领域的知识和能力发展提供系统评价的一系列观察记录表。它包含儿童的创造力、社会关系、创造性表征、音乐和运动、口头表达、逻辑和数学 6 大项目,并细化为 32 个观察点,在每个观察点下面有 5 种发展水平,每种发展水平描述了从简单到复杂的不同行为。教师根据记录对不同水平的儿童行为进行评分,然后将所有项目的得分总和起来就可以得出反映儿童总体发展状况的数据。

(六)高瞻课程模式中教师的作用

在高瞻课程模式中,教师的基本角色是辅导者、引导者、支持者和观察者,其基本任务是促进儿童的主动学习。教师的作用具体表现在以下两个方面。

1. 创设良好的环境

教师要根据儿童现有发展水平和不同发展特点创设多样化的环境,这个环境不仅要安全、舒适,更重要的是要包含丰富的材料和活动,这样儿童才能更好地根据自己的发展水平,利用不同的材料和方式进行学习与活动。另外,教师还要为儿童创造与其思维、语言和社会性发展有关的关键经验的活动情境,促进儿童情感和社会性方面的发展。

2. 鼓励儿童有目的地活动并引导其解决问题

教师要应用适当技巧引导儿童积极参与活动,并要求儿童运用某种方式决定计划、制订目标并努力完成。在活动过程中,教师首先要细致观察幼儿活动开展状况,做好记录,然后在儿童之间产生冲突或其他问题时寻找适当时机,以积极的策略与儿童互动,鼓励并有意识地引导儿童处理遇到的问题,以培养其解决问题的能力。

高瞻课程模式以儿童的主动学习为核心,并围绕儿童的兴趣与发展特点创设学习环境,从而促使儿童主动学习,发展儿童潜能,并最终培养儿童独立决定、创造性表达、解决问题以及与人合作、分享等各方面的能力。该课程模式在注重发展儿童主动性的同时,亦强调教师的引导与辅助作用,这些都是值得肯定的。再加上它对儿童未来学习和生活产生的正面影响,该课程模式被认为是"适宜儿童发展的教育实践"的一个很好例证。但是,在实践中,该课程模式对教师要求较高,特别在教学初期,教师实践很难展开。正因为如此,它能使教育者本身得到很好的教育、训练和发展。总的来说,高瞻课程模式是一种能高质量地服务于儿童的有系统、有组织的教育方案,它对世界很多国家的学前教育课程理论与实践都产生了深远影响。

五、瑞吉欧课程模式

瑞吉欧·艾米利亚是意大利东北部的一个城市,它以当地人们的教育实践及之后的幼儿教育体系闻名于世。1945 年,瑞吉欧教育模式的创始人罗里斯·马拉古齐和当地家长在没有任何资源的情况下,在瑞吉欧建立了第一所幼儿教育学校。之后,在瑞吉欧的其他地区,包括最贫困的地区,家长们都纷纷亲手为孩子建立了类似的学校,瑞吉欧教育实践体系开始建立了。

1972 年,瑞吉欧建立了一个公共的儿童保教体系,形成了一套包含创新的教育哲学和理念、先进的学校管理方法以及环境设计想法的有机整体,这便是瑞吉欧课程模式。1981 年,瑞吉欧教育实践者们在斯德哥尔摩举办了题为"如果眼睛能越过围墙"的展览,介绍瑞吉欧教育的成果。这次展览倡导一种理念:只有冲破传统观念的围墙,才能真正承认儿童的权利与潜能,实行适合儿童所需的教育。1987 年,瑞吉欧在美国纽约举办了一场名为"儿童的一百种语言"的展览,通过这场展览,瑞吉欧将自己先进的幼儿教育理念传播到世界各地,并被广大的幼儿教育工作者接受且广泛应用于教育实践当中。

(一)瑞吉欧课程模式的理论基础

瑞吉欧课程模式的理论来源主要有以下方面。

1.杜威进步主义教育思想

进步主义的核心思想是提倡民主精神,反对教育中对儿童的压制,要求尊重儿童。进步主义的代表人物杜威从实用主义哲学出发,认为教育即生活、教育即生长、教育即经验的改组和改造;儿童要从做中学,从做中求进步。杜威还提出"儿童中心论",认为教育要尊重儿童,了解儿童,从儿童兴趣出发,在活动中促进儿童的自我生长。为此,瑞吉欧教育充分利用各种资源,开展以某个主题为核心的方案探索活动,帮助儿童在活动中实现全面发展。

2.皮亚杰和维果茨基的建构主义理论

皮亚杰认为,学习是一个主动建构的过程,知识来源于主客体的相互作用,来源于个体的认知冲突,知识是外部客观刺激和主体认知结构相互作用而不断建构的结果。因此,瑞吉欧教育强调,儿童是主动的学习者,教育要根据儿童的兴趣、需要和发展水平设置合理的环境,鼓励儿童主动参与各种活动,当冲突产生的时候,帮助儿童同化或顺应周围的环境,解决认知冲突,从而让儿童在自由探索中实现全面发展。

维果茨基也是建构主义心理学的代表人物,他的"最近发展区"理论和文化历史理论都对瑞吉欧教育产生了重要影响。当皮亚杰的理论忽略了成人对幼儿认知发展的影响和社会互动因素对儿童发展作用的时候,瑞吉欧的教育工作者们整合了维果茨基的理论来完善自己的理论体系。维果茨基认为,教育要在了解儿童认知发展现状的基础上判断儿童未来发展的趋势,为儿童提供富有挑战性的任务,使儿童通过自己的努力来实现进一步发展。维果茨基还提出,人与人之间的交往是心理发展的源泉,儿童通过与他人交往来进行学习,同时促进自身社会性的发展。因此,我们的教育要提供条件,鼓励儿童在活动中与他人交往,学会合作、共享,促进其心理发展。

此外,瑞吉欧教育模式还借鉴吸收了布朗芬布伦纳的发展生态学观点和加德纳的多元智力理论等。

(二)瑞吉欧课程模式的目标

瑞吉欧教育者们认为,每个儿童都是独特的个体,都拥有巨大的发展潜能,教育要为儿童创造一个良好的环境以期儿童在这种环境中获得充分发展并形成健全的人格,因此,瑞吉欧教育模式所追求的目的是儿童愉快、幸福、健康地成长。他们还提出了极具人文特色的课程目标,即"要让儿童更健康、更聪明、更具潜力、更愿学习、更好奇、更敏感、更具随机应变的能力,对象征语言更感兴趣、更能反省自己、更渴望友谊"[①]。这些课程目标无不体现了对儿童个性的发扬和对其主体性的尊重。

(三)瑞吉欧课程模式的内容

瑞吉欧没有明确规定的课程内容,也没有由教师事先设计的、目标清晰的学习活动,更没有固定的教材或预先计划好的教育活动方案。正如马拉古齐所说:"因为我们确实知道的是,与幼儿在一起,三分之一是确定的,三分之二是不确定的或新的事物。"[②]瑞吉欧的课程与传统教育最大的不同在于:它不像分科课程那样选取客观知识划分具体的课程领域,而是根据具体情况生成相应课程。其课程来源主要有以下几个方面。

1. 来源于幼儿的兴趣和需要

瑞吉欧课程模式的课程内容,充分尊重了儿童的兴趣和需要,鼓励儿童对周围环境进行探索和发现。瑞吉欧课程设计者们认为,儿童具有广泛的兴趣和需要,他们为了追求兴趣、满足需要而开展一系列的探究活动。因此,瑞吉欧课程可以在满足儿童兴趣、需要的基础上设置一个可供其探索发现的环境,让儿童根据自己已有知识自主地探索环境,解决问题,获得相应的经验。

2. 来源于幼儿的合作学习

对每一个儿童来说,合作学习涉及的新领域与儿童表达出的不同观点是瑞吉欧课程

① [意]Loris Malaguzzi 等.孩子的一百种语言:意大利瑞吉欧方案教学报告书[M].张军红等译.台湾新北:光佑文化事业股份有限公司,1996:24.

② Edwards, C. , Gandini, L. & Forman, G. *The Hundred Languages of Children*[M]. London: Ablex Publishing Corporation,1998:61.

内容的又一重要来源。瑞吉欧教育在充分尊重儿童自助学习的基础上，十分重视儿童与他人之间开展的合作学习。[①]在合作学习中，儿童可以在其他伙伴的影响和引导下接触新的领域，开展新的探索活动，从而获得新的知识和经验。而且幼儿在与他人合作中迸发出的不同想法会激发儿童间的认知冲突，冲突产生后，通过互相交流解决冲突，可以增进儿童间的理解与感情，最终帮助儿童实现认知结构的重建。

3.来源于儿童与教师的共同创造

瑞吉欧课程不是简单地以儿童为中心，而是在充分考虑儿童兴趣、水平、发展需要以及主动性发挥的基础上，也照顾到教师的安排与选择。教师在儿童发展进程中需时刻保持关注、支持与引导。在这个过程中，教师可以对儿童的发展状况与真实需求有很好的把握，因为教师更清楚儿童的优势与短板。而且由于成人经验优于儿童，教师甚至比儿童自己更了解其自身的兴趣与需要。因此，在瑞吉欧，教师也是促进儿童发展的重要资源。教师可以在儿童的探索活动中，始终保持对儿童的高度关注，并根据实际情况，为儿童提供理解、支持和帮助，通过师生双方的相互作用，共同创造课程内容，促进课程的深入发展。

(四)瑞吉欧课程模式的实施

瑞吉欧的课程与教学主要是以"项目工作"的形式展开，"项目工作"是构成瑞吉欧全部教育过程的核心部分，所有的课程教学都围绕着这一概念展开。

1.课程类型

瑞吉欧的课程类型主要是项目工作。所谓项目工作，即这样一种课程组织形式：儿童在教师的引导、支持和帮助下，围绕生活中某个大家感兴趣的"课题""主题"或认识中的"问题"进行探讨，在共同的研究中比较完满地解决问题，明了事情的真相，并在此基础上发现知识、理解意义、建构认识，最终增进儿童的学习与表达能力。不过，需要说明的是，项目工作最直接的目的在于帮助儿童形成对周围环境和自身重要经历中的事件的更深刻和更完善的理解，而不在于掌握某种知识、技能，或发展某种心理的机能和品质。

2.课程形态

项目工作的具体课程形态是生成课程。这种课程强调借助一定的情境和中介环节，根据一定需要和条件具体形成。它反对预设的课程目标、内容和学习方式，反对以学科为中心。教师不是提前设计好每一个项目和活动的具体目标，而是只应当有一般化的、笼统而弹性的目标。教师以其对儿童的了解和经验形成一定的假设，同时也形成灵活多变的、适应儿童兴趣和需要的目标，这些兴趣和需要既可以是儿童在项目进程中自己表现出来的，也可以是教师引导而产生的。

诚然，生成课程为儿童的自主抉择、意见交流和同伴学习提供了条件，但它的意义不仅局限于儿童在活动过程中的成长，教师的发展也是一个显而易见的事实。因为教师在切身的、平等的参与和观察中，新形成经验与已有经验会产生冲突，他们需要不断修正自己对儿童发展、对儿童学习以及对教育教学的种种先前经验以促进冲突的解决。在此过

① 陈时见,何茜.幼儿园课程的国际比较——侧重幼儿园课程设置的经验、案例与趋势研究[M].重庆:西南师范大学出版社,2011:243.

程中,教师能够生成自己新的技能、知识、能力和对幼儿教育的理解,实现自身专业素养的进一步发展。

3.组织形式

项目活动以小组形式展开,一般四五人为一组,有时两三人为一组。小组成员限制在五个以内,是因为这个数量的小群体有利于儿童社会性和认知方面的建构发展;超过这一数目则互动太复杂,难以让儿童反思、评价并改变其知识,难于在和他人的交流中获得自我的认同。[①] 三五个小组成员一起活动,就产生了冲突与合作的可能性,在冲突的解决过程中,幼儿可以锻炼自己的意见表达能力与人际关系协调能力,并最终发现提高活动效率的有效形式——合作,从而促进其社会性的养成与发展。

(五)瑞吉欧课程模式的评价

瑞吉欧课程模式的课程评价是在真实的情境下、在活动的过程中开展的,是动态的、生成性的而不是诊断性的,它不是要对孩子进行比较,或者给孩子贴标签,不是着眼于儿童的缺陷和不足,它关注的是儿童能够独立完成的事情以及在外界帮助下、在不同情境下能够达到的水平。[②] 这种评价的主要依据是轶事记录。及时而有效的评价是教师理解儿童,理解儿童的兴趣、情感、倾向、能力与发展水平并设计出对儿童有意义的活动课程的基础。

(六)瑞吉欧课程模式中教师的作用

虽然瑞吉欧课程模式一贯主张通过儿童的主动学习与探索来实现自我建构,但儿童要实现这个目标离不开教师的引导和帮助。在瑞吉欧课程模式中,教师的作用主要通过以下几种角色定位来实现。

1.教师是专业的观察者

作为一名合格的瑞吉欧教师,他首先应是一名专业的观察者,这种观察不仅仅是旁观儿童的种种作为,而是要以专业的视角对儿童的言行有全方位的把握。也就是说,教师不仅要观察儿童在活动中的行为表现,还要注重聆听儿童的语言和表达,并努力理解这种语言和行为背后暗含的需要与诉求,以这样的观察所形成的观察记录才可能翔实而有说服力。通过全面、仔细的观察,教师才能充分了解儿童的发展情况,才能在此基础上为儿童提供必要的支持与帮助,促进他们的主动学习与进步。

2.教师是儿童的合作者

教师和儿童是学习活动的共同建构者,二者共同控制着集体的学习行为。活动前,教师会与儿童进行讨论,在了解儿童兴趣和需要的基础上设计相应的主题活动。活动中,教师会鼓励儿童积极参与,并从中寻找教育契机,推动有意义活动的进行。当幼儿间产生冲突导致无法继续正常活动时,教师要有智慧地及时介入,协助幼儿发现他们自己的想法或问题并引导其以合理方式解决。活动后,教师要及时反馈,帮助幼儿发现活动

① 朱细文.“最先进”幼儿学校——意大利瑞吉欧课程模式简述[J].教育导刊·幼儿教育版,1999;(3).

② 王春华.瑞吉欧幼教模式述评[J].比较教育研究,2001(10).

中的收获与不足,并鼓励幼儿为下次活动做好准备。总之,在与幼儿的互动过程中,教师承担着极为复杂、精细和多层面的任务,其最终目的是为了促进幼儿的不断发展与进步。

3.教师是学校、家庭和社区的联系者

教师通过密切联系学校、家庭和社区,可以实现多方的合作,共同促进儿童的发展。教师可利用自己的职业角色设法将家长的兴趣点引入到课程中,引入到教育孩子上来,家长与教师一起制作玩具、教具,一起布置环境,社区为课程的实施提供便利的设施、资源,协助教师把课程实施好。[①] 通过教师中介作用的发挥,可以将多方资源与力量组合到一起,为儿童的健康成长创造更优良的环境。

从20世纪70年代起,一些国家的教育工作者就开始关注瑞吉欧,特别是其教育成果展之后,瑞吉欧教育模式更是名声大噪,其成功是毋庸置疑的,以至于美国著名教育心理学家布鲁纳在评价瑞吉欧教育实践时将其看成发生在"一个小城里的奇迹"。

在教育实践中,瑞吉欧教育体系一直注重营造一个自由、平等、开放的环境,以发掘儿童的巨大潜能。从这点出发,瑞吉欧教育不仅强调儿童注意力、想象力等智力因素的发展,也注重幼儿音乐、绘画、泥塑等艺术才能的陶冶。同时,瑞吉欧教育还帮助儿童学会利用语言、动作、艺术等各种形式表达自己的情感,通过小组学习等方式使儿童学会合作、学会分享,促进其良好社会性的培养。简言之,瑞吉欧教育可以促进幼儿全面素质的发展。另外,该教育模式是真正开放的,通过教师将学校、家庭、社区联系起来的做法,不仅有利于它们之间互相交流与沟通,而且可以真正引起家庭和社会对幼儿教育的关注与参与,在多方广泛合作中促进幼儿的全面健康发展和幼儿教育事业的进步。

当然,我们不能只看到瑞吉欧课程模式的成功以及它对世界幼儿教育事业的广泛影响和巨大贡献,也要发现其不足之处。例如,瑞吉欧幼儿教育法没有具体统一的教育目标,虽然有利于教师和学生积极性的发挥,但具体教学情况容易受到主客观等多种因素的影响。此外,瑞吉欧幼儿教育法主要适应小班教学,对教师的素质要求较高;在实际操作中要求具备各种条件,还需要教师、家长等的密切配合,某些因素有时不易把握。[②]

思考与讨论

通过对上述课程模式的学习,请以小组形式讨论你对它们的理解,并查阅相关文献,了解我国的学前教育课程模式:陶行知的生活教育课程、陈鹤琴的"五指活动"课程和张雪门的"行为课程",然后试比较其异同。

① 袁爱玲.当代学前课程发展[M].广州:广东高等教育出版社,2007:142.
② 刘永凤.瑞吉欧幼儿教育法述评[D].华中师范大学硕士学位论文,2008:41.

|第三节|

各国学前课程标准

国家课程标准是国家对基础教育课程的基本规范和要求。我国《基础教育课程改革纲要(试行)》中明确指出,课程标准是教材编写、教学、评估和考试命题的依据,是国家管理和评价课程的基础。它体现国家对不同阶段的学生在知识与技能、过程与方法、情感态度与价值观等方面的基本要求,规定各门课程的性质、目标、内容框架,提出教学和评价建议。① 顾明远主编的《教育大辞典》(第一卷)对课程标准的定义是:课程标准是确定一定学段的课程水平及课程结构的纲领性文件,它是整个基础教育课程改革系统工程中的一个重要枢纽。② 国际比较研究表明,尽管不同国家或地区颁布的课程标准多种多样,其体例、结构、表述与呈现方式等方面差异巨大,但是课程标准的框架基本上还是一致的。各国课程标准的框架主要包括课程设计理念、课程目标、内容标准和实施建议四个部分,学前课程标准也概莫能外。下面我们将从这四个要素分别对各国学前课程标准进行阐述。

一、美国学前课程标准

(一)课程设计理念

1. 发展适宜性理念

全美幼儿教育协会在 1987 年发表的《适宜于 0～8 岁儿童发展的教育方案》声明中提出:"一个高质量的儿童教育计划应该能提供一个安全和富有教育性的环境,从而促进青少年儿童体质、情感和认知的发展……决定计划质量的一个关键因素是,在计划实践活动中有关儿童发展知识的运用程度。"③可见,发展适宜性理念的基本观点主要是:第一,课程要适应儿童的发展,必须以儿童原有的知识、技能为基础,并在此基础上进行教育。相应地,教师应了解儿童生理、心理发展规律,并以此为依据来确定儿童教育计划中的教育内容和教育目标。第二,适宜儿童发展的教育,需为儿童提供一个能促进所有儿童进行参与和学习的安全的环境,提供有准备的丰富的环境。只有这样,教师才能更好地组织恰当的教学活动。第三,适应儿童发展的教育意味着尊重儿童的个体差异,重视其家庭、社会、文化背景对他们的影响。教师对儿童最终掌握知识的能力和行为充分信任,并坚信他们能积极主动地学习各种必需的技能。④

---

① 崔允漷.国家课程标准与框架的解读[J].全球教育展望,2001(8).

② 刘兼.国家课程标准的框架和特点分析[J].人民教育,2001(11).

③ National Association for Education and Young Children. *Developmentally Appropriate Pratice in Early Childhood Programs Severing Children from 0 through age 8*[R].1987.

④ Kostelnik, M. , Soderman, A. & Whiren, A. *Developmentally Appropriate in Early Childhood Education*[M]. Merril,1993.

2. "标准本位"理念

1994 年,克林顿政府和国会通过了《改革美国学校法》和《2000 年目标:美国教育法》。两项法案都清楚地表明:所有的儿童都能够,并且也应该达到高标准。以此原则为基础,两项法案还明确地提出,所有的学生和所有的学校都要努力达到联邦政府规定的期望值。《2000 年目标:美国教育法》列出了 8 项教育目标,其中第一项教育目标,即入学准备,和早期教育有着密切的关系。它指出,到 2000 年,所有的儿童入学时都应准备就绪,已能跟随教师学习既定的课业。为确保 2000 年末所有的儿童入学时都能做好准备,各州均努力强化幼儿入学前的准备。在上述法案的指导下,联邦政府和各州政府都制定了一些课程标准。在幼儿园中,随着教育的重心向更高的学业标准转移和追求更高的学生学业成就,幼儿教育课程已向正式、直接的读写技能和数学技能做出了让步,倾向于小学化。[①]

(二)课程目标

学前课程目标是幼教工作者对学前儿童在一定学习期限内学习效果的预期,它是学前教育目的的具体化。[②]

美国学前教育在课程目标制定上始终坚持完整儿童的培养,力求使每个儿童都得到全面而富有个性的发展。虽然没有全国统一的幼儿教育课程目标,但全美幼教协会在 2003 年 11 月发表的一份立场声明中指出,在制定幼儿教育课程目标时应注意的几个原则:目标的制定应建立在儿童原有的知识经验的基础之上;在制定时确保目标的清晰明确以及目标之间的连贯性;目标的制定能够促进儿童的全面发展;确保儿童能够积极主动地参与其中。[③]

20 世纪 90 年代以来,美国幼儿教育课程目标的变革有以下几个方面。美国布什政府于 1989 年研究制定了《美国 2000 年教育目标法》,提出 6 项全国教育目标。克林顿上台后,将 6 项目标发展为 8 项,于 1994 年通过了《2000 年目标:美国教育法》,并依法制定了从幼儿园到十二年级的各科课程标准,这些标准都要求从各学科角度促进学生的全面发展。2002 年初,布什政府发布的《不让一个孩子掉队法》确定了这样一个目标:"每个儿童都应该接受好的教育,也就是说,不允许任何一个儿童在学业上掉队,每个儿童必须会学习。"全美幼教协会在 2005 年制定的《幼儿教育方案标准和认定指标》中也提出,课程旨在发展儿童审美、认知、情感、体能、语言和社会 6 个方面的能力,力求使其达到和谐统一,促进儿童的全面发展。2007 年 11 月 14 日,美国国会通过了一个为期 5 年的名为《2007 为入学准备改善"开端计划"法》的幼儿教育法案,也提出美国应帮助所有的儿童通过学习与贫困进行斗争。以上一系列措施都显示了美国通过为低收入家庭及有色人种儿童提供高质量的幼儿教育服务,促进其健康成长,以缩小他们同白人家庭儿童之间的入学准备差距所做出的努力。同时,美国学前教育相信每个幼儿都有不同于其他幼儿的

---

① 曹能秀,樊倞,张丽花等.当代美英日三国的幼儿教育改革研究[M].昆明:云南大学出版社,2010:33.

② 冯晓霞.幼儿园课程[M].北京:北京师范大学出版社,2001:26.

③ 曹能秀,樊倞,张丽花等.当代美英日三国的幼儿教育改革研究[M].昆明:云南大学出版社,2010:44.

特点,只有高度个性化的幼儿才会富有创新精神和创造力,因此,美国在强调幼儿全面发展的同时也非常重视幼儿的个性培养,这也是美国学前教育目标的一大特点。

(三)内容标准

美国大多数州的幼儿教育课程内容都涵盖了以下领域:语言和速写能力;艺术能力;数学;身体锻炼和体育;科学;社会。以俄克拉荷马州为例,其幼儿课程的内容具体表现在以下5个方面。

1.语言教育

语言教育的内容包括:口语;读写能力/识字;书写——幼儿能够通过书写表达自己的思想和情感。

2.数学教育

数学教育的内容包括:模式——幼儿能对物体进行排列和归类,同时能拆分简单的模型;数字认识——幼儿能够理解数字与数量之间的关系;几何与空间感——幼儿能识别几何图形的共同特征以及从环境中探究物体间的关联;测量——幼儿能探究标准测量与非标准测量的含义;数据分析——幼儿能以小组为单位收集和分析信息。

3.健康教育

健康教育的内容包括:粗大肌肉的技能——幼儿需通过参与活动来锻炼自己的大肌肉技能;精细肌肉的技能——幼儿需参与训练小肌肉技能的活动;身体健康和发展——幼儿需参与有利于其健康的活动。

4.科学教育

科学教育的内容包括:科学过程及方法;物理科学;生命科学;地球/宇宙科学。

5.社会教育

社会教育的内容包括:社会交往;社会学科——公民、地理、历史、经济。

1989年,美国发表《普及科学——美国2061计划》。该计划建议学生从幼儿园到中学毕业要学习综合了数学、自然和社会科学的十几门课程,并训练必要的技能。20世纪90年代,美国掀起幼儿教育课程标准化运动,提出了教育标准化的构想。该构想包含英语、数学、科学、历史、地理、外语、公民、艺术8门课程,并希望到2000年,所有儿童在上小学前就已经为学习做好了准备。2005年,全美幼教协会公布了《幼儿教育方案标准和认定指标》。该指标在课程标准中将课程分为社会情感发展、语言发展、早期读写的发展、早期数学能力的发展、技术、科学探索和知识、理解自身以及社区和世界、对艺术的创造性表达和欣赏、体能和技能发展8个方面。[①]

(四)实施建议

为了确保国家课程标准能够在全国的绝大多数学校的绝大多数学生身上实现,减少中间环节的"落差",需要在国家课程标准中附带提供推广或实施这一标准的建议以及课程实施效果的评估建议。

---

① 李琳等.全美幼教协会最新《幼儿教育方案标准和认定指标》简介[EB/OL].[2016-01-03]. http://www.cnsece.com/article/2375.html.

1.课程实施建议

(1)注重游戏在儿童学习中发挥的重要作用

全美幼教协会一方面承认了作为课程基础之一的学科知识的重要性,另一方面则提出了将这些学科知识转换成为对儿童有意义的课程组织方式的主张。1987年,全美幼教协会颁布了《适宜于0～8岁儿童发展的教育方案》的声明。这份声明特别指出了儿童游戏的重要性,即游戏最能促进儿童心理的发展,同时最能反映儿童的心理发展水平。因此,儿童自发的、自主的或者教师帮助进行的游戏是适宜儿童发展的教育实践中的一种至关重要的成分。[①] 对于儿童而言,游戏是一种有益的愉快体验。在基础阶段,许多有关儿童的学习方式可以用有效的游戏和与讨论相结合的方式进行。1997年,全美幼教协会在阐述"发展适宜性"时指出:"幼儿发起的、教师支持的游戏是发展适宜性教育的基本构成因素。""儿童的游戏和自我选择的活动在许多方面是一种有价值的经验。"[②]

(2)注重幼儿的主动学习

幼儿的主动学习是指幼儿通过与周围环境的相互作用而建构新的理解外部和内部的活动过程。[③] 20世纪90年代以来,美国强调幼儿进行主动学习,并倡导教师为幼儿搭建"脚手架",使幼儿通过对周围环境的观察,去思考一些科学现象的解释,并引导他们进行假设和实验,教师要适时给予支持和指导。此种变化符合美国联邦政府2000年颁布的《"开端计划"儿童发展结果框架》中提出的"注重培养幼儿积极的学习态度,以促进幼儿的主动学习"的要求。

2.课程评价建议

(1)评价主体

美国学前课程评价主张评价主体多元化,不仅包括园长、教师、幼儿、家长,还应包括教育行政管理部门和各种教育协会和教育研究者。美国政府支持不同教育研究机构从各自的角度开展多种课程评价的研究,各组织、协会及研究者纷纷参与到教育评价的活动中来,逐渐成长为美国学前教育课程评价主体的中坚力量。

(2)评价内容

在重视阅读、书写、数学等内容评价的基础上,向涵盖健康、身体、社会发展等儿童其他方面发展的全方位内容评价转变。例如,"开端计划"学前班和州办学前班会定期执行筛查和测评,政府也会派人去督察。美国负责"开端计划"项目的部门提出了《"开端计划"儿童发展结果框架》,并以此为标准对幼儿进行评估。这个儿童成果表现框架包括语言发展、读写识字、数学、科学、艺术创造、社会和情感发展、学习方法、身体健康和发展等8个发展领域。每个幼儿自入读学前班开始,就能得到健康和发展的评估,以此来确定其全面的健康状况、能力和需要。[④]

(3)评价工具

基础教育标准化运动以及伴随而来的教育责任制要求使用标准化的测评工具对中

---

① 朱家雄.对"发展适宜性教育"的反思[J].幼儿教育,2009(7).
② 曹能秀.学前比较教育[M].上海:华东师范大学出版社,2009:117,120.
③ 刘焱.儿童游戏通论[M].北京:北京师范大学出版社,2008:384.
④ 林秀锦.美国的早期教育与保育[M].南京:江苏教育出版社,2006:82.

小学生进行测评。由于幼儿年龄太小,不能参加标准化的测验,所以,政府采用了多种经过调整的策略来监控和报告幼儿的发展进程。一般而言,幼儿园的测评由地方政府决定,测评计划由各学区或县教育厅和幼儿园教师代表共同制订。对幼儿的测评一般是以课程内容标准为依据,每学年进行 2~4 次,并以成绩单的形式表现,测评结果告知幼儿的父母并载入幼儿的档案。私立幼儿园对幼儿的测评大多数在遵循公办幼儿园标准的基础上做一些必要的调整以符合需求。在美国,5 岁班幼儿园每学年总共对幼儿进行 3 次测评,测评时间分别在 11 月下旬、3 月上旬和 6 月中旬。在第一次测评之后教师往往会与家长商谈,把幼儿的发展情况向家长报告。[①] 测评的内容主要集中于语言和数学标准。

全美幼教协会在 2003 年发表的一份声明中指出了幼儿教育课程评估的几个原则:评估实践需以道德为准绳;评估方法与预期目的相符;评估应与儿童年龄发展特点相适应,同时应适合不同文化背景下的儿童;评估中使用的方法应有专业依据;评估时应多渠道收集资料,确保评估的准确性;筛选是评估的后续工作。[②]

(4)评价方式

美国的课程评价方式多彩纷呈、相互融合。当下学前课程评价方式主要有真实评价、表现性评价、档案评价和鉴赏评价。以上这些近年来在美国占主导地位的评价方式之间既不冲突也不独立,而是相互融合、齐头并进的。在美国现实的学前教育课程中,将多种评价理念和方式渗透到实际的评价工作中,是保障评价工作质量的手段,同时亦可促进新的评价理论和方式的产生。[③]

📖 知识链接

全美幼儿教育协会

全美幼儿教育协会(National Association for Education of Young Children)是美国规模最大的、最有影响力的民间幼儿教育组织,简称 NAEYC。该组织成立于 1926 年,其宗旨是:领导个人和团体为每名幼儿的健康发展而努力,支持并鼓励个人和团体的有建设性的教育工作,确保每名幼儿接受高质量的托幼机构教育。所有致力于满足幼儿的需要和权利的美国公民都有权加入该组织。该组织已经拥有近 10 万名会员和 450 个分支机构。全美幼儿教育协会的主要活动内容有:①在幼儿教育领域,通过创设和提供幼教工作者的发展机会和资源,以及通过设置促进幼教工作者实践活动的标准,不断改进幼教工作者的教育实践活动及其工作条件。②通过政策与激发公众意识的各种活动,激起公众对幼儿教育的理解、支持和资助。③建立并维持一个强大的、多元化的、包容性的组织。

(资料来源:袁贵仁. 全美幼儿教育协会[EB/OL]. [2016-01-03]. http://www.yejs.com.cn/sczy/article/id/14548.htm.)

---

① 林秀锦. 美国的早期教育与保育[M]. 南京:江苏教育出版社,2006:31.
② NAEYC. 关于早期教育课程与评估的准则[EB/OL]. [2016-01-03]. http://www.naeyc.org.
③ 杨爽,曹能秀. 近十年来美国学前教育课程评价改革浅探[J]. 早期教育(教科研版),2013(6).

二、英国学前课程标准

(一)课程设计理念

1.全人发展教育观

2000 年,英国教育部、劳工部以及课程资格管理局联合颁布了面向 3～5 岁幼儿的《基础阶段课程指南》,将幼儿教育课程分为 6 个领域,分别是:个人、社会和情绪的发展领域;交流、语言和读写领域;数学领域;对周围世界的认识和理解领域;身体发展领域;创造性的发展领域。该指南强调要促进儿童听、说、注意力、学习持久性、与他人合作以及早期交往技能等方面的身体、社会、情感和认知的全面发展。

2.全纳教育观

在英国的幼儿教育机构中,全纳教育理念包含以下两层含义:一方面,是以幼儿发展为本的全纳教育观。为了落实早期学习目标和 6 大领域的学习,《基础阶段课程指南》提出了幼儿教育应遵循的原则。如"保证所有儿童都感觉到被接纳、安全和受到尊重""有效地对幼儿课程进行理解和执行,并对不同能力的儿童提供帮助"和"儿童不因种族、文化、宗教、母语、家庭、疾病而受歧视"等。早期奠基阶段的基本措施包括:应为幼儿提供平等的学习机会;幼儿教育机构应一视同仁地对待每一个家庭;确保每个孩子都能入园;不因种族、文化或宗教、母语、家庭背景、学习困难或残疾、性别或能力的差别而受到歧视。另一方面,是以幼儿家长为本的全纳教育理念。无论家长的国籍、种族、肤色、母语如何,幼儿教育机构都允许他们参加家园开放日,社区玩具图书馆也都给予他们所有培训服务方面的机会。[①]

(二)课程目标

1998 至 1999 年,英国的教育改革议案指出,要使 5 岁儿童在人格和智力上获得全面发展,学前教育应促进儿童整体进步,使儿童在社会性、情感、体力、智力和道德方面都得到培养。1999 年,英国政府设立基础阶段(3～5 岁),并于 2000 年颁布面向 3～5 岁幼儿的《基础阶段课程指南》,提出了早期教育目标,包括个人、社会和情绪的良好状态、对学习的积极态度和倾向、社会技能、注意能力及持续度、语言和沟通、读与写、算术、对世界的认识和了解、身体发展和创造力的发展。[②]

2005 年,英国政府把 0～5 岁定为早期奠基阶段。早期奠基阶段将 0～5 岁幼儿的学习与发展划分为 6 大领域,每个领域都有相应的适合幼儿的早期学习目标。各领域的早期学习目标作为整个早期奠基阶段保育与教育计划的框架,为幼儿将来的学习打下了坚实的基础。其中,早期学习目标与基础阶段的早期学习目标基本相同。但是,前者把"数学领域"改为"问题的解决、因果关系和计算",其目标多了"能够讨论、识别和重构简单的图形";创造力的培养领域中增加了两条目标——"通过使用一系列广泛的材料、适宜的工具、假想和角色扮演、舞蹈、设计以及各种各样的歌曲和乐器,表达和交流他们的观点、

---

① 曹能秀,樊倩,张丽花等.当代美英日三国的幼儿教育改革研究[M].昆明:云南大学出版社,2010:78—79.

② 简楚瑛.幼儿教育与保育的行政与政策(欧美澳篇)[M].上海:华东师范大学出版社,2005:108—109.

想法和感觉"和"在艺术和设计、音乐、舞蹈、假想的和角色扮演游戏以及故事中运用他们的想象力"。① 到早期奠基阶段结束时,有些幼儿会超越这些早期学习目标,其他幼儿在后续的学习与发展中则继续向部分早期学习目标做向心运动。由此可见,英国的学前课程目标亦非常注重幼儿的全面发展。

(三)内容标准

2000 年以来,英国学前课程内容标准变革主要分为以下两个阶段。

1. 基础阶段(3~5 岁)的幼儿教育课程内容(2000—2005 年)

表 5-1 《基础阶段课程指南》中的幼儿教育课程内容

领域	课程内容
人格、社会性和情绪情感发展	幼儿个体、社会性和情感发展;积极的学习态度和倾向;合作和相处,倾听;注意的技能和持久性的培养,专心
交流、语言和读写	语言和交流技能,倾听他人说话;阅读和书写,多种情境中探索、分享、学习和使用词汇与课文,接触各种书籍
数学	对数、大小、图案、形状、空间的理解
对周围世界的认识和理解	学习解决问题、做决定、实验、预测、计划和提出问题,探索和发现与他们自己的生活有重要关系的环境,如人和地方
身体发展	身体和运动技巧的发展
创造性发展	创造性的发展,艺术设计和技术、音乐、动作、舞蹈等具有想象力的角色扮演活动

(资料来源:王小英,蔡珂馨.国内外幼儿教育改革动态与趋势[M].长春:东北师范大学出版社,2004:66.)

从表 5-1 可见,《基础阶段课程指南》把课程内容分为了 6 大领域。实际上,《基础阶段课程指南》只是为了便于指导幼儿教师创建学习环境、设计幼儿的活动才将该阶段的课程分为了 6 大领域。这 6 大领域是相互联系、密不可分的。一种学习经验的活动,可能会促进孩子在多个领域中能力、技能及知识的发展。

2. 早期奠基阶段(0~5 岁)的课程内容(2006 年至今)

表 5-2 早期奠基阶段的课程内容

领域	课程内容
个人、社会性和情绪情感发展	性格和态度、自信心和自尊心、发展伙伴关系、行为和自我控制、自理以及集体感
交流、语言和识字	外化的交流语言、内化的思考语言、把发音与字形联系起来、读、写作
问题的解决、因果关系和计算	按照自然数列数数、计算、认识几何形体、空间概念和测量
对世界的认识和理解	探索和调查、设计和制作、ICT(信息通信技术)、时间点、社会
身体的发展	运动和时空观念、健康及身体自我意识、使用设备和材料
创造力的培养	激发创造性——对经验的反应、表达和交流观点、探索媒体与材料、创编音乐和舞蹈、发挥想象能力以及开展假想游戏

(资料来源:曹能秀,樊倞,张丽花等.当代美英日三国的幼儿教育改革研究[M].昆明:云南大学出版社,2010:85.)

---

① DFES. *Statutary Framework for the Early Years*. Foundation Stage,(May, 2008). http://www. standards. defs. gov. uk/eyfs/resources/downloads/ststutory-frame-app.

总体而言,表 5-2 中,早期奠基阶段课程领域的划分与表 5-1 基础阶段幼儿教育课程领域的划分十分相似,二者都是从 6 大领域规定了幼儿教育课程的相关内容。但是,就领域的具体表述来看,早期奠基阶段课程中的"问题的解决、因果关系和计算"比基础阶段幼儿教育课程中的"数学"领域表述得更为具体和明确,有助于对幼儿教师的教学进行指导。此外,从早期奠基阶段课程的具体内容来看,它符合幼儿身心发展的需要,贴近幼儿的日常生活,是他们经常接触的事物或现象,而且这些课程内容更加适应社会发展的需求。

(四)实施建议

1.课程实施建议

(1)主张开展"精心设计的游戏"

随着幼儿教育的不断发展,特别是自 2000 年英国颁布了《基础阶段课程指南》以来,幼教界似乎在寻找一条更为合理的"中间道路",提出了"精心设计的游戏"。"精心设计的游戏"有别于传统的自由游戏,寓学于玩,同时在游戏中糅合学习内容。这种教育方式形成了游戏与学习融合的最高境界。无论是室内还是室外精心设计的游戏,都是幼儿学习的重要途径。在游戏的过程中,幼儿的行为表现有所不同,有时很活跃,有时聚精会神地讨论活动内容,有时很安静。幼儿教师在精心设计的游戏活动中承担的任务主要有:构建丰富且具有挑战性的游戏环境;通过精心设计的游戏活动支持孩子的学习;支持、拓展幼儿自发的游戏活动;在精心设计的游戏活动中促进幼儿语言和交往技能的发展等。

(2)重视家园合作

在大课程观的指导下,英国的幼儿教育界越来越重视家庭和社区对幼儿发展的作用,加强家庭与幼儿教育的合作与联系。家长可以参与到幼儿教育课程中,一方面可以就课程方面的问题提出建议;另一方面可以获得许多科学的育儿观念,与孩子共同成长。例如,阅读课中一些阅读资料是要求家长和幼儿一同阅读的。家长在阅读资料的过程中,增加了对幼儿教育课程的了解,加深了和孩子的感情,与孩子一起成长。又如,幼儿教育机构发放"家长手册"、设置"家长公告栏",让家长了解幼儿园的教育目的、日常活动安排以及具体的教育活动,以便家长配合幼儿园的教学。在幼儿教育课程评价的过程中,也提倡家长和社区成员的参与。家长和社区成员是幼儿教育课程评价的重要合作者,不但可以通过幼儿教育课程评价了解幼儿的发展情况,还可以促进幼儿教育机构和教师的发展。

(3)提倡建构主义教学模式

目前,建构主义教学模式在英国幼儿教育中占据主导地位。此模式以冯·格拉塞斯菲尔德的激进建构主义和皮亚杰的社会建构主义为理论指导,在教学中注重呈现真实的教学情景,让幼儿在这种情景中进行个人建构与合作探究。[①]

2.课程评价建议

(1)评价主体多元化

对幼儿教育课程的评价是由教育标准办公室来开展的,主要是以 6 大领域的培养目

---

① 王凯.英国幼儿园课程设置[J].基础教育参考,2004(4).

标为评价依据进行严格的检查,其检查结果是公开的。此外,英国对幼儿教育课程的监控逐步从分散自由管理向集中管理过渡。因此,无论是从独立于教育部的监督部门教育标准办公室来看,还是从政府直接对幼儿教育课程的监控发展趋势来看,英国政府都加大了对幼儿教育课程检查评价的力度。

2002年9月,英国推行了一种新的基础阶段评价标准——基础阶段剖面图。该评价标准融入了相关的评价主体,强调教师、保育员、家长或其他监护人对幼儿的观察。在评价儿童的时候,家长是极其重要的评价主体资源之一。① 此外,2005年的早期奠基阶段倡导,所有与幼儿相关的人员都应介入评价这一过程,尤其是家长更应该是重要的评价主体之一。

（2）由终结性评价向连续的发展性评价转变

随着教育评价标准的发展完善,以促进被评价者未来发展为目的,以"发展为本"的发展性评价日益受到人们的关注。2001年9月,英国政府提议用基础教育阶段档案袋来代替义务教育开始几周内所实施的入门考试。基础教育阶段档案袋主要包含儿童在幼儿教育即将结束时已有的发展和学习需求,通过教师在课堂内外的观察来描述每个学生的现有状况和未来趋势。② 2002年9月,英国推出了基础阶段剖面图——一种新的针对儿童基础阶段最后一年的法定评估标准,取代了之前的基准线评估。作为儿童评估的一种新标准,反映了一种新的评估取向——在学习过程中观察幼儿的发展。它基于早期学习目标,立足于《基础阶段课程指南》,没有测验与考试,没有任务,剖面图由早期教育实践者编制。③ 该评估与基准线评估不同的是:前者是基于教师长期积累的观察进行的。教师仔细分析和评估观察到的结果,记录儿童进步和发展的相关信息,以便调整、改善及开发适合每个幼儿的课程。在基础阶段最后一年,早期教育实践者把对幼儿在基础阶段期间的观察做以汇总。

三、日本学前课程标准

（一）课程设计理念

1.宽松教育理念

宽松教育是一种通过给儿童提供宽松氛围以培养其生存能力、创新能力的教育思想。具体来说,就是给儿童提供宽松的时间,让儿童自由地发展,提高儿童的学习能力,培养其生存能力,并以此来实现学校教育的多样化和灵活性。1996年以后,日本政府不仅将宽松教育视为教育理念和方针政策,同时也将其设计成为一系列可操作的具体措施。具体而言,宽松教育要达成以下两个目标:一是学生层面的目标,即提高学生的素质——自我学习、自我思考和善于创新等"活"的能力;二是学校层面的目标,即实现学校

---

① ［英］Carole Sharman,Wendy Cross,Diana Vennis.观察儿童:实践操作指南(第三版)[M].单敏月,王晓平译.上海:华东师范大学出版社,2008:112.

② 王凯.英国幼儿园课程设置[J].基础教育参考,2004(4).

③ ［英］Carole Sharman,Wendy Cross,Diana Vennis.观察儿童:实践操作指南(第三版)[M].单敏月,王晓平译.上海:华东师范大学出版社,2008:111.

教育的灵活多样。① 由此可知,宽松教育理念的核心是充分发挥儿童的主体性,让儿童成为教育、学习和自我发展的主人。

1998年12月,日本文部省颁布的《幼儿园教育要领》体现了宽松教育的基本精神。这次教育变革呈现如下特点:第一,强调以游戏为中心的教育思想,更加重视游戏与体验的作用;第二,认识到大自然对培养儿童丰富心灵、美好情感、好奇心、观察能力与思维能力的重要作用;第三,强调儿童在集体生活中的自我实现;第四,主张让幼儿通过游戏、体验进行学习。②

2.扎实学力理念

1999年以后,以大学教师、媒体、教育社会学者等为主提出了学力低下的质疑,并迅速引发了全国性的学力争论。多数日本国民认为,宽松教育带来了教育上的自由放任,导致学力下降。2002年,日本文部科学大臣远山墩子提出了"劝学"的紧急呼吁,并率先提出了扎实学力的教育理念,主张以扎实的学力来取代宽松教育。2008年2月,中小学的《学习指导要领》颁布,使扎实学力理念以法律形式确定下来。

《学习指导要领》中对扎实学力的内涵做了如下界定:一切学习之基础——"语言能力"的涵养;"数理能力"的培养;日本率先积累起来的"传承文化"的传承;当代儿童不可或缺的自然体验、福利体验和劳动体验等"多种体验";伴随国际化进展,"从小学开始的英语学习"的实施。③ 由此可见,这种扎实学力涵盖了对儿童的生存能力、反思能力、规范意识的道德精神和审美能力的"丰富心灵"的培养。作为应对社会变革、时代变化的新的教育理念,扎实学力对2008年《幼儿园教育要领》的颁布产生了一定的影响。从本次幼儿教育改革的理念以及教育课程的构成中可以看出,2008年的《幼儿园教育要领》所强调的"儿童的人际关系与生存能力""儿童的多种体验"等,无不与扎实学力所要求的儿童必须掌握的"生存能力""丰富的人性""健康与体力"等几种能力有关。

(二)课程目标

日本的幼儿园课程非常注重幼儿社会适应能力的培养。1998年,日本文部省改订的《幼儿园教育要领》中提出,学前教育的目标是"通过幼儿园生活,培养生存能力的基础"。具体说来,包括培养安全、健康、幸福生活所必需的基本生活习惯与态度,为培养健全的身心状态打好基础;培养儿童的信任感、同情心、自立精神与合作能力;激发儿童对周围环境的兴趣,培养儿童的思考能力;在日常生活中培养儿童对语言的兴趣,提高其语言表达能力;丰富儿童的生活体验,培养他们丰富的感情和创造能力。④ 2008年颁布的《幼儿园教育要领》在第一章"总则"中明确指出幼儿园应以《学校教育法》第22条所规定的目标为根本,并提出幼儿园的教育目标是"以生存能力为基础,注重对情感、欲望和态度的培养"。⑤

---

① 赵彦俊,胡振京.日本"宽松教育"述介[J].外国教育研究,2008(7).

② 王小英,蔡珂馨.国内外幼儿教育改革动态与趋势[M].长春:东北师范大学出版社,2004:45—46.

③ 钟启泉.新《学习指导要领》的理念与课题——日本教育学者梶田叡一教授访谈[J].全球教育展望,2008(8).

④ [日]文部科学省.幼儿园教育要领解说[M].东京:福禄贝尔馆,1999:192.

⑤ [日]文部科学省.幼儿园教育要领解说[M].东京:福禄贝尔馆,1999:256.

(三)内容标准

2008 年,日本文部科学省对 1998 年实施的《幼儿园教育要领》进行了修订。该要领继续保持了原要领中的 5 个领域(健康、人际关系、环境、言语和表现)的课程内容,只是突出了各个领域的内容,或在原有基础上有所增加。例如,"健康"领域,在原来 9 项内容基础上新增 1 项为:享受与老师和朋友共同进餐的时刻。"人际关系"领域,在原来 10 项教育内容基础上新增 3 项,分别为:在尽情进行各种游戏的过程中,养成将一件事进行到底的精神;发现事物有好坏之分,行为时学会思考;加深与朋友的联系,培养同情心。在"环境"领域,原来 10 项教育内容不变,新增 1 项为:在日常生活中,对简单的标识和文字等感兴趣。在"语言"领域,1998 年颁布的《幼儿园教育要领》中的 10 项教育内容并没有增减,只是部分内容表述有些不同。如 1998 年《幼儿园教育要领》的第 8 项"遇到人时,热情地向人问好"改变为"遇到人时,以亲近的态度,使用日常问候用语"。在"表现"领域,亦只是部分内容表述有些改变,如 1998 年颁布的《幼儿园教育要领》的第 7 项"喜欢画画、制作手工,并在游戏中使用和装饰绘画和手工制品"改变为"感受描绘和制作的快乐,并将作品用于游戏和装饰"。[①] 由此可以看出,2008 年颁布的《幼儿园教育要领》与1998 年颁布的《幼儿园教育要领》相比,更加注重游戏与体验对儿童成长的作用。

(四)实施建议

1.课程实施建议

(1)主张根据幼儿身心特点,利用环境实施教育

2008 年新修订的《幼儿园教育要领》"总则"中明确提出:"幼儿时期的教育是为贯穿整个人生的人格形成奠定基础的重要因素,幼儿教育课程的实施应根据幼儿的特点,利用环境实施教育。"除此之外,应重视幼儿在游戏与教学中的主体性,在幼儿教育课程的实施过程中应遵循以下原则:应努力促进幼儿主体性活动,保证他们拥有符合幼儿时期的生活;应以游戏指导为核心,以期达到第二章所示之目标;应根据幼儿的个体特点,结合成长课题,因材施教。

(2)加强家园合作

新的《幼儿园教育要领》在"总则"第 2 条中还规定:"幼儿园应力求与家庭合作,以本章第 1 条所示幼儿教育的根本为基础,开展幼儿园生活。应努力争取家庭和地区对幼儿教育的支持,以保证幼儿生活丰富充实。"为了保证幼儿教育课程的实施,还制订了具体的指导计划,并强调制订指导计划时应该注意的一般和特殊事项。

(3)重视教师的指导作用

20 世纪 90 年代以来,日本在学前教育课程实施过程中就意识到要更加重视教师的指导作用。2008 年的《幼儿园教育要领》更是明确提出并强调教师必须在对每个幼儿的行动进行理解和预测的基础上,有计划地构建环境,以确保幼儿进行主体性活动。此外,教师应重点关注幼儿与人、物的关联性,构建物质环境和空间环境。同时,还应根据幼儿个体的活动情况,充当各种角色,丰富幼儿活动的内容。[②]

---

① [日]文部科学省.幼儿园教育要领解说[M].东京:福禄贝尔馆,1999:259—260.
② [日]文部科学省.幼儿园教育要领解说[M].东京:福禄贝尔馆,1999:256—257.

2.课程评价建议

(1)评价主体应多元化

日本的幼儿园归文部省管辖,属学校教育体制的一个组成部分,因此,在课程评价的主体中,文部省是很重要的一环,它主要负责对幼儿园课程目标制定、内容选择、组织实施进行统整性的监管和评价。但也不能忽略教师和家长对幼儿园课程以及幼儿发展评价的重要价值。教师是学前课程的实施者,是幼儿发展的促进者,很多时候,教师的行为直接决定着学前课程实施的成败以及幼儿教育质量的高低。在构成幼儿教育课程评价的诸多要素中,教师是评价的主体,教师的评价决定着学前课程实施的成效。此外,家长在幼儿教育课程的评价中也有很重要的作用。家长可通过直接参与幼儿园的具体活动来理解和体验学前课程目标、内容等是否能够满足孩子的发展需要,进而通过孩子的成长变化来评价课程目标的实现程度以及课程实施的成效。因此,提倡多元化的评价主体有利于学前课程的顺利实施。

(2)从评价功能来看,要注重过程性评价、发展性评价和结果性评价三者的结合

20世纪90年代以后,随着日本幼儿教育改革的深入推进,以及在"宽松教育"和"生存能力"教育理念的精神指导下,政府提出要更加注重对幼儿生存能力和生活态度的培养。在对幼儿教育课程进行评价的过程中,突出过程性评价、发展性评价和结果性评价相结合的原则,不但注重培养幼儿健康、安全和幸福所需要的基本生活习惯和技能,而且注意对幼儿生存能力和生存技巧的培养,从而为幼儿的终身发展打下坚实的基础。

四、中国学前课程标准

(一)课程设计理念

1.儿童发展的整体观

儿童发展的整体观,是把儿童的发展看作一个整体,强调从儿童的身体与心理,从儿童的自然属性与社会属性,从儿童的认知、情感、态度、行为等方面去促进儿童的发展,从而培养完整儿童,塑造儿童的健全人格。儿童发展的整体观体现的是一种完整儿童的教育观,是一种"整体人"的教育形式,它是从人的价值、人的完整性方面出发的教育,目的是造就具有完整人格的人,所以,儿童发展的整体观旨在促进儿童人格的全面发展,以达成生命生态的平衡。它要求课程变革把儿童作为完整的人来对待,反对割裂儿童人格的完整性,还儿童完整的生活世界,丰富儿童的精神生活,从身体与心理、认知与情感、理性与诗性平衡方面促进儿童的发展,使其人格得到和谐统一。

2.活动与建构教育观

持有这一观点的学者认为,儿童是在与环境积极相互作用的过程中实现自身发展的,这一相互作用的过程就是"活动"。它是活动主体——儿童与活动对象、客体的相互作用。活动对儿童的发展具有决定性的意义,它是儿童发展的基础与源泉。正如皮亚杰在其著作《发生认识论》中所指出的,儿童对外界的认识之最初的中介就是活动。儿童的认知、知识既非来源于主体,也非来源于客体,而是来源于主客体的相互作用。儿童智慧的发展就是通过儿童主体的认知结构与物理环境之间的"同化""顺应"的相互作用而实现的。

以维果茨基为代表的社会建构论却认为,儿童的知识不仅仅是个体在与物理环境的相互作用中建构起来的,社会性的相互作用,包括人们之间的社会交往、沟通、合作的作用更为重要。每一个儿童都有自己的经验世界,不同的儿童可以对某个问题形成不同的看法与想法,而儿童学习者可以通过相互的沟通与交流,通过合作完成一定的任务,共同解决问题,从而形成更为丰富、更为灵活的理解。同时,儿童可以与教师、同伴及其他人展开充分的沟通。这种社会性相互作用可以为知识的建构创设一个广泛的学习共同体,从而为知识的建构提供丰富的资源和积极的支持。儿童知识的获得及很多高级心理机能的发展就是社会性相互作用内化的结果。①

3.终身教育观

终身教育是指伴随人一生而持续进行的教育。《教育大辞典》中把终身教育定义为"人们在一生中所受到的各种培养的总和"②。终身教育是完全意义上的教育,它包括了教育的各个方面、各项内容。从纵向上讲,它包括一个人从出生到死的各个阶段的教育,强调的是不间断的发展,强调持续性;从横向上讲,它包括教育的各个方面、各项内容,强调整体性,强调教育对人终身发展的作用。"从个人和社会的观点来看,终身教育这个概念已经包括整个教育过程了。它首先关心儿童教育,保证儿童过着他应有的生活。同时,它的主要使命是培养未来的成人,使他们准备去从事各种形式的自治和自学。""从今以后,教育不能再限于那种必须吸收的固定内容,而应该被视为一种人类的进程,在这一进程中人通过各种经验学会如何表现他自己,如何和别人进行交流,如何探索世界,而且学会如何继续不断地——自始至终地——完善他自己。"③

(二)课程目标

1952年的《幼儿园暂行教学纲要》中提出幼儿园的课程目标是:培养幼儿基本的卫生习惯,注意其营养,锻炼其体格,保证幼儿身体的正常发育和健康;培养幼儿正确运用感观和语言的基本能力,增进其对环境的认识,以发展幼儿的智力;培养幼儿爱国思想、国民公德和诚实勇敢、团结、友爱、守纪律、有礼貌等优良品质和习惯;培养幼儿爱美的观念和兴趣,增进其想象力和创造力。

1981年的《幼儿园教育纲要(试行草案)》中指出,生活卫生习惯方面:教给幼儿生活方面一些简单的卫生常识,培养他们良好的卫生习惯和独立生活的能力。体育活动方面:锻炼幼儿的身体,促进其正常发育,提高他们对自然环境的适应能力,增强其体质;发展幼儿的基本动作,使他们动作灵敏、协调、姿势正确;培养他们机智、勇敢、遵守纪律等优良品德和活泼开朗的性格。思想品德方面:向幼儿进行初步的"五爱"教育,培养幼儿具有优良的品德、文明的行为、活泼开朗的性格。语言方面:培养幼儿发音清楚、正确,学习说普通话;丰富幼儿词汇,发展幼儿思维和口头语言的表达能力;初步培养幼儿对文学作品的兴趣。常识方面:丰富幼儿关于社会和自然方面粗浅的知识,扩大他们的眼界;培养他们对认识社会和自然的兴趣和求知欲望,逐步形成对待人们和周围事物的正确态

---

① 王春燕.中国学前课程百年发展、变革的历史与思考[D].南京师范大学博士学位论文,2003:82-83.

② 顾明远.教育大辞典[M].上海:上海教育出版社,1990:50.

③ 联合国教科文组织国际教育发展委员会.学会生存——教育世界的今天和明天[M].华东师范大学比较教育研究所译.北京:教育科学出版社,1996:180.

度;发展幼儿的注意力、观察力、记忆力、想象力、思维力和语言表达的能力。计算方面:教幼儿掌握 10 以内数的概念和加减运算,学习一些有关几何形体、时间、空间等粗浅的知识;培养幼儿对计算的兴趣;发展幼儿初步逻辑思维的能力,培养幼儿思维的准确性、灵活性、敏捷性。音乐方面:教给幼儿唱歌、舞蹈的粗浅的知识和技能;初步培养幼儿对音乐、舞蹈的兴趣和节奏感;发展幼儿对音乐的感受力、记忆力、想象力和表现能力等;陶冶幼儿的性情和品格。美术方面:在幼儿观察物象的形状、颜色、结构等的基础上,培养他们用绘画和手工(泥工、纸工、自制玩具等)充分表现自己对周围生活的认识和情感;初步培养幼儿对美术的兴趣以及对大自然、社会生活、美术作品中美的欣赏力;发展幼儿的观察力、想象力、创造力,发展手部肌肉动作的协调性、灵活性,初步掌握使用美术工具及材料的技能。

我国教育部 2001 年制定的《幼儿园教育指导纲要(试行)》中,根据幼儿学习活动的范畴提出 5 个领域的教育目标:健康,增强幼儿体质,培养健康生活的态度和行为习惯;科学,激发幼儿的好奇心和探究欲望,发展认识能力;社会,增强幼儿的自尊、自信,培养幼儿关心、友好的态度和行为,促进幼儿个性健康发展;语言,提高幼儿语言交往的积极性,发展语言能力;艺术,丰富幼儿的情感,培养初步的感受美、表现美的情趣和能力。总之,幼儿园教育应当贯彻国家的教育方针,坚持保育与教育相结合的原则,对幼儿实施体、智、德、美诸方面全面发展的教育,全面落实《幼儿园工作规程》所提出的保育教育目标。

(三)内容标准

1952 年的《幼儿园暂行教学纲要》中提出,幼儿园的课程包括体育、语言、认识环境、图画、手工、音乐、计算等内容。1981 年的《幼儿园教育纲要(试行草案)》中规定,幼儿园课程包括生活卫生习惯、体育活动、思想品德、语言、常识、计算、音乐、美术等 8 个方面。

我国 2001 年颁布的《幼儿园教育指导纲要(试行)》第二部分第二条明确规定,幼儿园教育的内容是广泛的、启蒙性的,可按照幼儿学习活动的范畴相对划分为健康、社会、科学、语言、艺术等 5 个方面,还可按其他方式作不同的划分。各方面的内容都应发展幼儿的知识、技能、能力、情感、态度等。第三部分第四条也提出,课程内容选择应遵循的 3 条原则:既符合幼儿的兴趣和现有经验,又有助于形成符合教育目标的新经验;既贴近幼儿的生活,又有助于拓展幼儿的经验;既体现内容的丰富性、时代性,又注重幼儿学习的必要性、妥当性以及与小学教育的衔接。

(四)实施建议

1.课程实施建议

我国 1981 年的《幼儿园教育纲要(试行草案)》中提出,各种活动的教材可以从教育部统编教材中选用一部分,其余部分可因地制宜地进行创编或选编,不断充实教材内容。幼儿园各种活动的任务各有侧重,互相配合,共同实现全面发展的教育任务。在整个教育工作中必须要注意贯彻以下几点要求:第一,要注意保护和增进幼儿的健康,各种活动中都要注意安全;第二,要面向全体幼儿,既有统一的要求,又要因材施教;第三,要让幼儿多看、多听、多想、多说、多做,使幼儿的智力、才能和个性生动、活泼、主动地得到发展;第四,要把思想品德教育寓于各种活动之中,使幼儿潜移默化地受到教育;第五,教师和其他工作人员要热爱幼儿,尊重幼儿,一言一行都要为幼儿做表率。

为了教育好幼儿,幼儿园必须和家庭取得密切的联系与配合。特别是在独生子女越来越普遍的情况下,幼儿园和家庭的联系与配合显得更加重要。必须使家长了解幼儿园对幼儿进行教育的情况与要求,使双方教育取得一致,以利于幼儿的成长。幼儿园要主动争取社会、家庭对幼儿园工作的支持,听取他们的意见,共同培育好革命后代。[①]

我国的《幼儿园教育指导纲要(试行)》第三部分教育活动的组织与实施中提出了 10条建议,其中前两条规定了幼儿园教育活动以及活动组织与实施的性质,其后为具体建议,主要包括以下几点:

第一,教育活动目标的确定要以对本班幼儿的发展水平和原有经验的了解为基础,逐步落实《幼儿园工作规程》和本纲要所提出的保育教育目标。

第二,教育活动内容的选择应遵照本纲要第二部分的有关条款进行,同时体现以下原则:既符合幼儿的兴趣和现有经验,又有助于形成符合教育目标的新经验;既贴近幼儿的生活,又有助于拓展幼儿的经验;既体现内容的丰富性、时代性,又注重幼儿学习的必要性、妥当性以及与小学教育的衔接。

第三,教育活动内容的组织应充分考虑幼儿的学习方式和特点,注重综合性、趣味性,寓教育于生活、游戏之中。

第四,教育活动的组织形式应根据需要合理安排,以便为幼儿提供多样化的学习机会和条件,提高教育效益。

第五,环境是重要的教育资源,应通过创设并有效地利用环境促进幼儿的发展。

第六,科学、合理地安排和组织一日生活。

第七,执行教育计划的过程是教师的再创造过程。教师在教育过程中应成为幼儿学习活动的支持者、合作者、引导者。

第八,家长是幼儿园教师的重要合作伙伴。教师应本着尊重、平等的原则,吸引家长主动参与幼儿园的教育工作。

以上规定都显示出我国幼儿教育的科学性和全面性。

2. 课程评价建议

我国 1952 年的《幼儿园暂行教学纲要》和 1981 年的《幼儿园教育纲要(试行草案)》均未涉及课程评价这一问题。

我国 2001 年颁布的《幼儿园教育指导纲要(试行)》第四部分围绕幼儿园教育评价,提出了评价的发展性与合作性、标准的多元性以及多角度、多主体、多方法、重视过程、重视差异等原则。比如,《幼儿园教育指导纲要(试行)》中指出,教育活动评价应以教师自评为主,同时发挥教师群体的智慧和合作精神;幼儿的行为反应和发展变化是对教育工作最客观、直率、真实的评价,教师要关注幼儿的反应和变化,把它看作重要的评价信息和改进工作的重要依据。评价教育活动时,凡涉及对幼儿发展状况的评估,应该注意:第一,全面了解幼儿的发展状况,防止片面性,尤其要避免只重知识技能的掌握,忽略情感、社会性和实际能力的倾向;第二,应在日常活动与教育教学过程中,通过对幼儿的观察、

---

① 教育部.幼儿园教育纲要(试行草案)[Z].1981.

谈话、作品分析,以及与其他工作人员和家长的交流等方式了解幼儿的发展和需要;第三,应承认和关注幼儿在经验、能力、兴趣、学习特点等方面的个体差异,避免用划一的标准评价不同的幼儿;第四,应以发展的眼光看待幼儿,既要了解幼儿的现有水平,更要关注其最近发展区。《幼儿园教育指导纲要(试行)》的颁布也显示着在今后我国的学前课程评价领域,强调对教育过程而不只是对教育结果的关注、多方评价主体的积极参与、让教师成为课程评价的主人、评价内容的全面化、综合运用多种评价方法等主张已经逐渐成为幼儿园课程评价的大势所趋。[①]

总而言之,在学前课程评价主体的多元化、评价内容的全面性、评价工具的多样性、评价方法的相互融合等方面,世界各国的学前教育界达成了高度一致,毕竟,学前课程评价的基本标准都是为了促进儿童的全面发展。

本章小结 ✎

本章主要阐述了三个方面的内容:学前课程发展历程与变革取向、学前课程经典模式以及各国学前课程标准。学前课程发展历程与变革取向部分介绍了国外及中国学前课程的基本发展历程,并以三种课程价值取向为论述逻辑讨论了世界学前课程的价值嬗变。学前课程经典模式部分介绍了世界上几种经典的学前课程模式供读者比较:蒙台梭利课程;斑克街早期教育方案;直接教学模式;高瞻课程模式;瑞吉欧课程模式。各国学前课程标准部分聚焦比较了美、英、日、中四国学前课程标准,标准中体现着各国学前课程的价值取向。

阅读导航 ✎

1.[美]斯泰西·戈芬,凯瑟琳·威尔逊.课程模式与早期教育[M].李敏谊译.北京:教育科学出版社,2008.

本书全面考察了5个主流的早期教育课程模式——蒙台梭利教育法、发展—互动课程(银行街课程)、直接教学模式、卡米—德弗里斯模式、高瞻课程方案的兴起和发展及其理论基础、内容、方法、目的、功能和影响等,还从整体上对各种课程模式的比较研究进行了述评,探讨了有关早期教育的基本问题。

2.[美]雪·安·赫什.早期儿童课程:综合多元智力、发展性合理训练与游戏[M].周常明,王晓宇译.上海:华东师范大学出版社,2007.

本书通过"全美幼儿教育协会"(NAEYC)所建议的框架来探讨早期儿童课程,内容分为4个阶段:理论阶段、规划阶段、实施阶段和评价阶段。

3.[美]贾珀尔·L.鲁普纳林,詹姆斯·E.约翰逊.学前教育课程(第三版)[M].黄瑾等译.上海:华东师范大学出版社,2011.

本书建构了早期儿童教育计划中的各种课程,提出了早期儿童教育的开课模式、教育计划及相关知识,对目前正在发展中的学前学科建设和幼儿园的开办起到很好的指导

---

① 虞永平,彭俊英.对我国幼儿园课程评价现状的分析和建议[J].人民教育,2003(11).

作用。

4.朱家雄.幼儿园课程[M].上海:华东师范大学出版社，2008.

本书系统地介绍了幼儿园课程的特点、基础、编制、活动设计与实施等内容。

拓展练习

1.结合本章内容，谈谈你对学前教育课程的理解。

2.概述国内外学前课程变革所蕴含的价值取向。

3.试比较几种经典课程模式的异同，并搜集我国的几种学前课程模式。

4.以小组形式调查分析周边幼儿园课程设置的现状并提出改善建议。

第六章
幼小衔接比较

从终身学习的观点来看,幼小衔接不仅是幼儿入学准备的问题,也是教育机构之间相互衔接、形成一个统一体的问题。目前,世界上许多国家把早期教育和小学教育放在一起整体规划、统筹安排,努力从教育目标制定、课程设置、师资培养等几方面实现"幼小一体化"。本章将阐述中外幼小衔接研究的历史和主要问题,分析当代国际上有代表性的幼小衔接理论,重点介绍当代世界学前教育发达国家促进幼小衔接采取的措施,并在此基础上反思我国幼小衔接存在的问题及发展路向。

◆ **案例链接**

"再过几天我就要上小学了,就要背上那个漂亮的小书包了,真高兴啊!"刚从幼儿园毕业的小朋友一脸自豪。

"女儿就要上小学了,可我很担心,害怕她适应不了学校生活。"妈妈却一脸忧虑。

小学第一天,放学了,妈妈去接宝贝女儿。

"今天在学校学什么了?"

"不知道。"

"上了几节课呢?"

"不知道。"

"老师布置作业了吗?"

"不知道。"

……

◆ **问题聚焦**

1.从幼儿园到小学,学生会面临哪些不适应?

2.学生从幼儿园到小学面临的不适应是哪些因素造成的?

3.幼儿园教育与小学教育的衔接问题是当今世界各国面临的教育难题之一,你认为应如何破解?

◆ **学习目标**

1.了解幼小衔接的内涵。

2.熟悉中外幼小衔接早期研究的代表性思想。

3.熟悉两种有代表性的幼小衔接理论,并掌握其主要观点和教育理念。

4.掌握世界学前教育发达国家促进幼小衔接的主要措施。

|第一节|
幼小衔接的内涵与早期研究

一、幼小衔接的内涵

国内外学者都尝试过对"衔接"一词下一个定义,根据"衔接"具体意义的不同,分别有三个英语词汇来解释,即"articulation""transition""continuity"。目前用得比较多是"transition",是指从某一种状态、阶段、形式或活动转变到另一种状态、阶段、形式或者活动的过程或者时期。教育学中的"衔接"一般是指两个相邻的教育阶段之间的相互联系。

关于幼小衔接的内涵,中外学者有着各自的观点。在公共的学前教育机构出现之前,西方教育家探讨的"幼小衔接"问题主要是指儿童如何顺利地从家庭向公共教育机构过渡,而当代"幼小衔接"的概念特指儿童从学前教育机构到小学的过渡。西方发达国家早期的幼小衔接实践关注儿童上小学需要的学术技能,如认知字母、辨认颜色、从 1 数到 10 等。20 世纪 90 年代以来,许多西方发达国家不再将幼小衔接的概念等同于发展学生入学需要的一系列学习技能,而是在生态学模式的基础上重新界定幼小衔接的概念。从生态学的模式出发,幼小衔接的概念不再聚焦于学习技能,而是关注学生的技能是如何发展和变化的,儿童、家庭和学校(教室)如何帮助儿童做好入学准备。幼小衔接的策略要从影响儿童发展的环境入手,除了学前教育机构要帮助儿童做好入学准备之外,家庭和学校也要积极参与进来。[①] 因此,在西方,"幼小衔接"不是一个事件,而是一个过程。

我国学者对幼小衔接的理解也有所不同。如朱晓蔓认为,幼小衔接是指为了促进儿童的健康成长,幼儿园和小学通过创造良好的条件,做好一系列工作,以帮助儿童实现幼儿教育阶段到小学教育阶段的顺利过渡,并取得良好教育效果的过程。其主要工作表现在两个方面:第一,幼儿园的入学准备工作。从广义上讲,幼儿园的所有教育活动都是在为更高一级的教育阶段做准备,因此,整个幼儿教育阶段促进幼儿体、智、德、美等方面全面发展的所有活动都属于幼儿园的入学准备工作。从狭义上讲,幼儿园的入学准备工作仅指对大班幼儿进行有针对性的、更集中的入学准备教育,主要包括入学意识、学习习惯和学习能力等方面的准备。第二,小学的新生过渡工作,使儿童尽快消除对新环境的陌生感。[②] 秦振飙、侯莉敏认为,幼小衔接是指幼儿园与小学之间在教育教养工作的内容上以及在实现这些内容的方法上互相联系,其实质指的是儿童连续的、不断发展的社会性、心理、身体发展上的衔接。[③] 蔡迎旗认为,幼小衔接是幼儿园(包括学前班)教育同小学教育之间的相互关系,这种关系是一种双向互接的关系。一方面,幼儿园要为幼儿入小学

① 邬春芹.西方发达国家促进幼小衔接的国际经验[J].比较教育研究,2013(2).
② 朱晓蔓.中国教师新百科(小学教育卷)[M].北京:中国大百科全书出版社,2002:72.
③ 秦振飙,侯莉敏.幼小衔接课程现状的调查与反思——对广西幼儿园教师和小学教师的比较研究[J].学前教育研究,2005(5).

积极做准备,使幼儿顺利地适应小学的学习生活;另一方面,小学也应以幼儿园保教目标为基础,引导孩子顺利地通过幼儿园向小学过渡的阶段。[①] 与西方学者相比,我国学者对幼小衔接的理解呈现狭义化特点,即仅仅把幼小衔接理解为幼儿园教育和小学教育的单项对接,概念中并不涉及社会教育、家庭教育对儿童幼小衔接的影响。

联合国儿童基金会与中国国家教委合作的"幼儿园与小学衔接研究"的调查表明,中国许多儿童从幼儿园进入小学时对学习生活不适应,普遍感到上课时间长、作业多、心理压力大、精神负担重;部分学生还出现身体疲劳、睡眠不足、食欲不振、体重下降等身体反应;不少学生学业失败率高,课堂违规行为多,自信心受挫,留恋幼儿园的生活,产生怕学、厌学情绪。大量研究表明,如果幼儿园和小学之间衔接工作失败,不仅会影响儿童在小学的成绩,而且可能会对儿童未来的发展和学习产生影响。反之,如果儿童参加了幼小衔接的相应项目,他们就能做好上学的准备,并且在学校能取得较好的学习成绩。例如,弗莱切(Fletcher,J.)通过研究证明,接受幼小衔接的儿童,在教育阶段之间过渡自然,很快就能适应小学的生活、教学方法和规章制度,学业成绩提高很快。[②] 雷米(Ramey,S. L.)和雷米(Ramey,C. T.)运用事例证明,幼小衔接的经验会持续很长时间,会对儿童未来的兴趣发展和成就有影响。[③]

因此,积极做好幼小衔接工作,帮助儿童做好学前准备对其健康发展和未来发展意义重大。

二、中外早期幼小衔接的思想

(一)西方早期幼小衔接思想

1.夸美纽斯的幼小衔接思想

捷克教育家夸美纽斯非常重视幼儿进入公共学校前的准备,他认为:"父母没有准备就将其子女送往学校是不智之举,这如同小牛奔往市场或羊群闯入牛群一样。"[④] 夸美纽斯在《母育学校》一书中给家长、家庭教师和监护人提出了帮助孩子做好入学准备的具体做法。

首先,儿童接近入学的时候,家长应当利用生活中各种有趣的现象激发孩子的学习兴趣,还可专门为孩子准备一件小礼物(如一件美丽的衣服、一顶漂亮的小帽子、一个光滑的写字板等),增强孩子入学的愿望。

其次,在游戏和娱乐中让孩子接触学习工具,初步了解几何和自然知识,培养阅读兴趣。夸美纽斯认为:"让儿童用粉笔在石板上或纸上描绘三角形、方形、圆形、小星星、马、树等,也是极有好处的;描绘得是否正确,倒可不去管它,只要能使他们精神愉快就行了。使儿童习惯于一组字母并能辨别它们,不是徒劳无益的。至于其他任何足以激发他们喜

---

① 蔡迎旗.学前教育概论[M].武汉:华中师范大学出版社,2006:237.

② Fletcher J,Connect R. *Evaluating School Community Linked Services:Politics,Problems and Possibilities*[M]. Sydney:Australian Centre for Equity through Education,1997:39—42.

③ Ramey S. L. ,Ramey C. T. *The Transition to School:Opportunities and Challenges for Children,Families,Educators,and Communities*[J]. The elementary School Journal,1998,(4):293—295.

④ 任钟印.夸美纽斯教育论著选[M].任宝祥等译.北京:人民教育出版社,2005:71.

欢学校的,凡是可以办到的,都应该做到。"①

最后,家长应在孩子入学前激发他们对于未来老师的信心和爱戴。夸美纽斯建议的做法有:一是家长和教师建立友谊,并告知孩子老师的出众之处和仁慈之心;二是带孩子在入学前拜见老师,通过互赠小礼物的方式消除孩子对老师的陌生感和畏惧感。

知识索引

夸美纽斯的《大教学论》

《大教学论》是西方最早的系统的教育学著作,它为近代教育学的建立打下了基础,有人称它为教育学的开端。在"致意读者"中,夸美纽斯明确表述了《大教学论》的最基本目的。他说,教学论是教学的艺术,大教学论就是"把一切事物教给一切人的普遍的艺术"。

夸美纽斯在作品中提出了普及教育、教育要适应人的自然特性、分班教育制度等一系列教育主张,并集中论述了教学原则,系统地表述了他的教育思想。

在《大教学论》里,夸美纽斯热情地赞美了教育这一事业,认为这是世上最具自豪感的。同时认为教育者本身也应当不断地学习,充实自己,以便更好地教育别人。他主张,教师应当主动激发孩子们的求学欲望,并且运用温和的、循循善诱的方法,用仁慈的情操与生动的言语吸引孩子们,而不是用粗鲁的办法使学生疏远教师。他还特别主张所有年轻人,无论男女,不分尊卑贫富,都应该进学校接受教育。

2. 福禄贝尔的幼小衔接思想

德国教育家福禄贝尔很早就意识到幼小衔接问题的重要性,在他的教育名著《人的教育》中,论及幼儿园的目的与任务时明确指出:"幼儿园的任务主要在于组织儿童进行各种适当的活动,特别是通过游戏活动来发展他们各方面的力量,为初等学校和未来的生活做好准备。"②福禄贝尔意识到了从幼儿园的以活动和游戏为主形式的方法到普通学校的抽象方法的转变具有突变的倾向。这种状况不仅令儿童难以适应,导致了对儿童心灵的直接损害,也给普通学校的教学工作带来了困难。因此,必须设法改变这种局面。幼小衔接的问题成为福禄贝尔晚年关注的教育问题,直至1852年逝世前四周,他还写了一封长信给自己的学生,探讨"中间学校"(intermediate school)的问题。福禄贝尔认为,从幼儿园到小学必须有一个中间阶段,使儿童有时间去做好准备,逐步地去适应新的环境和新的方法,把非连续性降低到最小的限度。这种中间阶段的转折方法就是:说服学校低年级阶段继续使用幼儿园的某些方法。他甚至进一步提出了设立一种介于幼儿园和普通学校之间的"中间学校"的设想,以实现从感觉、直观到抽象思维的顺利转折。在生命的最后一年,福禄贝尔甚至打算发明一种新的恩物(14块立方体),作为中间阶段的特殊教学用品。③

---

① 任钟印.夸美纽斯教育论著选[M].任宝祥等译.北京:人民教育出版社,2005:72.

② [德]福禄贝尔.人的教育[M].孙祖复译.北京:人民教育出版社,1991:29.

③ 周采,杨汉麟.外国学前教育史[M].北京:北京师范大学出版社,1999:200-201.

3.赫尔巴特的幼小衔接思想

赫尔巴特在《教育学讲授纲要》中论述了 4～8 岁儿童的教育。他注重儿童合群精神和仁慈观念的培养。从"教育性教学"的原则出发,赫尔巴特十分明确地肯定智育是全部教育的中心。他把 4～8 岁儿童的教学工作分为两个阶段。前一个阶段不要开始正规的教学活动,而主要应当使包括回答儿童的问题在内的非正规的教学,与引导、交际、活动以及从中引起的习惯、锻炼和道德判断等结合起来。在这个年龄段的后期,可以开始一些较正规的教学活动。他主张把儿童引导到一些有益的事情上去。[①]

(二)中国早期幼小衔接研究

20 世纪的二三十年代,中国学前教育发展进入了一个新的历史阶段,尤其是 1922 年的学制改革及《壬戌学制》的颁布,第一次确立了幼稚园在学制中的地位,幼儿教育成为整个教育的重要组成部分。当时中国大多数学前教育机构都是作为小学的附属机构建立的。《壬戌学制》中明确规定:"小学下设幼稚园,招收 6 岁以下的儿童。"虽然我国当时的幼稚园多附设于小学,但二者之间并没有形成很好的对接,主要原因有二:一是幼稚园不考虑为小学做准备,因为幼儿离园后不存在升学问题;二是小学各科教学不顾幼儿的实际情况和知识基础,一律从头开始。在此背景下,中国学前教育学者开始研究幼稚园与小学教育之间的衔接问题,形成了独特的幼小衔接理论,其中比较有代表性的是陈鹤琴和张宗麟的幼小衔接思想。

1.陈鹤琴的幼小衔接思想

陈鹤琴先生认为,造成幼小衔接问题的根本原因在于幼儿教育和小学教育教学方式的严重脱节。因此,"为沟通幼稚园和小学,小学和幼稚园要联合起来,成为一个系统,由同一个人主持"[②]。尤其应加强小学一年级与幼稚园之间的沟通与合作。陈鹤琴先生就解决幼小衔接问题提出了具体的建议。

第一,儿童入小学前要达到一定的标准。陈鹤琴认为,儿童入小学前应通过学前教育在学习能力、认知水平、情感态度等方面达到一定的标准,这样儿童入小学后才能适应小学的学习生活。因此,他主张编制一定的标准,作为考查儿童入学之用。陈鹤琴亲自为南京鼓楼幼儿园重新制订了标准,其中包括学习和生活习惯、图画、认读等项目。

第二,小学低年级课程要与幼儿园课程保持衔接。陈鹤琴认为:"一年级的课程非常呆板,像中高年级那样的样式上课下课,较幼儿园的弹性课程迥然不同……这种显著的课程分割是不适宜的。"因此,他主张,小学一年级课程最好采取和幼儿园课程相似的大单元编制原则,打破传统的课程分类法,要有灵活性、综合性,而不要太专门化。国文课应占重要地位,算术课所占比例不应过多,并增加图画、音乐、体育等课的分量,使幼儿能得到均衡的发展,决不让"刚出芽的幼苗早熟结果。"[③]

第三,小学低年级的教学方法要多采用幼儿园的游戏法,注重教学方法的生动性。陈鹤琴认为,小学教师要顾及低年级儿童好动、好奇的心理,多采用游戏法、故事法的方

---

① 周采.比较学前教育[M].北京:人民教育出版社,2010:329.

② 北京市教育科学研究所.陈鹤琴教育文集(下)[M].北京:北京出版社,1985:38.

③ 北京市教育科学研究所.陈鹤琴论幼儿教育[M].北京:北京出版社,1985:79.

式来激发儿童的学习兴趣,避免让儿童死记硬背,以免打击儿童的学习积极性。此外,教师的语言要生动,态度要和蔼,教育要直观,并经常带孩子到大自然和社会中观察和学习,通过亲自动手来获得经验。

第四,幼儿园大班的教学内容可为小学做好知识准备。陈鹤琴认为,幼儿园是"以教养为主的正式学前教育机关"[①],并不是单纯的福利机构,因此,幼儿园作为国家教育体系中的基础,应为小学教育奠定一定的知识基础。如大班可教儿童识一些字,做一些简单的算术题,但所有教材、教法、教具都要适合儿童的特点,符合儿童的需要,使儿童得到相当的快乐,以便让儿童入小学后尽快地度过心理适应的阶段。

第五,幼儿园教师与小学一年级教师最好是"成为一个系统,由同一个人主持"。此外,在培养方面,师资培养机构要考虑两者衔接的因素,设置共同的科目,开展"幼小教师"的双向交流。

2. 张宗麟的幼小衔接思想

我国著名幼儿教育家张宗麟曾对幼小衔接问题做了大量的研究,并形成了自己的思想。自1925年起,张宗麟在南京担任了5年的幼稚园与小学低年级指导员,写出了《幼稚园与小学低年级指导的研究与计划》《幼稚园与小学的实际问题》等论著,为沟通幼稚园与小学低年级做了大量探索。他在《幼稚园与小学低年级指导的研究与计划》中呼吁:"希望今后小学的各方面如教法、教材、课程训育都变成幼稚园化,打破种种形式训练和只做'预备人'的教育,建设自由的、向前的实际生活的教育。"[②]

张宗麟与陈鹤琴一样,都认为解决幼小衔接问题的关键是制定幼稚园毕业和小学低年级教学的标准,入学标准应包括:"最低限度之应养成的习惯表;幼稚生作业之标准;各种测验标准,如智力、体力、学业等测验。"[③]

针对如何解决好幼小衔接问题,张宗麟先生提出了一些具体的建议:

第一,幼稚园和小学低年级的学习内容应符合儿童的自然需求和兴趣爱好。他指出,低年龄段的儿童不应有太多学习任务,应当让孩子"每日过日常生活",不需要为完不成学校的作业而担忧。

第二,小学低年级在环境创设上应尽量与幼稚园保持一致。张宗麟研究发现,幼稚园与小学环境的"断裂感"是造成儿童幼小衔接问题的原因之一。幼稚园环境充满童趣,符合低年龄段儿童的特点,因此,小学低年级在环境方面应多采用幼稚园的元素进行创设。

第三,幼稚园和小学低年级教师应接受同等教育。张宗麟认为,幼稚园教师多为女性,小学教师多为男性,再加上受教育不同,对学生的态度和方法亦不相同,给儿童适应学校生活增加了困难。因此,两种教师需要接受同等教育,以相同的方法和态度对待学生。

第四,在小学附设幼稚园或在幼稚园增加小学低年级,是解决幼小衔接问题的良好途径。在幼稚园增加小学低年级,可节省开支,只需增加一位教师即可,简便、易行,效果

---

① 北京市教育科学研究所.陈鹤琴教育文集(下)[M].北京:北京出版社,1985:205,26.

② 张宗麟.张宗麟幼儿教育论集[M].长沙:湖南教育出版社,1985:723.

③ 张宗麟.张宗麟幼儿教育论集[M].长沙:湖南教育出版社,1985:73,75.

更佳。但关键在于幼稚园和小学保持环境和要求一致,"二者必须在同样环境之下作业,不能有界限,只能增其作业之成分"①。

综上所述,陈鹤琴和张宗麟通过对幼儿园教育的实地考察和实践探索形成的幼小衔接思想,对解决当时的幼小衔接问题起到了一定的作用。二者在幼小课程内容选择、教学方式选择、师资培养等方面都有着相近的观点。深入分析陈、张二老的幼小衔接思想发现,他们对幼小衔接问题的原因分析和具体措施具有一定的科学性,对解决当代幼小衔接问题具有重要的价值。

---

①　张宗麟.张宗麟幼儿教育论集[M].长沙:湖南教育出版社,1985.

|第二节|
关于幼小衔接的理论

　　许多发达国家都高度关注幼小衔接的理论研究,其原因有二:一是随着脑科学研究的进一步深入,人们意识到学前儿童的学习能力和需要超出了人们的想象,加强幼小衔接的理论研究,有利于更科学地促进儿童学习能力的发展;二是各国政府都希望学前教育在提升儿童学习能力、消除弱势儿童学习障碍、做好入学准备等方面发挥更大的作用,幼小衔接的理论研究能为政府合理推进教育起点公平奠定基础。然而,由于学校教育模式一直占据着支配地位,所以,幼儿园与小学之间的衔接通常是有问题的。一直以来,"4～6岁儿童的教育方案往往是小学教育的向下延伸。虽然托幼机构的课程是相对自由的,但是实际上托幼机构的课程是建立在追随学校教育的课程模式的基础之上的"①。针对这些问题,近年来,西方学者开始从生态学和社会文化学视角研究幼小衔接问题,并逐渐形成了各具特色的研究理论。

一、生态学视角下的幼小衔接理论

　　"衔接"通常被看作生态学概念。西方学者将生态学视角下的"衔接"视为:第一,"通过仪式"——校服、饭盒和其他个人的随身用品标志着儿童来到一个新的环境;第二,"越境"——从物理环境或者文化意义上的一个世界进入另一个世界;第三,"制度仪式"——制度要求儿童将在家获得的符号资本转化为在学校可以使用的符号;第四,"关键生活事件"理论指出,对关键事件的评价是很重要的,它是一个应对的过程,也因此可以体现为一种衔接。以上这些衔接理论来源于布朗芬布伦纳的"发展生态学理论",这些理论考虑了在衔接过程中对儿童发展可能起作用的人、事物或事件。②

📖 知识索引

生态学

　　生态学源于生物学,属宏观生物学范畴,研究目标是了解自然界系统运作的原则并预测其对变化的反应。德国生物学家恩斯特·海克尔于1866年给生态学下了一个定义:生态学是研究生物体与其周围环境(包括非生物环境和生物环境)相互关系的科学。结合人文社会学科的研究成果,形成了生态哲学、生态伦理学、自然资源经济学、生态文化学等分支;将生态的理论与方法运用于人类社会系统各个方面的研究之中,从而出现了人类生态学、文化生态学、工业与经济生态学、农业生态学等交叉学科,使得生态学成为揭示社会系统基本规律的重要方法论之一。

---

　　① [美]L.G.卡茨.教育大百科全书——学前教育[M].刘焱等译.重庆:西南师范大学出版社,2011:78.
　　② 李敏谊,刘颖,崔淑婧.国外近10年幼小衔接理论研究综述[J].比较教育研究,2010(5).

有关研究者总结了关于幼小衔接的四种理论模型,这四种理论模型的演变体现了幼小衔接理论模型的"生态化"。[①]

模式一:儿童影响模式(child effects model)。它强调在学校适应中儿童是最关键的因素。基于儿童影响模式理论的研究着重考察了儿童个体特征对幼小衔接的影响。这里,儿童的特征包括了他们的贫困程度、认知准备和智力因素、语言能力、性别、种族、气质。

模式二:直接影响模式(direct effect model)。它认识到社会背景在预测儿童学校适应中的作用。例如,作为学校环境的班级规模、分组方式、教学过程,都与儿童的表现相联系。此外,儿童的保育环境、同伴关系的质量、父母的敏感性和给予刺激的丰富性、社区的特点(如暴力、青少年行为偏差或积极的教育资源),都对儿童在学校的行为和学业表现有重要的影响。这一模式包括了模式一所没有解释的一些变异。基于这一理论模式,研究者、决策者形成了对"准备"更完整的认识,帮助我们关注到处境不利的幼小儿童的幼小衔接问题。

模式三:间接影响模式(indirect effect model)。它考虑到社会背景之间的相互作用对学校适应的影响,阐述了背景之间的联系,考虑了儿童因素与背景之间的双向作用。换言之,它包括了直接影响和间接影响儿童入学适应的因素,还考察了儿童与社会网络的交互作用。基于间接影响模式的研究考察了学校、儿童保育、同伴、家庭和社区的影响以及它们的共同作用,明确了环境在对儿童产生影响的同时也受到儿童特征的反作用。

模式四:生态学动力模式(developmental dynamics model)。它包括了以上三种模式的关键因素,同时强调了关系的变化。它是建立在皮安塔等人的情景系统模式(contextual systems model)和布朗芬布伦纳、莫里斯生物生态学模式之上的。实际上,生态学动力模式是用来描述儿童、家庭、学校、同伴和邻居之间的关系如何形成了一个对儿童幼小衔接产生直接和间接影响的动力关系网。具体的关系网如图 6-1 所示。

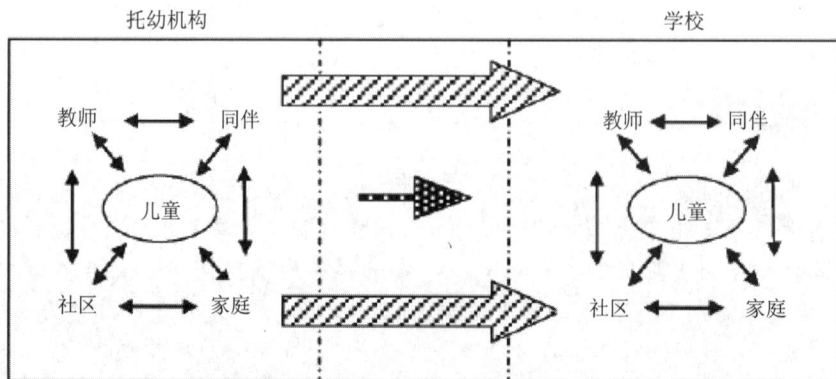

图 6-1 幼小衔接的生态学动力模式图

基于生态动力学模式,研究者对如何评价儿童早期衔接的结果有一定的启示,例如,幼小衔接评价的对象不仅仅是儿童自身的发展状况,家庭和学校的关系状况也应该被视作幼小衔接的结果。

---

① 李敏谊,刘颖,崔淑婧.国外近 10 年幼小衔接理论研究综述[J].比较教育研究,2010(5).

二、社会文化学视角下的幼小衔接理论

罗高夫（Barbara Rogoff）和科萨罗（Corsaro）等着重从社会文化视角来看待幼小衔接。

"参与"（participation）这一普通的词在罗高夫的"人类发展文化本质理论"中有着至关重要的作用。罗高夫认为，作为人类的发展来说，其生物性和文化性是相互交织在一起的，人类一出生，既作为种系的成员，又作为其社区的成员，人类作为一个生物种系是因其文化参与的特征而定义的，[①]人一生的发展也是在文化历史过程和生物种系发育过程中发生和实现的。罗高夫在论述儿童在社会活动中的参与时，总是试图理解儿童如何同时发展、学习和变化，并提出了一个有关学习的重要概念："参与转变"或"变化的参与"。他认为，学习的过程是个人在参与社会群体所协调的各种活动中发生变化的过程，由此，要研究儿童的发展，就要研究他们在社会活动中的诸多角色和责任的变化。这就是说，儿童心理发展的内在变化和参与活动的外在变化是不可分的。[②]

基于此，罗高夫认为，研究幼小衔接问题，不仅仅要聚焦于儿童个体内心和行为的变化，还要聚焦于社会群体和文化社区的变化。对于学前儿童来说，学校作为一个文化社区，儿童进入学校学习是儿童的社会角色发生变化的重要文化过程。依据罗高夫的理论，学前儿童要很好地适应小学生活就必须通过参与适应小学生活意义重大的活动和事件（如入学参观），体验在学校情景中自身的改变，并在教师、家长的指导下获得对学生这一角色的认同和适应，以便在今后的学校中能处理好学习和生活。

科萨罗等人为，幼小衔接过程不只是关于个人以及个人如何发生变化，而是被"共同创造的，儿童与他人一起分享的"。科萨罗等人强调了幼小衔接引导活动的重要性，这些活动能够帮助儿童为适应学校的社会文化做准备。这些活动包括与儿童讨论小学是什么样的、参观小学、介绍学校的课堂实践组织形式（如举手），以确保儿童熟悉这些内容。这些引导活动发生在家庭、学前机构和社区的相互作用中。[③]

总体来看，社会文化学视角下的幼小衔接理论强调的是幼小衔接是一个整体的、社会性的进程，涉及的不是孤立的个体或仅仅依赖个体的技能。在社会文化学视角下，幼小衔接成功的关键是参与活动，儿童可以通过参与到入学体验的活动中而进行入学准备。这些入学体验的活动不仅发生在社区、家庭，还可以发生在其他场所，最重要的不是在儿童即将开始入学前开始这些活动，而是持续的、交互的进行。

① Barbara Rogoff. *The Cultural Nature of Human Development*[M]. NewYork：Oxford University Press，Inc，2003：3.
② 薛烨，朱家雄. 生态学视野下的学前教育[M]. 上海：华东师范大学出版社，2007：143.
③ 李敏谊，刘颖，崔淑婧. 国外近10年幼小衔接理论研究综述[J]. 比较教育研究，2010(5).

拓展阅读

幼小衔接阶段的六个断层

德国的哈克教授认为,从幼儿园到小学,不仅是学习环境的转换,也包括教师、朋友、行为规范和角色期望等因素的变化。他根据观察和研究指出,处于幼儿园和小学衔接阶段的儿童,通常存在着下列六个方面的断层问题:

1. **关系人的断层。**孩子入学后,必须离开"第二母亲"角色的关系人——幼儿园教师,而去接受严格要求、学习期望高的小学教师,这使孩子感到压力和负担。

2. **学习方式的断层。**小学中正规的科目学习方式与幼儿园的自由游戏、探索学习和发现学习方式有较大区别,孩子必须有适当的时间加以适应。

3. **行为规范的断层。**通常在幼儿园被认为是理所当然的个人要求,在小学不再被重视。孩子入小学后,必须学会正确地认识自己,融入集体,他们以往的感性将渐渐被理性和规则所控制。

4. **社会结构的断层。**孩子入小学后与幼儿园的友伴分离,重新建立新的人际关系,结交新朋友,寻找自己在团体中的位置并为班级所认同。

5. **期望水平的断层。**家长和教师都会对上了学的孩子给予新的期望和压力,为了学业而减少了孩子游戏、看电视的时间等。

6. **学习环境的断层。**幼儿期的自由、活泼、自发的学习环境转换成为分科学习、有作业、受教师支配的学习环境,孩子容易陷入不注意状态或学习障碍。

|第三节|
各国在幼小衔接上采取的措施

发达国家非常重视幼小衔接,各国政府将高质量的幼儿教育看作缩小入学准备差距、体现社会公平的有效策略。20世纪90年代以来,发达国家政府在政策制定、具体教育措施上采取了立体式的框架设计。

一、政府出台法令政策保障幼小衔接质量

发达国家将"质量"作为教育改革的重要目标,学前教育作为学校教育制度的重要组成部分,质量问题也受到很多关注。幼小衔接成为衡量教育质量,尤其是学前教育质量的重要标准之一。发达国家高度重视幼小衔接问题,纷纷颁布法令政策保障学前教育机构与小学的连续性。[①]

美国无疑是出台法令政策以保障幼小衔接质量最多的国家,政府认为解决幼小衔接问题的关键是做好儿童的入学准备。美国1994年颁布的《2000年目标:美国教育法》中强调了入学准备,将"所有儿童做好入学准备"作为首要目标。美国2003年颁布了《入学准备法》,要求通过向低收入家庭幼儿提供健康、教育、营养、社会和其他服务,促进幼儿的发展及入学准备。2005年,美国全国州长协会发表了《入学准备州长指南》《入学准备州长任务工作小组最终报告》和《国家入学标准指标》等文件,明确了入学准备的有关政策。[②] 在这些政策的指导下,美国各级政府采取了设立早期学习标准和普及学前班等措施,并拟通过"形成综合协调的入学标准系统和策略性计划""改善托幼服务质量的分层测量系统""促进教师专业化发展的综合性系统"和"入学准备绩效评估指标"等措施,进一步加强幼儿的入学准备。[③] 2009年,奥巴马担任总统后倡导了一项"0~5岁教育计划"。该计划旨在为每个儿童在幼年期获得平等的教育,入小学前能得到充分的准备。这一计划的实施推动了儿童幼小衔接更科学的发展。2010年,奥巴马政府修正了《初等和中等教育法》。该法案提出,政府将继续拨款鼓励小学与学前教育机构合作,促进幼小衔接。

日本政府一直非常重视幼小衔接,早在第二次世界大战结束后,日本教育复兴期就关注到了幼小衔接问题。文部省在1947年颁布的《保教要领》中明确提出了学前教育机构与小学之间应该进行充分沟通和联系的主张。20世纪90年代以来,日本社会由中央集权向地方分权的转变对当代日本的教育产生了重要的影响,学前教育改革也和其他各级各类教育一样受到地方分权化的影响。例如,在关于幼儿园和保育所一体化的问题上,日本已经有了明显的地方分权化措施——形成幼儿园和保育所一体化的综合教育机

---

① 邬春芹.西方发达国家促进幼小衔接的国际经验[J].比较教育研究,2013(2).
② 刘焱.入学准备在美国:不仅仅是入学准备[J].比较教育研究,2006(11).
③ 曹能秀.学前比较教育[M].上海:华东师范大学出版社,2009:224.

构。文部省在 2000 年颁布的《幼儿园教育要领》中明确指出了"发挥各学校、各地区的特点"的原则,这为幼小衔接的实施提供了良好的环境。[1] 此外,现代日本社会出现的"小一问题"以及终身教育思想,都促使了日本教育界在 20 世纪以来出现了"幼小衔接"热潮。《幼儿园教育要领》中指出:"应该考虑到幼儿园教育要为小学以及小学后的生活、学习奠定基础,幼儿园教育应该提供与幼儿期相适应的的生活,为幼儿创造性的思考能力、主动生活态度的形成打下基础。"2001 年,文部省发表了《幼儿教育振兴计划》(2001—2006 年幼儿教育发展计划)。该计划进一步提出加强幼儿衔接的问题,而且详细地提出了促进幼小衔接的一些策略。此文件发表后,日本文部科学省先后 3 年开展了"关于幼小合作的综合调查研究",获得了大量关于幼小衔接中存在问题和具体应对策略的第一手资料。

法国一贯重视学前教育与小学教育的衔接与联系,学前教育与小学教育阶段被合称为初等教育。法国初等教育入学率明显高于经济合作与发展组织其他国家,如法国 3～4 岁儿童的入学率为 12.9％,5～14 岁儿童与青少年的入学率为 101.3％(注:入学率高于100％的主要原因是部分儿童 3 岁前就已经入学)。与此同时,法国公立学校的比例也远远高于欧洲其他国家,堪称世界第一。法国初等教育的卓越表现与其实现了学前教育和小学之间的全面衔接密切相关,而成就这一幼小衔接教育制度的教育法案主要是其 1989年颁布的《教育方针法》、1990 年颁布的《幼儿园与小学运作组织法》、2005 年颁布的《学校远景计划与发展方针法》(又称《费雍法案》)。[2] 其中,在 1989 年的《教育方针法》中,法国政府将初等教育划分为三个学习阶段:第一个学习阶段称为早期学习技能阶段(2 岁到5 岁);第二个学习阶段是基础学习技能阶段(母育学校最后 1 年到小学二年级);第三个学习阶段是学习技能进一步发展阶段(小学三年级到五年级)。学习阶段的划分有效地防止了重复学习,使学前教育与小学教育既体现出合理的层次性,又具有良好的过渡性和连贯性。

新西兰 2002 年颁布的学前教育的十年战略计划《未来之路》中有一条策略是"促进从出生到 8 岁教育的连续性"。该策略主要包括三个方面:帮助幼儿教师和小学教师更好地理解《未来之路》和新西兰国家课程之间的关系;帮助幼儿教师和小学教师更好地理解幼儿园和学校的教学方法;为促进有效的幼小衔接分布信息。[3]

英国、德国等西欧国家在促进幼小衔接方面的政策与美国相似,都注重提高学前教育质量,注重设立早期学习标准。1999 年,英国资格与课程局颁布了《早期学习目标》,对在基础阶段末幼儿应达到的学习结果做了明确的规定。2000 年,英国政府又颁布了《基础阶段课程指南》,把 3～5 岁确定为基础阶段,提出并描述了基础阶段幼儿在每个领域的"发展阶石""幼儿的实际表现"和"实践工作者的工作"等。[4] 2003 年,德国政府提出要制定面向所有幼儿的国家教育标准,并把这种教育标准转化为指向于儿童的学习标准。

① 霍力岩,木全晃子.日本"幼小衔接"热潮剖析[J].比较教育研究,2006(5).
② 胡春光,陈洪.法国幼小衔接教育制度的内涵与启示[J].学前教育研究,2011(9).
③ 邬春芹.西方发达国家促进幼小衔接的国际经验[J].比较教育研究,2013(2).
④ 刘焱,潘月娟,赵静.早期学习标准化运动述评[J].比较教育研究,2005(5).

二、加强家庭、早教机构和小学的合作,构建良好的幼小衔接环境

近几年,西方研究者对幼小衔接的研究逐渐转向"生态学"取向,即开始关注影响幼小衔接的因素及其之间的相互关系。研究发现,影响幼小衔接质量主要有5大因素:儿童入学准备的程度,即儿童是否做好了个人的、社会的和认知方面的准备可以胜任1年级的学习;家长、家庭和社区的支持;高质量的为3~5岁幼儿服务的学前教育系统;幼儿园班级在物质环境和心理环境方面,帮助幼儿做好入学准备;小学帮助幼儿做好入学准备。[①] 因此,促进幼小衔接并非是早教机构的责任,在这一过程中,需要家庭、早教机构和小学的合作,且这种合作不能流于形式,应以构建良好的幼小衔接生态环境为目标,使儿童在整体、和谐的教育环境中做好入学准备。

美国的"开端计划"非常鼓励家庭访问、父母教育和为那些想了解小学的家庭提供帮助。马萨诸塞州、北达科他州、马里兰州、北卡罗拉纳州和加利福尼亚州都采取"对幼儿园的倒计时"项目。马萨诸塞州的波士顿市2001年开展了此项计划,目标之一是在幼儿进入附设于小学的幼儿园之前建立牢固的家校联系。其中一条策略是儿童入学的当年1月就到小学登记,目的是在秋季开学之前与教师建立良好的联系。学校鼓励家长帮助儿童调整作息时间,培养独立性、乘坐校车上小学等。[②] 可以说,"开端计划"开创了家庭、早期教育机构和小学合作的先河。20世纪90年代以来,一些国家也开始重视构建家庭、早教机构、小学"三位一体"的幼小衔接生态环境。

澳大利亚昆士兰州政府推出了一种以社区为基础的幼小衔接网络运行模式——"儿童保育和家庭支持轴心",利用社区资源中心、社区公共设施、学校或者重建的社区资源整合机构,向网络辐射并且发挥整合功能,从而构建一种促进幼小衔接的网络运行模式。运行过程中,轴心机构会和各部分保持"组串"关系——轴心是"组",各服务部门是"串"。此外,澳大利亚政府还将这种网络运行模式运用于促进土著儿童幼小衔接的一些项目上。例如,为帮助土著儿童更好地适应小学学习,并获得较好的学业成绩,澳大利亚的查尔斯达尔文大学在澳大利亚北领地的6个偏僻的农村社区选取了6个附属于小学的学前教育机构开展早期阅读项目。[③] 由于项目实施过程非常重视发挥社区、家庭的作用,尤其是土著长老的"领袖"作用,从而构建了一个"社区、家庭、小学、早教机构"的早期阅读共同体。澳大利亚北领地土著儿童早期阅读计划实施至今,已经取得了令人叹服的成绩。该项目实施两年后,大大增强了土著儿童的早期阅读能力,使他们能顺利进入小学学习,并降低了入学后学业失败的概率。

意大利的国家教育政策中就非常强调家园合作,尤其是对那些有着多元文化背景和

---

① Richard M. C. ,Gisele M. C. *Beginning School：U. S. Policies in International Perspective*[M]. Columbia University Teachers College,2009:5.

② 邹春芹.西方发达国家促进幼小衔接的国际经验[J]. 比较教育研究,2013(2).

③ Marguerite Maher,Linda Bellen. *Smoothing Children's Transition into Formal Schooling：Addressing Complexities in an Early Literacy Initiative in Remote*[J]. Early Childhood Education ,2014(1).

特殊需要儿童的家庭。意大利最为著名的瑞吉欧教育方案就以"家庭、幼儿园、社区、小学"的合作性教育为一大特色。意大利居民有着强烈的民主参与和公共社区观念,在此背景下,瑞吉欧学校也特别注重家庭—学校关系的建立和社区的参与,将教育机构的教育放置于更为复杂的关系中。在幼小衔接方面,瑞吉欧学校运用多种方式推进"小学—家庭"互惠关系的发展以及社区对教育的参与。家长、教师和社区的其他人员都可以就儿童幼小衔接中发现的问题和应对方法召开集体会议,入学前家长可带孩子参与小学开展的各类活动,社区也常常为准备入小学的儿童开展社区教育活动。

日本除了加强家庭、小学和幼儿园的合作之外,还非常重视幼儿园教师和小学教师的合作。日本的"幼小衔接推进校"中,不再仅仅采取观摩的方法让教师了解不同机构的教育,而是鼓励幼儿教师与小学教师合作,形成团队,一起编制课程,进行教学互换(小学教师到幼儿园任教,幼儿园教师到小学任教),围绕共同主题定期交流研讨。这种长时间、深度的合作可以促进两种机构文化的理解和融合。

三、整合学习阶段,促进"幼小一体化"

促进儿童在幼儿园和小学的学习具有连续性,目前成为西方发达国家帮助幼儿做好入学准备的一个重要措施。发达国家有两种做法:一种是在小学设立学前班,如瑞典、芬兰等国家。学前班招收 6 岁幼儿,注重正式的教学,为上小学做好准备。另一种新的做法是将幼儿园与小学整合成一个学习阶段,如德国、法国、美国等。[①] 目前,在终身教育和可持续发展教育理念的影响下,许多国家都把幼儿园和小学教育作为一个连续的、统一的整体进行规划、统筹和安排,在课程设计、教学模式和师资培养等方面都表现出追求"幼小一体化"的特点。

法国 1989 年的《教育方针法》和 1990 年的《幼儿园与小学运作组织法》打破了传统的年级概念,将学前教育与小学教育在教学实施上分成三个学习阶段,从而使学前教育和小学教育合为一体。其中,第二个学习阶段是基础学习技能阶段,包括了母育学校最后 1 年到小学二年级,这一阶段的主要任务就是帮助儿童做好入学准备。法国的做法就是将 5 岁左右的幼儿教育列入学校教育体系的最初一级(初等教育),让儿童在幼儿园大班时掌握一些最初的读、写、算技能。在基础学习技能阶段,幼儿园大班和小学一、二年级的学习领域都包括了法语与语言、共同相处、数学、探索世界、外国语言、艺术教育、体育运动 7 个方面,且每周上课时数都为 26 小时左右。

德国在整合学习阶段方面,主要采取的是混龄编班的模式,不仅 0～6 岁学前儿童混龄编班,有些早期教育机构还安排了小学低年级学生和幼儿一起活动。[②] 德国的幼儿园充满着家庭的温馨,儿童更多的是在轻松玩耍中自然成长。幼儿园的教学计划由主办者自主决定,包括语言、创造性活动、性别教育、体育、音乐和入学准备 6 个方面的内容。虽然德国把入学准备作为专门的课程领域,但德国幼儿园并不以认知作为儿童入学准备的主要目标,德国政府将关注点放到了辅助幼儿家庭教育上,试图通过创设一种类似于家庭的幼儿园教育环境,让幼小衔接自然发生。近几年,德国受到法国的影响,产生了一种

① 邬春芹.西方发达国家促进幼小衔接的国际经验[J].比较教育研究,2013(2).
② 张虹.德国学前教育机构的混龄教育[J].幼儿教育,2003(11).

新的幼小衔接模式,称为新学前班(new school entry class),招收年满 5 岁的幼儿。新学前班设立的目的是减少幼儿园和小学之间的冲突,主要有三个特点:一是大大减少了延迟入学的儿童数量;二是采用混龄编班;三是时间灵活(儿童可在此类班级待 1~3 年)。

美国和英国主要通过教育体制改革和机构调整等措施来加强"幼小一体化"。美国1985 年开始把 5 岁儿童的教育纳入学校教育体系中,目前正致力于把 4 岁幼儿的教育也纳入学校教育计划。1996 年出台的美国国家科学教育标准,也把幼儿园至高中的科学课程一体化。其中,幼儿园与小学低年级被划分为一个阶段来考虑。近年来,美国政府加大了对先学前班(prekindergarten)和全日制学前班的投入,整合先学前班至小学三年级,构建无缝衔接的低幼教育。美国现有许多教育工作者提出整合先学前班至小学三年级(Prek—3)的教育模式,从而为儿童提供连贯的、一致的教育,强化并延续早期经验和教育的积极影响,减少后期教育干预的费用。① 英国的学前教育机构包括幼儿园、小学中的幼儿班以及预备班,招收 5 岁前的幼儿;而初等教育分为两个层次:幼儿学校(5~7 岁)和初等学校(7~11 岁)。儿童从 5 岁开始实行义务教育,全部入幼儿学校,经过两年预备教育后再入初等学校。从幼儿学校的课程来看,尽管它属于小学阶段,但课程的内容、要求以及活动的组织形式仍然从学前教育阶段开始,逐步向小学过渡。

保加利亚借鉴了英、法等西欧国家的不分年级教育的做法,根据国家教育和科学部的规定,从 2003—2004 学年开始,所有幼儿园或小学开设预备班,所有儿童在进入小学之前接受一年与正规学校教育有关的训练。这一做法的目的是希望儿童通过这种类似学前学校的训练,顺利地适应即将到来的小学生活,而家长和监护人不用为这类训练支付额外费用。②

日本也效仿西欧一些国家的做法,专门设置了幼年学校,在基础教育阶段实行四四六学制:儿童 4 岁进入幼年学校,学制 4 年,以后再接受 4 年小学和 6 年中学教育。此外,为消减幼儿园与小学两个教育阶段的坡度,日本从 1990 年开始在全国小学低年级开设以儿童的游戏和自主地获得直接经验为主要学习方式的综合课程——生活课,试图使幼儿园和小学在课程设置方面走向"一体化"。

四、促进幼儿园与小学教师聘用与培训的衔接

优良的师资是各国幼小衔接政策得以贯彻落实的保障。西方研究者认为,基础教育教师的素质对儿童从幼儿园平稳过渡到小学起到关键作用。

法国是公认的世界上第一所师范学校的诞生地。1831 年,柯夏在他的托儿所附设了幼儿教师养成所。1878 年,法国将初等教育纳入义务教育,由于师资短缺,各省开始强制性地设置初等师范学校。此后,法国的幼儿教师和小学教师都由省立初等师范学校培养。法国的幼儿教师和小学教师接受相同的培训和教育,使得教师能够相互交换,这对有效衔接的顺利发展有着极大的帮助。1900 年,法国开始改革师范教育。1989 年的《教育方针法》第 17 条规定,之前的初等师范学校逐渐被大学区的"师资培训学校"所代替,用于培养初等教育教师。1990 年 7 月后,法国提出了一种新的幼小衔接培养模式——

---

① 潘月娟,刘焱,周雪.美国学前一年的教育政策与实践[J].比较教育研究,2010(10).
② 周采.比较学前教育[M].北京:人民教育出版社,2010:333.

"连接式模式"。这一模式与欧盟其他国家的师范培养模式不同,它规定学前初等教育教师必须在获得普通高等学校的学士文凭后,再完成大学区的师资培训学院 2 年的教师培训课程,才能获得在幼儿园和小学任教的资格。目前,法国共有 31 所师资培训学院,130处培训点。[①] 为了加强师资培训学院与各大学相关学系的研究与合作,2005 年《费雍法案》第 85 条规定,各大学区的师资培训学院并入大学,这就为幼儿园和小学教师提供了更为宽广的学习和发挥空间。

美国的教师资格认证严格规定了教师任教的对象年龄和科目,但近年来,特别是在政府鼓励"整合 Prek—3 的教育模式"背景下,为了促进先学前班以及学前班向小学的良好过渡,美国一些州的教师执照有所改革。例如,新泽西州 Abbott Schools 提出一类新的教师资格证书——Prek—3 教师证书。宾夕法尼亚州、弗吉尼亚州、华盛顿州、威斯康星州提供先学前班到三年级的教师证书;阿拉斯加州提供先学前班到四年级的教师证书。一些州也出现了一个教师先在幼儿园某个班任教,幼儿升学后,继续担任该班的教师 1~2 年的现象。

日本在 2001 年文部省颁布的《学前教育振兴计划》中提出了"促进幼儿园教师和小学教师资格证的通用"的主张。2005 年,日本中央教育审议会发表了《关于适合环境变化的今后的幼儿教育的应有状态——为了幼儿的最佳利益》的咨询报告,再次明确幼儿园和小学教师资格证通用的观点,并提出了"通过在幼教机构和小学互设非常勤教师,促进彼此的经验交流和人员交流"等主张。[②]

新西兰的一些教师职前培养机构已经开始颁发 0~8 岁儿童的教学证书,这样毕业生既可在学前教育机构任教,也可在小学任教。新西兰的幼儿教师和小学教师同属于新西兰教育机构,这种设置增加了两类教师的互动,促进了相同待遇问题的进一步解决。

总之,在当今世界终身教育的理念和重视学前教育质量的背景下,发达国家把促进幼小衔接、提高学前教育质量看作缩小入学差距、体现社会公平的重要举措。发达国家不仅从战略高度重视幼儿的入学准备,颁发法令政策予以保障,而且还注重设立早期学习标准,以提高学前教育的质量。发达国家的幼小衔接在政策制定、课程衔接、督导评估、教师聘用与培养等方面已经形成了比较完整的制度和规划体系。相比之下,我国在幼小衔接问题上至今尚未形成统一的教育规划和政策体系,各地差异较大,根本无法保证幼小衔接工作的质量。因此,我国应借鉴他国经验,结合本国情况,尽快从政策、制度、课程衔接、教学方法和师资培养等方面研究出一套完整的幼小衔接教育规划,以此来推进幼儿园教育和小学教育的平稳过渡。

本章小结 ✎

本章内容主要涉及中外幼小衔接的早期研究、幼小衔接研究的理论和当代发达国家促进幼小衔接的举措三个方面。

中外学前教育家很早就关注幼小衔接问题,并在长期的教育实践中形成了各自的幼

---

① 郭为藩.法国师资培训制度的转型[J].教育研究与发展(台湾),2007(3).
② 曹能秀.世界幼儿教育"一体化"趋势浅探[J].幼儿教育(教育科学版),2007(4).

小衔接思想。夸美纽斯给家长、家庭教师和监护人提出了帮助孩子做好入学准备的具体做法。福禄贝尔提出了在幼儿园和小学之间设立"中间学校"的设想。20世纪二三十年代,中国现代学前教育的先行者陈鹤琴和张宗麟先生为促进幼小衔接、加强幼稚园和一年级的沟通与合作,提出了许多具体的措施,这些措施在当下仍有价值和意义。

"衔接"通常被看作生态学概念。西方学者把生态学视角下的"幼小衔接"看作一个过程,而不是一个事件。基于生态学理论,有关研究者总结出了幼小衔接的四种模式。其中,社会文化学视角下的幼小衔接理论强调的是幼小衔接是一个整体的、社会性的进程,涉及的不是孤立的个体或仅仅依赖个体的技能。在社会文化学视角下,幼小衔接成功的关键是参与活动,儿童可以通过参与到入学体验的活动中而进行入学准备。

20世纪90年代以来,发达国家促进幼小衔接的举措包括:政府出台法令政策保障幼小衔接质量;加强家庭、早教机构和小学的合作,构建良好的幼小衔接环境;整合学习阶段,促进"幼小一体化";促进幼儿园与小学教师聘用与培训的衔接。

阅读导航 ✍

1.邬春芹.西方发达国家促进幼小衔接的国际经验[J].比较教育研究,2013(2).

本文分析了20世纪90年代以来,西方发达国家为促进幼小衔接采取的一系列措施。文章引用文献较新,较好地体现了近年来发达国家在促进幼小衔接方面的措施和经验,对解决我国的幼小衔接问题具有重要的启示作用。

2.李敏谊,刘颖,崔淑婧.国外近10年幼小衔接理论研究综述[J].比较教育研究,2010(5).

本文通过梳理和分析近10年来国外研究者研究幼小衔接的一手资料,发现众多研究者主要从生态学理论和社会文化视角对幼小衔接的本质及其动力学原理进行探讨。本文通过对幼小衔接相关理论的探讨,试图进一步深化我们对幼小衔接的认识;同时,关注幼小衔接生态学理论和社会文化理论的有关研究,还为我们开展有关幼小衔接的研究和教育项目提供了一定的启示。

3.曹能秀.世界幼儿教育"一体化"趋势浅探[J].幼儿教育(教育科学版),2007(4).

本文通过分析20世纪90年代以来世界幼儿教育发展的趋势,有创见性地提出了"一体化"趋势。这一趋势主要表现在两个方面:一是幼教机构从幼儿的入学准备和"幼小一体化"两个方面重视与小学的衔接;二是幼教机构从提高服务意识和构建"四位一体"的幼教网络两个方面重视与家庭、社区的合作。

拓展练习 ✍

1.比较分析中外早期幼小衔接思想的异同,并试图分析早期幼小衔接思想的当代价值。

2.简述生态学视角和社会文化视角下幼小衔接理论的基本观点,并谈谈这些理论对研究我国幼小衔接问题有何启示。

3.简述发达国家在幼小衔接方面的重要举措及其启示。

第七章
家庭、社区和托幼机构合作比较

1999年,世界学前教育组织(OMEP)和国际早期教育协会(ACEI)召开的"21世纪国际幼儿教育研讨会"上,通过了《全球幼儿教育大纲》。其中指出,儿童的发展是"家庭、教师、保育人员和社区共同的责任",教师要和家长"就儿童的成长以及和儿童家庭有关的问题,经常进行讨论、交流",教师"要和心理学工作者、社会工作者、健康卫生人员、工商人员、公共服务机构、学校、宗教组织、休闲娱乐机构及家庭联合会等建立合作关系"。此次会议标志着家庭、社区和托幼机构的合作已经达成国际共识并成为发展趋势。在这一章中,我们将回顾家庭、社区和托幼机构合作的发展历程,了解国际上三方合作的概况,并学习瑞吉欧在家庭、社区和托幼机构合作方面的经验。

◆ 案例链接

香港某幼儿园把与家长和与社区的合作结合起来,活动是"我们的社区"——参观市场(街市)。

幼儿的家长大多是附近市场的小贩。教师把握了家长这一职业的特点,计划了参观市场的活动。她事先联系好家长,让其了解参观目的是让幼儿亲自到市场去体验一下市场的生活。家长对此十分赞成和支持,他们决定在临近下午收市、上市人较稀疏时让幼儿参观。到约定的时间,幼儿一出现,整个市场立刻活跃起来,叫卖声此起彼伏:"蔬菜,新鲜蔬菜!""苹果、梨、香蕉,样样齐全!""卖鱼,卖新鲜鱼!""买猪肉请来这边!"……幼儿被市场的热闹情景所吸引,他们看到自己的亲人时显得格外高兴。幼儿对这次参观的印象特别深刻,回幼儿园后的绘画、谈话、游戏活动等都围绕市场这个题材来表现。

◆ 问题聚焦

1.为什么说在儿童早期教育方案中,家庭、社区与托幼机构的合作非常重要? 好处在哪里?

2.作为一名儿童早期教育人员,如何促进父母、家庭和社区的参与?

3.学前教育比较发达的国家或机构,它们在家庭、社区和托幼机构合作方面是如何做的? 有哪些值得借鉴的地方?

◆ 学习目标

1.明确家庭、社区和托幼机构在学前教育中的功能和地位;了解三者合作的必要性和意义。

2.了解国际上一些家庭、社区和托幼机构合作的主要方式、途径和内容。

3.了解瑞吉欧模式,分析和评价其模式的典范之处。

|第一节|
家庭、社区和托幼机构合作概述

一、家庭、社区和托幼机构在学前教育中的角色与功能

(一)家庭在学前教育中的角色和功能

1. 家庭及家庭教育

关于家庭的概念,马克思、恩格斯从生产关系的高度,将其定义为两性之间的结合以及由此产生的关系,认为家庭就是父母子女之间的关系。美国社会学家 E. W. 伯吉斯和H. J. 洛克强调家庭的婚姻和血缘属性及其附属的文化特征,认为家庭是被婚姻、血缘或收养的纽带联结起来的人的群体,各人以其作为父母、夫妻或兄弟姐妹的社会身份相互作用和交往,创造一个共同的文化。[①] 以孙本文为代表的许多中国社会学者更多地把家庭定义为以亲缘关系为基础的团体或社会群体。

实际上,家庭作为一个社会单位或是一种团体,是我们能够感知的存在。而除此生物学和社会学意义上的概念之外,家庭同时是一种教育学意义和文化学意义上的存在——家庭承载着有形或无形的教育功能,尤其对家中的儿童。因此,家庭对儿童发展和成长中的基础性作用是不容忽视的。

美国学者 Jerry J. Bigner 在其著作《亲子关系——家庭教育导论》中,把家庭教育分为婴儿和学步儿的家庭教育、学龄前儿童的家庭教育、学龄儿童的家庭教育及青少年时期的家庭教育等。在本书中,我们主要涉及的是学龄前儿童及婴儿和学步儿的家庭教育(也可统称为学龄前儿童的教育)。

拓展阅读

家庭影响教养方式的因素

根据父母教养行为和教养风格的性质和背景,影响教养方式的因素可以分为 8 大类:①文化影响,如人的社会阶层背景及其价值观和信仰系统;②教养方式和儿童发展阶段的同步性;③在实现儿童教养目标过程中,指导父母行为的基本目标,比如为儿童提供结构化教养的方式;④来自原生家庭本源的影响,如孩子观察到的父母行为模式;⑤影响父母行为的孩子的各种行为方式;⑥家长强调通过努力完成育儿目标;⑦家庭生态因素,如种族身份、家庭收入水平或家庭结构类型;⑧养育行为的态度,如专制、放任、权威。

(资料来源:[美]Jerry J. Bigner. 亲子关系——家庭教育导论(第 8 版)[M]. 郑福明,冯夏婷译. 北京:高等教育出版社,2012:21.)

---

① 周运清. 社会学[M]. 武汉:武汉大学出版社,1988:152.

2. 家庭在学前教育中的角色和功能

家庭被称为婴幼儿教育的基地,在学前教育中,家庭作为儿童发展成长的初始环境,起着基础性的作用。如幼儿教育之父福禄贝尔所言"父母是孩子的第一任老师",家庭对孩子的影响是全面的、深刻的,也是无可取代的。家庭中父母或年长者,通过自觉的、有意识的行为对子女进行着教育,这种教育通常贯穿于日常生活之中,显性或隐性地影响着儿童的发展。其角色和功能主要体现在以下几个方面:[①]

第一,家庭教育是整个教育工程的基础和起点。婴幼儿时期,家庭教育对儿童发展起着主导作用。随着儿童年龄的增长,活动范围的扩大,他们不再以家庭作为唯一的影响源,但家庭在许多方面仍是筛选、调节子女接受整个社会文化影响的权威力量。社会心理学家雷克特认为,家庭教育形成了儿童最初的早期经验和最初的主观能动性,这往往成为他们其后个性发展的主观基础和出发点。

第二,家庭教育是全方位的教育,是儿童认识世界、进入社会的通道和桥梁。家庭承担着儿童从生物人发展为社会人的启蒙工作,指导儿童学习、吸收有益的社会、自然和科学信息。在儿童还不能自己判断事物或做出选择时,父母的判断就是他们最初的参照标准。孩子总是通过父母的言行来认识和评价周围世界的。社会信息往往通过家庭的折射进入婴幼儿的心灵。家长的行为与子女的行为常常存在着一定的对应关系。苏联教育家马卡连柯说:"家庭是最重要的地方,在家庭里面,人初次向社会生活迈进!"

第三,家庭教育是儿童身心健康发展的保证,是儿童性格形成的关键。家庭不但为儿童创造生活和发展的物质环境,满足其物质需要,而且还给儿童以父母的爱,满足其精神需要。爱是人的一种天然需要。享有充分的父母关爱,对儿童身心发展的影响比物质环境更重要。父母与孩子的接触、沟通,对孩子的期待、激励,有助于儿童的自尊自信、道德品质、智力、语言和社会交往能力的全面发展。相反,那种漠不关心的、拒绝的、粗暴的、对儿童正当需要不予满足的态度,会阻碍儿童安全感、自信心、良好的情感和性格的发展,也会影响儿童智力、品德和体力的发展。儿童的性格还在很大程度上取决于儿童与家庭各个成员之间的双向联系。

(二)社区在学前教育中的角色和功能

1. 社区及社区教育

通俗意义上,我们可以把社区理解为一些居民聚居的地方,包含基本生活设施。研究意义上,社区是一个社会学概念,有资料显示,社会学家们给社区下了 140 余种定义。综合这些定义,社区包含的共同要素应有以下三点:一定的区域;一定的聚居人群;一定的生活设施。而在我们进行国际比较时,应当了解,"社区"是费孝通先生于 20 世纪 30 年代翻译进来的一个概念,与此相对应的英语"community"则有三层含义:一是指居住在同一区域的全体公民;二是指由有着共同利益的人们构成的社会集团,既包括有组织的社会团体(如欧洲共同体等),也包括自然形成的社会群体(如华侨团体);三是指共同占有、共同性。

---

① 刘晓东,卢乐珍等. 学前教育学(第 3 版)[M]. 南京:江苏教育出版社,2009:68—70.

人　物

费孝通,社会学家、人类学家,中国社会学和人类学的奠基人之一。1910 年 11 月 2 日出生于江苏吴江,2005 年 4 月 24 日于北京逝世。

曾就读于燕京大学社会学系、清华大学社会学系和人类学系,1936 年留学英国,师从人类学家马林诺夫斯基。1938 年以博士论文《江村经济》获得伦敦大学哲学博士学位。同年夏,费孝通回国致力于中国社会学、人类学的教学、研究。其研究成果对中国许多领域的理论和实践均产生了非常大的影响。

费孝通一生著述颇丰,最具代表性的为《江村经济》和《乡土中国》。

同"社区"一样,"社区教育"也是一个国际概念。国外关于社区教育的内涵界定大概有以下几种:民众教育、社会教育、向社区提供教育服务的非正规教育。国内关于社区教育的内涵主要有两种代表性观点:一种提出"社区教育是以社区为范围,以社区全体成员为对象,同社区民众利益和社区发展需要紧密相连,旨在建设和发展社区,消除社区的社会问题,以全面提高社区成员的素质和生活质量为目的的教育活动综合体";另一种观点以厉以贤为代表,提出社区教育是社区与教育的结合,教育与社区之间的开放、参与、互动和协调。

在和学前教育、小学教育、中学教育、大学教育及成人教育的概念相提并论之中,社区教育实际上更强调的是一种教育模式和理念——强调教育过程中家庭、学校和社会/社区的合作,这种合作的基础单位是社区。

2.社区在学前教育中的角色和功能

社区作为学前儿童生长和生活的主要区域之一,在儿童身心发展过程中占据重要的一席之地,它通过显性或隐性的方式发挥着教育功能。

在学前教育中,若说家庭是第一站,是基点,社区则可以说是同托幼机构并驾齐驱的一翼。其主要功能体现在下面几个方面:

一是提供丰富的、自然生活状态的教育资源,这些教育资源包含了社区物质环境和精神环境;

二是社区作为一个社会的真实缩影,起着促进儿童社会化的作用;

三是社区在儿童道德情感、行为习惯养成方面起着非常重要的作用。

(三)托幼机构在学前教育中的角色和功能

1.托幼机构

托幼机构是托儿所和幼儿园的统称。托儿所招收对象为 3 岁及以下婴幼儿,幼儿园招收 3～6 岁幼儿。

托幼机构从时间安排看,有半日制和全日制之分(目前随着双职工家庭的增多,半日制托幼机构越来越少);从营利性质来划分,包括营利性私立托幼机构、非营利性托幼机构和公立托幼机构（不同的国家稍有区别）。

　　2.托幼机构在学前教育中的角色和功能

　　托幼机构是专门化的学前教育组织，实施有计划的、系统的教育方案，它在学前教育中（尤其是对3～6岁）承担着大部分教育工作和发展任务。其功能体现在四个方面：

　　一是导向作用。托幼机构在学前教育系统中，最能集中体现国家意志和社会文化形态，对其他幼教形式起着价值引领作用，并能促进不同形式教育力量形成合力。

　　二是托幼机构的核心功能——促进幼儿身心和谐发展。托幼机构通过其课程方案的实施影响着婴幼儿身心发展。

　　三是托幼机构解决了家庭照看不足的问题，发挥着其社会职能。

　　四是托幼机构相对紧密地与小学教育衔接，承担着入学准备的功能。

二、家庭、社区和托幼机构的关系

　　家庭、社区和托幼机构被称为幼儿发展的三大环境。

　　基于区域来谈家庭、社区和托幼机构的关系，家庭和托幼机构应当被社区所涵盖（如图7-1）。而此处谈家庭、社区和托幼机构的关系，是基于学前教育。如前所述，总的来说，家庭是学前儿童教育的出发点、第一站，社区和托幼机构是学前儿童教育重要的两翼，在两翼之中，托幼机构是主体。三者之间又以托幼机构为中心点，来辐射家庭教育和社区教育。

　　由儿童联系起来的三维，既可能因为所秉持价值观念的差异而造成教育作用的消减，也可能因为三方的合作而形成教育的合力。因此，当今国际学前教育倡导家庭、社区和托幼机构合作关系的形成，以担负起儿童发展的共同责任（如图7-2）。

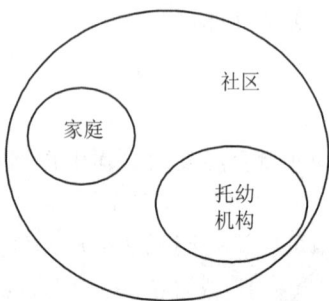

图7-1　家庭、社区和托幼机构
的地域关系图

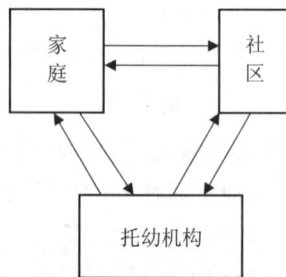

图7-2　基于学前儿童教育的家庭、
社区和托幼机构关系图

拓展思考

　　1.父母、家庭应了解哪些方面的学前教育知识？

　　2.社区为满足婴儿、幼儿发展的需要，应对家庭提供什么样的支持？

　　3.托幼机构为满足婴儿、幼儿发展的需要，应对父母提供什么样的支持？

三、家庭、社区和托幼机构合作观念的产生与深化

　　在现代社会，家庭、社区和托幼机构的合作已成为一种必需和必然。三方合作有利

于整合多方面教育资源,更好地促成幼儿教育目标的达成;有利于优化幼儿成长环境,形成关心婴幼儿的文明社会生态。而实际上,家庭、社区和托幼机构合作的观念在国际上达成共识经历了一个漫长的过程。

(一)家庭、社区和托幼机构合作观念的产生

关于家庭、社区和托幼机构合作观念的产生,我们无法追溯一个确切的时间点,但其产生是有一定的历史背景的,主要体现在社会的现代化和教育理论的更新上。

1.社会现代化是家庭、社区和托幼机构合作观念产生的时代背景

社会现代化是 16 世纪兴起并逐步波及全球的一场社会变迁运动,是近代以来人类社会发生的一场剧烈的、深刻的重大变革。时至今日,它依然是发达国家和发展中国家发展的目标和主题。这场被美国普林斯顿历史学家布莱克认为只有人类的诞生和文明的出现才能与之相提并论的变革,主要包括经济现代化、政治现代化、文化现代化、生活方式现代化、城市化、社会结构现代化、人的现代化 7 个方面。[①] 这 7 个现代化都构成家庭、社区和托幼机构合作观念产生的背景,其中最为显著的促生因素是社会结构现代化。

社会结构现代化又包括家庭结构和社区的变化。社会现代化进程中家庭结构的变化主要表现在家庭成员数量的减少和家庭功能的削减——前者指社会变迁中多代同堂的家庭渐渐被"父母+孩子"的构成模式取代;后者指家庭不再集生产、消费、教育等于一体,较大一部分教育功能被专门化的教育机构取代。其中,家庭功能的削减也源自社会中双职工家庭的增多,使得家庭必须或只能把幼儿交付给托幼机构。

社区的变化体现在新型社区的建设进程上,它是社会现代化的一种实现路径——追求建立在血缘、地缘、情感和自然意志之上的、富有人情味和认同感的社会共同体——建立多样化的、充满生机的、群众自我管理为主的新型社区。社会现代化的进程同时也是社区功能日益强大的进程,社区需要更多地承担联结人与人的情感、联结公民与政府、联结家庭与服务机构包括教育机构的功能。

因此,社会现代化进程中家庭功能的式微和社区功能的增强,以及教育的普及,使人们认识到家庭、社区和托幼机构合作的必要性。

2.教育理论的推陈出新是家庭、社区和托幼机构合作观念产生的推手

20 世纪被称为"儿童的世纪"。在这儿童的世纪里,幼儿教育理论推陈出新,其中对家庭、社区和托幼机构合作起到较大推动作用的应该是杜威提出的"学校即社会"的理论。在 1899 年杜威的著作《学校与社会》中,他指出,学校应是"一种积极的社会生活的真正形式,而不是脱离生活的学习场所",学校应呈现儿童的真实生活,使儿童能够得到"社会见识的扩大……社会环境敏感度的增强……""也能够把学校学习的内容应用到现实生活中去"。他的思想在当时工业资本主义经济迅速发展时期反响巨大,时至今日也还具有不可动摇的地位。

除了影响力一直不衰的杜威的"学校即社会"的思想外,环境教育论、复杂理论、系统论等理论的兴盛都成为家庭、社区和托幼机构合作在观念和实践中的有力推手。

近些年来,家庭、社区与托幼机构及学校合作问题也成为学者们研究的热点问题。

---

① 胡俊生.社会学教程新编[M].武汉:武汉大学出版社,2010:401-402.

如美国学者研究显示,家庭、社区和托幼机构在儿童阶段所产生的影响各居一席之地(如图 7-3)。诸如此类研究成果,更进一步推动着家庭、社区和托幼机构合作的进程。

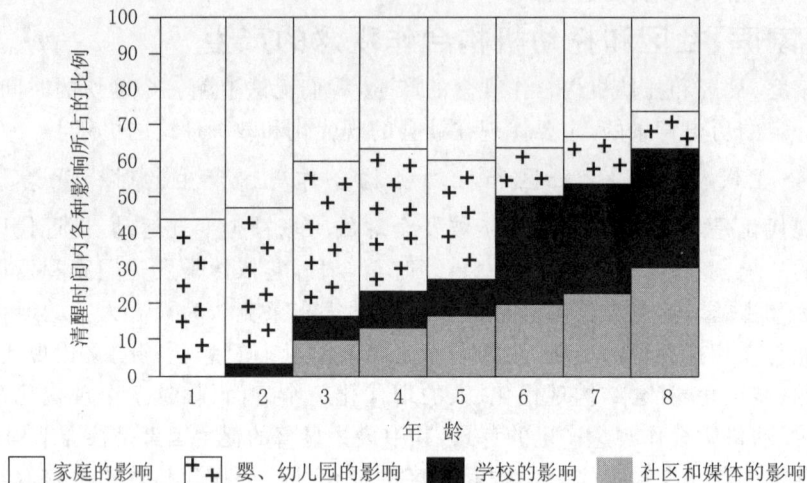

图 7-3　家庭、幼儿园、学校、社区对婴幼儿成长的影响

(二)家庭、社区和托幼机构合作在国际上达成共识并成为发展趋势

在社会现代化的进程和教育社会化的理论推动下,各国纷纷进行了家庭、社区和托幼机构合作的实践(具体内容见本章第二节"家庭、社区和托幼机构合作的国际视野")。

1999 年,世界学前教育组织(OMEP)和国际早期教育协会(ACEI)召开的"21 世纪国际幼儿教育研讨会"上,通过了《全球幼儿教育大纲》。其中指出,儿童的发展是"家庭、教师、保育人员和社区共同的责任",教师要和家长"就儿童的成长以及和儿童家庭有关的问题,经常进行讨论、交流",教师"要和心理学工作者、社会工作者、健康卫生人员、工商人员、公共服务机构、学校、宗教组织、休闲娱乐机构及家庭联合会等建立合作关系"。这标志着在学前教育界,关于家庭、社区和托幼机构的合作达成了国际共识。

自此,家庭、社区和托幼机构合作成为世界学前教育发展的必然趋势,各国继续深入进行三方合作的全方位探索。

|第二节|
家庭、社区和托幼机构合作的国际视野

一、各国关于家庭、社区和托幼机构合作的政策引领

在美国,各州自 1980 年以来公布的教育改革方案和校长资格条例中,都把加强学校与社区的沟通作为重要内容,确定学校对社区承担更多的义务,确定社区对学校拥有更多的控制。

在日本,1986 年,教育审议会指出,幼儿园、家庭和社区三位一体对学前儿童进行教育是非常重要的,只有这样,才能克服学前教育的封闭性。1990 年,《幼儿园教育要领》指出:"幼儿的生活以家庭为主逐渐扩大到社区社会。因此,要注意幼儿园同家庭的联系。幼儿园的生活要同家庭、社区生活保持密切的联系,以利于幼儿的成长。"

在瑞典,《民众中学法》规定了学校和社区的相互关系,政府依靠法规来激发社区和基层学校参与民众教育的积极性。

在巴西,政府于 1993 年制定了《全国全面关心儿童和青少年计划》,强调家庭和社区要直接参与满足儿童和青少年的基本要求,促进儿童的发展是家庭、社会和国家的共同责任。

在德国,1995 年,政府开始推行婴儿读书计划,免费向 9 个月大的婴儿赠送一个礼包(内有故事书、童话诗和图书证),鼓励父母到国家婴儿图书馆去借阅图书,培养儿童对图书的喜爱,提高儿童未来的读写能力和遵纪守法的自觉性。

在泰国,政府要求各地区从实际出发,因地制宜,发展社区教育,现已形成从中央政府到社区发展部再到乡村儿童发展委员会共同保教儿童的网络,社区的人力、物力、财力资源都得到了充分的运用,每个儿童都成了社区的一员。

在英国,"确保开端项目"是政府为改善处境不利儿童的生活、消除贫困和预防社会排斥而采取的新行动。这一项目是一项综合策略,它为脆弱家庭提供了广泛的服务内容,包括医疗保健、儿童保育、早期教育以及对家庭的支持等。这些服务以社区为依托,打破了原有的部门领域界限,形成了跨领域的服务。

在中国,1991 年政府颁布了《九十年代中国儿童发展规划纲要》,在"策略与措施"中规定,要"发展社区教育,建立起学校(托儿园、所)教育、社会教育、家庭教育相结合的育人机制,创造有利于儿童身心健康、和谐发展的社会和家庭环境"。

各国制定的学前教育政策和法规,不仅保障了婴幼儿接受教育的权利,扩大了学前教育的对象范围,提高了学前教育的普及率,还避免了幼儿园成为"游离于社区的文化孤岛",促进了学前教育的社会化,有效地推动了幼儿园、家庭、社区教育一体化的进程。

二、着眼于家庭、社区和托幼机构合作的幼儿教师教育

近几年来,各国纷纷根据家、园、社区一体化教育的新形势对教师提出了新的素质要

求。要求经过培训的教师,能够扮演共策共享的角色,完成共保共育的任务。例如,法国要求教师既要与园内同事亲密合作,也要与园外人士紧密结合。澳大利亚要求教师必须掌握同儿童家庭、社区进行有效合作的技能。芬兰要求教师在制订学年教育计划时,不但要认识到儿童的兴趣爱好、知识经验、特殊才能和数量,还要以社区的价值观为基石。巴西要求教师认识到家庭、社区在儿童发展中的特殊作用,充分利用社区现有的场地、廉价的物品为儿童的发展服务;鼓励家长和社区人员直接参与各种有益于儿童发展的活动,并对学前教育进行监督;开展以儿童为主题、反映社区独特文化的活动,培养儿童主动参与社区活动的精神。我国许多城市和地区也同样开始重视这个问题,如《上海市学前教育课程指南》中强调,幼儿园应加强与家庭、社区的密切合作,让家长认同、支持、参与幼儿园课程的开发和实施;要充分利用家庭、社区及周边环境,扩展幼儿生活和学习的空间。

学前教育师资的培养、培训机构和培训课程都和家庭、社区息息相关。例如,韩国为学前儿童教师开设了"家庭和社区"的选修课;印度为学前儿童教师开设了"参与社区活动的技能"的课程;博茨瓦纳为学前儿童教师开设了"家庭和社区教育资源的开发"的课程;我国一些高校也开始在学前教育师资培养课程中加进了有关社区教育的内容,如华东师范大学学前教育系在2002年的课程改革方案中把原来的"幼儿家庭教育"选修课改为"社区与家庭教育"必修课。有些国家还在居民区设立了社区学院,用来培训学前教育师资。例如,美国的社区学院,和其他高等教育机构一样,担负着学前教育师资培训的重任,为社区学前教育机构输送了大批合格教师。加拿大、英国也竞相效仿美国的做法。

三、立足于家庭、社区和托幼机构合作的学前课程

20世纪90年代以来,许多国家在课程改革方面都专门设计了社区课程,或在课程中加入有关家庭生活和社区问题的内容,使学生和儿童有更多的机会认识家庭和社区的关系,培养社区意识,增强本土情感。新西兰教育部1992年出台的《国家学前教育课程指南》强调,儿童、教师、家庭、邻里、社区、社会之间有着必然的内在联系,学前教育课程只有支持、加强他们之间的联系,运用家庭和社区这个"取之不尽,用之不竭"的资源,才能使儿童世界的某一方面与其他方面相匹配,实现优质的儿童保育和教育。

1992年,美国学前教育专家 E.V.埃斯尔等人在为儿童设计的自我概念课程中,包含了"社区及社区助手"的主题内容,由"身份、角色及其关系、周围环境、运动、安全、健康、食物、交往"8个方面组成,在不同的年龄班具体要求又不同。例如,对2~3岁儿童的具体要求是:意识到社区是个独特的地方;意识到社区内不同的人用不同的方式帮助自己及家庭;认识到自己的社区范围很广;认识到社区中有多种不同的旅行方式;领悟到警察、消防员维护社区安全;领悟到医生、护士保护我们的健康;感受到我们在社区能得到食物;感受到社区有邮电局、图书馆。对4~5岁儿童的具体要求是:认识到社区的多种独特之处;认识到通过社区帮手,人们分享社区服务;意识到自己社区的环境是独特的;意识到社区中有服务设施帮助我们旅行;领悟到社区帮手维护社区安全;领悟到社区帮手保护我们的健康;感受到社区里能够生产、买卖食物;感受到社区有帮助我们交往、获取信息的服务。

此外,德国、土耳其等国家也在学前教育课程中设立"我的社区"主题教育活动。

近几年来,我国学前教育机构也开始把"社区"融进学前教育课程的发展之中。例如,江苏南京某幼儿园的教师,设计了"我们的社区"的主题教育活动,带领幼儿参观超市、警卫区宿舍、医院门诊部、图书馆等,以帮助幼儿了解机关大院内的主要机构及工作人员;感受、尊重、学习工作人员的热心服务;学会关爱社区,遵守社区规则。山东青岛某幼儿园也开展了"我们的社区"主题教育活动,教师带着幼儿到超市、洗衣店、物业公司、面包房等社区场所去观察,使幼儿深刻认识到社区中不同的人做着不同的事情,人与人之间存在着相互依赖、相互帮助的关系。

总之,目前世界上学前教育比较发达的国家都倡导幼儿园要重视使用家庭和社区的资源,以丰富、加深儿童对自己、对他人和对社会的认识。例如,日本在《第三个幼稚园振兴计划(1991—2000 年)》中、美国在 1997 年的《适宜于 0~8 岁儿童发展的教育方案》中,都强调幼儿园要充分利用家庭和社区资源对儿童进行教育,促进儿童在体力、认知、情感、社会性、语言、审美等方面的最佳发展。我国《幼儿园教育指导纲要(试行)》指出,幼儿园应"充分利用自然环境和社区的教育资源,扩展幼儿生活和学习的空间"。目前已风靡世界的意大利瑞吉欧·艾米利亚学前教育机构,为美国、澳大利亚、日本、中国、欧洲等越来越多的国家和地区所学习和借鉴。它之所以能进入世界十大最佳学校之列,被誉为"全世界最好的学前班"(据 1991 年美国《新闻周刊》报道),其成功的一条经验就是特别重视教师与家长、社会人士的互动合作。

四、围绕家庭、社区和托幼机构合作进行相关研究

以我国为例,在第一批立项的中国学前教育研究会"十五"课题规划的 97 项课题中,有 5 项涉及家庭和社区教育,它们是"幼儿园、社区教育资源互动与早期教育优化的实验研究""探索家庭、社区为基础的早期儿童照料与发展""社区早期教育资源的开发利用""幼儿园、社区教育资源互动教育模式探讨""家园社区合作优化婴幼儿成长环境"。近几年来,各种报刊有关幼儿园与家长、社区合作共育的文章也不断增多,而且有了《幼儿园与家庭、社区合作共育的研究》(华东师范大学李生兰教授)的专著,掀起了幼儿园与家庭、社区合作共育研究的热潮。

此外,有的地市教育行政部门还把学前教育机构与家庭、社区互动合作的情况作为评估园所质量的一项重要指标。例如,2001 年,上海市教委把"开放办园"作为评审示范园的 7 大标准之一,明确规定要评价幼儿园"开放式办园思想的确立,对社区、家庭的指导作用的发挥;与社区关系的融洽性,与社区资源共享,优势互补,为儿童创设良好环境的情况"。

拓展阅读

美国"以家庭为中心的课程和教学"

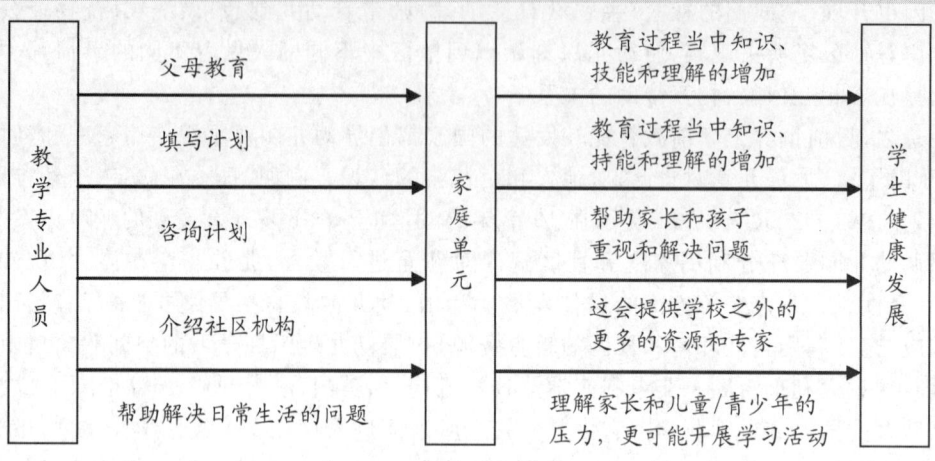

"永航计划"(Even Start)是美国国家资助的一个家庭读写计划,这个计划把成人读写和父母培训与早期儿童教育相结合,其中涉及社区机构的支持。如此,许多教学和服务都能够通过家庭这个单元来提供给儿童和家长。

美国家长教师联谊会(PTA)

1997 年,"美国家长教师联谊会"(PTA)形成了一套标准来对家长、教师的参与计划进行规范,旨在帮助学校、社区和负有养育责任的群体实施有效的家长参与计划,目标在于改进学生的学业成绩。这些标准包括:家庭和学校之间要经常交流;在养育技能的培养方面提供支持;强调帮助学生学习;增加家长的主动参与;家长参与到学校决策和宣传当中;与团体合作提供所需要的资源。

"美国家长教师联谊会"建议,家长、教育者和社区的领导人一起形成一种凝聚力,来实施这套标准。下面的步骤对于改善家长和家庭的参与、促进学生成功的过程进行了描述。

1. 创设一个行动团队。
2. 对于当前的实践进行检查。
3. 设计一个不断提高的计划。
4. 形成一套书面的家长、家庭参与的政策。
5. 寻求帮助。
6. 为学校、计划人员提供专业发展的机会。
7. 对于计划进行评价和修订。

资料三：

幼儿教育工作者参与家庭和社区合作指南

1. 父母和家庭参与指南

(1)了解你学生的家长和家庭。达到这种目的的一种好的方法就是通过家访。

(2)要与父母建立联系，你就要更多地和父母进行交流。

(3)学会如何与父母取得最佳的交流，这种交流就要建立在了解他们的文化偏好的基础上，也要把阻碍交流的文化因素考虑在内。

(4)了解家长如何抚养孩子、如何组织家庭生活。家庭的、政治的、经济的和道德的价值观对父母参与的方式和教育孩子的方式来说，都有意义。

(5)对家长所承担的孩子启蒙老师的角色进行支持。支持可以包括信息、材料以及为养育方面的问题提供帮助等。

(6)把家长训练成为导师、课堂的助手、教师和家庭作业的帮助者。在帮助孩子获得考试准备的策略方面进行交流。

(7)对于父亲角色进行支持。

(8)以家长的需要为基础，找出那些他们所能够利用的帮助家庭和个人的各种资源。

(9)与家庭一起工作，并通过家庭来工作。在工作当中请求得到父母的帮助，并且要把父母和其他的家庭成员包括在内。家长之间积极进行交流，彼此协作。

2. 社区参与指南

(1)了解你的学生和他们的需要。

(2)了解你的社区。

(3)寻求家长和社区的帮助与支持。

(4)制作一个社区机构的地址本。

(5)编辑一个册子。

(资料来源：[美]George S. Morrison. 当今美国儿童早期教育（第八版）[M]. 王全志,孟祥芝等译. 北京:北京大学出版社,2004:446—448,463.)

|第三节|

瑞吉欧——家庭、社区和托幼机构合作的典范

瑞吉欧·艾米利亚这座位于意大利北部的小城市,正由于它在幼儿教育领域中所象征的成就与地位而闪耀着光芒。在过去30年里,居住在这个地区的教育工作者、家长与社区居民胼手胝足,建立了一个在欧洲长久以来被表彰为革新重镇的公立幼教系统。[①]

一、家长+教师+全民社区:瑞吉欧教育产生与发展的历史动力

(一)瑞吉欧幼儿教育产生的历史背景

瑞吉欧所在地艾米利亚·罗马格纳,是一个高品质的市民社区,这个地区在意大利因适合居住而闻名,它的特色包括低失业率、低犯罪率、高所得、诚信有效率的地方政府机关以及高品质且源源不绝的社会服务(BoNen,1995)。瑞吉欧市民处于一种社会团结、互助合作的水平关系,民众具有最高程度的市民责任感,对地方机关与企业拥有者具有基本的信任(由高得票率、报纸读者群及各组织协会会员所得的证据显示)。全民民主这个普通的概念,根植于他们的经验及意识层面,主张每个人都可以且应该代表他们自己以及他们隶属的团体,以"主角"的地位说出他们的心声(Hellman.1987)。市民崇尚他们的民众组织传统,来自社会各阶层的人们通过政党及经济合作的方式(农业商会、信托、劳工、制造业,以及消费者联盟、合作社),共同解决社会问题。这种集体主义的趋势并非起源于最近,它可以追溯至12世纪时工艺协会以及各自治区的共和政治。一般来说,这些都是艾米利亚·罗马格纳地区人民,特别是瑞吉欧·艾米利亚市的居民,用以表明身份及感到光荣的重要资源。很明显,在瑞吉欧·艾米利亚教育工作者所具有的教育眼光与所肩负的使命中,全民民主及全民社区是最根本的概念(Edwards,1995)。

大约在1820年的意大利北部和中部地区,慈善机构开始崛起。这些慈善机构在当时崛起于欧洲大陆,目的在于改善都市地区一般人民生活,降低犯罪率,并塑造他们成为模范市民。这些机构也成为现今意大利主要的两大公立幼教系统的先驱:一个是婴幼儿中心,为4个月大的婴儿至3岁幼儿提供服务;另外一个是学前学校,服务于3~6岁的儿童。

然而在二战之前,这些婴幼儿教育机构始终处于教会和州政府权力博弈之间,使其发展受到牵绊。二战以后,意大利政权重组,加之地方传统改革的影响,许多地方兴起家长团体自行运作的学校,瑞吉欧·艾米利亚就是其中之一。

(二)瑞吉欧教育的发展历程

提到瑞吉欧教育的产生和发展,我们必须提及一个人物——罗里斯·马拉古奇——

---

① [美]卡洛琳·爱德华兹,莱拉·甘第尼,乔治·福尔曼.儿童的一百种语言[M].罗雅芬,连英式,金乃琪译.南京:南京师范大学出版社,2006.

瑞吉欧教育体系的创办者（关于瑞吉欧教育产生和发展的历程，我强烈建议大家去读《儿童的一百种语言》的第三部分，莱拉·甘第尼对马拉古奇的采访。马拉古奇自己的讲述能让我们"看到"瑞吉欧教育产生发展的历史影像）。下面关于瑞吉欧教育的发展历程，我们就按照马拉古奇的讲述进行分段。

1.1946年：家长经营的学校——一个令人难以置信的开始

用马拉古奇的话说，是命运注定。1945年春天，即二战结束后的第6天，马拉古奇听说在一个距离瑞吉欧·艾米利亚几公里叫维拉塞勒的小村庄里，村民决定为自己的子女盖一所学校。"妇女们热心地回收、清洗砖块，民众聚在一起，决定卖掉德军废弃在一旁的一辆坦克、几辆卡车和马匹，将所得的钱拿来建设学校。"马拉古奇说，妇女、男丁、年轻人、所有的农人和工人都很认真，他也决定作为老师加入这一团队。

在和热诚努力的家长一起工作以及和资源匮乏、营养不良、说着方言的幼儿接触过程中，马拉古奇开始了新的探索。而同时，继维拉塞勒学校之后，邻里许多家长经营学校在瑞吉欧兴起。

2.1963年：第一所市政府经营的学校

1963年，市政府提供了一间木造小屋，建立了意大利第一个市政府经营的学校，并且是非宗教性质的，这是具有里程碑意义的学校。市民们坚定的信念和热情加上老师们的努力，促成了学校历史上最成功的活动。学校每周一次将学校移到镇上去，用卡车载运着教师、幼儿和道具到户外、广场、公园或在市立剧院的廊柱下举办教学与展览。"幼儿很开心，看到的人们都很诧异，并向我们询问问题。"陆续，马拉古奇等人一起举办了"鲁滨孙漂流记""木偶奇遇记"等各种项目活动。瑞吉欧教育模式渐渐清晰。

3.1976年：艰苦的一年，丰收的一年

1970年以后，情况发生了变化，学校和社会服务不可避免地成为全国性的议题，关于文化的辩论也在全国兴起。1971年，马拉古奇团队策划了一个全国性的教师会议，吸引了900多名教师参加。这个事件促成了他们第一部以幼教为主题的作品《一个新幼儿学校的经验》的出版。几个月后，另一部作品《社区式经营的学前学校》出版。这两部书包含了一切瑞吉欧·艾米利亚市的教育思想和经验，也使马拉古奇和瑞吉欧教育的影响力更加扩大。

1975年，马拉古奇引入了皮亚杰理论。

1976年，马拉古奇领导的学校已经使意大利政府通过官方广播为天主教会说话，抨击市立的幼儿学校，马拉古奇他们的学校因影响力大而成为靶子，探索成形的教育模式被谴责。仅是双方的公开辩论就持续了5个月，所幸，瑞吉欧教育理念也征服了许多神职人员，双方的"斗争"以相互理解和宽容形成共存结局。

经过1976年的艰辛历程，瑞吉欧更加清楚自己的道路，变得更加茁壮。20世纪80年代，他们首次带着第一个展览"当双眼越过高墙时"飞往瑞典，开启了瑞吉欧游览世界、影响世界的航程。

时至今日，瑞吉欧教育体系已经风靡世界，成为各国学习的典范。其幼儿、教师、家庭和社区全民参与的理念也为国际学前教育倡导。

二、开放、合作的社区式管理模式

瑞吉欧教育的管理理念即"互助合作",把教育看作整个市镇的文化分享活动,认为"社区应参与学校"。托儿所和幼儿园的管理是以社区为基础的,同时,幼儿园有"咨询委员会",用以传达家长和教育者的需求;市镇的托儿所、幼儿园董事会,由托幼机构中的咨询委员代表、当地的幼教行政主管、教学协调人员及选出的教育官员等人组成,充分体现了其民主、开放的教育管理特色。[①]

(一)市政教育计划

在瑞吉欧·艾米利亚,0~6岁儿童的保育和教育是一项重要的市政工程。在这里,早期教育受到全社会的关注,享有12%的政府财政拨款,政府始终参与早期教育并给予支持。

儿童中心属于公私合营性质,市政府为其投入了50%以上的经费,并且将经费变为股份形式出售,每股25欧元,老师、家长和普通市民,公司和企业均可以认购并成为股份持有者。1994年,幼教协会成立后合并了大部分股份,但仍有少部分保存在私人手中。

(二)横向合作与市民支持

政府的积极态度产生了众多横向资源与合作,为教育提供了良好的经济支持,如煤气、自来水、木材、废品收购公司等机构,提供了源源不断的教育资源,形成了全社会都来关心和参与幼儿教育的良好氛围。"儿童的一百种语言"展览便是一批建筑师、设计师、家长与教师共同合作的产物。

政府与社会机构的影响产生了一批城市志愿者,他们充满热情,富有智慧,更有非同一般的经历,乐于奉献与支持,通过制作纪念品、出版书籍、合唱团演出、书籍交换、聚餐、举办展览、教学招标、捐赠旧玩具等丰富多样的活动,使得瑞吉欧早期教育与居民生活、社会广泛地接触和交流。孩子们的艺术作品高高悬挂在市政大厅的栏杆上;儿童中心的展览对全社会开放,吸引了各界人员的关注;幼儿教育机构为家长与学校交流互动,为关心早期儿童教育的民众互相探讨教育基本问题提供了一个极佳的场所。

(三)参与分享的城市精神

当地自古以来就有一种重视参与的文化和精神,居民们尊重他们自己的文化传统和大众组织,不同社会阶层经常通过政治活动或经济合作解决问题,居民有强烈的民主参与意识和公共社区观念。在这样的社会背景下,瑞吉欧居民带着强烈的参与意识就早期教育服务质量不断地开展对话。第一所幼儿园在创办时,就得到了社会各界广泛的欢迎和支持。另外,托儿所和幼儿园促进了瑞吉欧·艾米利亚镇倾听儿童、尊重儿童文化氛围的形成。瑞吉欧教育体系不仅存在于学校,而且存在于社区,存在于公园和剧院,与城镇密切沟通,相互往来,成为这座小镇的一种精神。这里的人们坚信,通过教育能够改变生活状况,通过教育能够把梦想变为现实。

瑞吉欧认为,教育是整个市镇的活动和文化分享。在瑞吉欧,幼儿园是建立关系的地方,每所幼儿园都是一个系统,与家庭、同伴、教室、学校环境、社区与社会环境密切相

---

① 邢利娅.幼儿园管理[M].北京:高等教育出版社,2010:313,314.

连。在所有的幼儿学校中,父母都有权利参与学校各个环节的事务,并自觉承担起责任。例如,家长要讨论学校的各项政策,研究有关幼儿身心发展的状况,参与课程的计划与实施并给予一定的评价。在瑞吉欧,家长被看作合作伙伴,是主动的、有能力的、得到认可的和必须承担责任的合作伙伴。他们认为,家长是主动的,在很大程度上负责决策,并执行决策;家长的专业技能和知识应该得到承认;家长能与教育专家共同承担教育子女的责任;家长能够提供服务,同样也能接受任务。

总之,瑞吉欧的社区管理模式强调幼儿园、家庭和社区间的相互融合与互动学习,社区作为一种强大的支持系统加入学前教育事业中来,充分展示了一种开放的、互动的、民主的管理理念。

三、家庭、学校、社区互动取向的环境建设

瑞吉欧教育在环境的建设上秉持的理念是学校的环境必须兼顾幼儿、教育工作者、家庭三方面的福利,摒弃传统封闭的教室、校区设计,把学校建造成一个以幼儿和家庭为主的机构。学校的建筑规划要基于幼儿教育是以社区为基础的想法与责任的理念来进行。

在这样的环境哲学和理念的指导下,瑞吉欧的幼儿学校建设和整个市镇计划都是一体的,学校都设置在社区众人瞩目的地方,让社区民众可以清楚看到幼儿和教师的生活,这也代表着社区对儿童和家庭权利的重视。瑞吉欧教育课程的创办人马拉古奇关于瑞吉欧学校空间设计的一段谈话可以让我们更深刻地感觉和理解瑞吉欧教育环境的设计取向:

在1970年,我们逐步将以前未完成的部分逐一付诸行动,有些部分早已完成:透明的墙面设计,光线、室内与户外一气呵成等。虽然我们已经拥有"广场",但直到我们真正生活在其中才能赋予它充分的重要性。"广场"不仅仅是教室空间的延伸,这一个场所鼓励许多不同的意见和活动,同时我们也指定其他的目的。对我们而言,它代表了意大利城市的中心,一个人们可以见面、谈天、讨论以及参与政治、生意往来、街头艺术或是抗议示威的地方。"广场"是一个讯息川流不息的地方,在幼儿或成人之间,在此处所进行的意见交流会变得更有品质,幼儿与成人愈经常地在此碰面,就有愈多的点子出现。我们可以这样说:"广场"是一个想法降临和出发的地方。①

总的来说,瑞吉欧的教育工作者把空间环境看作一个可以支持社会互动、探索与学习的容器。

四、瑞吉欧的儿童定位:生活在社区中的幼儿

学前教育界一种普遍的观念认为,幼儿生活在一种以"自我为中心"的情境里。以这种观念为基础的学前教育课程追求幼儿在学习、发展及与关系互动中达成自主性、个人主义和自我独特性。

瑞吉欧强调幼儿是社会的主角,认为幼儿在非常小的时候,便渴望与他人建立关系,以及对"文化中接触的每一事物"都有"协调"的需求。瑞吉欧学前教育机构的教师们经

---

① [美]卡洛琳·爱德华兹,莱拉·甘第尼,乔治·福尔曼.儿童的一百种语言[M].罗雅芬,连英式,金乃琪译.南京:南京师范大学出版社,2006:160.

常使用的一个概念"我就是我们"——意大利主流文化的一种共享理念,强调"我"存在于团体"我们"中,"我"只有在"我们"中才能获得最大限度的发展。在这种理念下,瑞吉欧被视为一个真正的社区,一处成人与幼儿手牵手一起合作、关怀和冲突发生的地方。在这里,幼儿一出生,就被认为是社区整体生活的积极贡献者。

在瑞吉欧,社区不仅是纯粹的各种团体,也是"一个不同的人们长期互相面对彼此的地方,其中有好的部分、有坏的部分和其他种种,这样的地方尽可能将生活提升到最高品质,也提升投入和参与的生活"[①]。正如马拉古奇认为的,幼儿自我概念是在由环境中的人与事所形成的关系中建构而得的——没有团体生活,幼儿无法找到或发展任何的自我定位。因此,瑞吉欧倡导"应该使幼儿成为社区和城市这个舞台的主动参与者",他们认为这是关于幼儿更具结合性意义的自我定位。

五、以家庭和社区为模式的幼儿教育课程

瑞吉欧·艾米利亚幼儿学校仿效了许多大家庭与社区的模式来规划幼儿教育课程。首先是上述提及的环境——校舍建筑更像一个大型的家。每一所瑞吉欧的幼儿学校,不论是装潢设备的品质、空间规划以及幼儿工作成果的展示,都特别吸引人,整体营造出一种舒适、温暖、愉悦的气氛以及令人感到快乐的情境;而建筑物本身包含一个所谓的广场(piazza),它在社区环境中扮演一个重要的角色。

每一所学校大约有 75 位 3～6 岁的幼儿(每班约 25 位),教室内的生活品质特别适合幼儿的家庭式亲密以及温馨。这些幼儿与同一个教师相处 3 年,3 年的共同参与课程,使幼儿、教师与家长建立了深厚、稳定的关系,如同大家庭或亲密小型社区中的一分子。

(一)课程主体

瑞吉欧课程管理主体由教师、教学协助人员、研究者、家长及社会人士构成,它强调"集体学习",这个集体不仅包括儿童,还包括上述人员及社区成员。

(二)课程内容来源

瑞吉欧课程没有明确规定的内容,其内容来自周围的环境,来自儿童生活中感兴趣的事物、现象和问题,来自他们的各种活动。瑞吉欧课程的实践表明,并非经验的新颖或奇异决定幼儿的兴趣和学习的意义;恰恰相反,日常生活中的意义对幼儿更具有深刻的价值和趣味。广场上的狮子雕像、城市中的雨、雨中的城市、人群、孩子、跳远、百货商店……都是课程内容的来源。瑞吉欧的教师们鼓励幼儿从自己的生活环境和经验中探索自己感兴趣的事物或现象。例如,虽然狮子雕像已经在广场上屹立了几个世纪,但幼儿仍对它具有浓厚的兴趣。他们从各个角度观察它,用相机拍摄它,用彩笔描绘它,用黏土雕塑它,用道具和动作扮演它……

(三)课程实施

瑞吉欧课程的实施也是与社区和家庭不可分的。传统的幼儿教育知识限制幼儿的世界止于同伴、教室和家庭,没有带领幼儿进入更复杂的探索——探索他们如何成为社

① [美]卡洛琳·爱德华兹,莱拉·甘第尼,乔治·福尔曼.儿童的一百种语言[M].罗雅芬,连英式,金乃琪译.南京:南京师范大学出版社,2006:305.

区的一分子。

在瑞吉欧进行的项目中,不论是探究马路底下的下水道,还是亲历一年一度的葡萄丰收季节,都以幼儿想了解他们与社区之间关系的需求为基础。市政工程人员与农夫们都欢迎幼儿来认识他们的工作,户外参观活动的主题着重在幼儿周遭的生活环境,而不只是去参观博物馆、动物园以及其他的游乐场所。当项目正在进行的时候,教师将项目的消息发布于当地的报纸;庆祝项目完成之时,他们很可能邀请市长或是其他社区民众一起参与。

此外,瑞吉欧教育工作者认为,"记录"的运用可使婴幼儿中心与学校内所发生的故事一览无遗,这样特殊的叙述更可加以整理而成为整个社区幼教机构的集合性历史。因此,他们强调以"记录"和"展览"的形式来展现课程项目的成果。

总之,瑞吉欧在家庭、社区和幼儿学校合作方面的做法是成功的。其合作进程是从家长参与到智慧型合作,从合作到共同构建,从共同构建到拥护和社区支持。①

从家长的参与到智慧型的合作关系

教师利用相片、录影带、逸事记载、笔记或收集幼儿作品等来记录他们对幼儿的观察,教师可与家长进行交流分享。家长可提供许多不同的观点,对于幼儿在学校外的表现,家长很清楚,家长的观察加上教师的观察可使彼此更深入地了解幼儿的想法、感觉以及气质。加入这类的对谈,家长与教师可能彼此协商以求了解记录中的学习行为,成为彼此的研究伙伴。

在任何可能的情况下,教师不但要邀请家长共同思索如何支持幼儿的学习,同时也要思索如何与其他家长进行沟通。如果教师将以布告栏或其他形式来展示"记录",不妨事先请一位家长代表来测试一下"可读性"有多大。家长参与的记录可以用来提升与家庭之间的合作关系,保存任何形式的家长参与记录都是重要的(例如,家长委员会、亲师研讨会、家长参与教室教具的制作规划等)。关于家长参与的记录,我们可以加以组织,以公告栏的形式展示出来,让参观的人与家长有许多不同的机会成为支持课程的伙伴之一。

从合作到共同建构

通过"规划""记录""对话",把教师和家长的关系从固定的合作关系转变为真正共同建构新知识、新经验。通过"规划",团队成员们各自定义角色、认清每位成员的特殊专长,或互相提供材料与心理上的支持,以进行合作;通过"记录"和"对话",邀请家长参与。"记录"保存了团队的共同回忆,它提示每一位成员如何做好协调配合,这样合作关系便进一步升华为共同建构。

从共同建构到拥护和社区支持

"记录"提供给教育工作者和社会大众一个属于大家的舞台,以进行有关学校事物的"对谈",让事情能清楚地、具体地、可接触地呈现在大众面前。"记录"做得成功的话,可以激起教师、家长和大众之间的对谈,提出更真的事实供大众讨论,以建立经得起时间考验的信念。

为了改变社会大众对学校的看法,获得社区的支持,瑞吉欧高声表明自己的教育理

① [美]卡洛琳·爱德华兹,莱拉·甘第尼,乔治·福尔曼.儿童的一百种语言[M].罗雅芬,连英式,金乃琪译.南京:南京师范大学出版社,2006:260-262.

念和立场,并利用研究所得的证据来支持自己的立场,非常明确地阐释这些立场和对资源的需求。正是依靠记录和展示,瑞吉欧提供给社会大众更独特的知识,使民众重新思考或重新建构幼儿形象以及幼儿有接受高品质教育的权利,从而鼓励社区民众参与、支持学校的教育方案或活动。

📖拓展阅读

中国幼儿园与家庭、社区的合作状况

幼儿园、家庭、社区的合作自 20 世纪 80 年代在我国城市和农村地区从无到有地发展起来,到目前为止,在实施途径上已初步形成了以社区为主导和以幼儿园为主导的两种合作模式。

以社区为主导的合作模式,即以社区为依托,依靠基层社区政府各部门的力量,因地制宜地创设条件,组织实施各种教育活动,开展并实现社区与幼儿园、家庭之间的合作。这种模式与我国社区的发展现状相适应,且社区政府能更好地发挥其行政职能。在经济发展改革大潮的带动下,以居民居住地域划分的社区,正在我国的城市和农村、沿海和内陆逐渐发展。我国城市社区的构成以街道或居委会为基础,农村社区一般以乡或村为依托。街道、居委会、乡和村是我国政府的基层行政部门,在这一模式中,幼儿园处于一种被领导的地位,发挥的是服务性作用,而且,主要针对的是散居幼儿。这些工作可以包括两方面:一是定期开放幼儿园的教育资源(玩具、场地等)供散居幼儿使用;二是组织专门的教育活动吸引散居幼儿参加,包括将幼儿请进幼儿园和送教入门两种组织形式(也包括一定程度的针对家长的工作)。

以幼儿园为主导的合作模式,即幼儿园依托并发挥社区内的各种力量(乡镇政府、企业、大学、中小学等),组织一个以幼儿园为核心的园内外相结合的幼儿教育网络,开展并实现幼儿园与家庭、社区之间的合作。与社区相比较,幼儿园作为专职的幼儿教育机构,有大批具有幼教专业知识的保教人员,有专门的幼教场所及丰富的玩具、教具,在开展幼儿园、家庭、社区的合作时,幼儿园独具优势。在我国,已有相当一部分幼儿园开展了这方面的工作,这些工作包括:

(1)通过举办家长学校和开家长座谈会等活动密切同家长的联系,向社区宣传科学育儿知识。

(2)开展与社区保健站和一些友邻单位的双向服务,搞好同社区机构的关系。

(3)积极与社区的妇联、共青团等组织建立协作关系,以幼儿园为主体开展一些"走出去"的教育活动,既推动社区精神文明建设,又扩大幼儿园的影响。

我国地域广阔,条件各异,因各地社区、家庭、幼儿园的特点及实际情况的不同而出现了多种形式的合作。例如:广州市荔湾区多宝路幼儿园社区幼儿教育委员会,上海市新新里居委会的家庭教育辅导站,内蒙古锡林郭勒盟牧区幼儿游戏点,河北滦平县巡回辅导站/家庭活动站,福建省福州市郊黎明村幼儿玩具图书馆等。

(资料来源:陈世联.幼儿社会教育[M].海口:南海出版公司,2009:195—197.)

本章小结 ✍

本章的主要问题：第一，家庭、社区和托幼机构在学前教育中的角色和功能；第二，家庭、社区和托幼机构合作的发展历程；第三，世界上一些代表性国家"家社托"合作发展的情况；第四，作为国际学前教育典范的瑞吉欧在"家社托"合作方面的成功做法。

本章的基本要点：其一，家庭、社区和托幼机构是儿童发展的三大环境，家庭是起点，托幼机构是中心站，社区是中转站。三者都对儿童的成长产生重要影响，因此其合作是非常必要的。其二，社会现代化是三者合作的社会背景，教育理论的推陈出新是三者合作的推手。1999年的国际学前会议标志着三者的合作已达成国际共识，成为必然的发展趋势。其三，对于"家社托"的合作，世界各国从政策上进行引领，具体体现在幼儿教师的培养、学前课程的构建、学界的研究热点等方面。其四，瑞吉欧是"家社托"合作的典范。它倡导幼儿是社会的主角，秉持幼儿是社会关系的积极构建者的观点，采取社区式的学校管理模式，开发社区取向的课程，积极鼓励家长参与，努力获得社区支持。

阅读导航 ✍

1.李生兰.幼儿园与家庭、社区合作共育的研究[M].上海：华东师范大学出版社,2003.

本书结合现代幼儿、家庭教育等实际情况，阐述了幼儿园与家庭、社区合作共育的理性思考、调查研究、实证研究、专题研究，以及活动研究。

2.[美]George S. Morrison.当今美国儿童早期教育(第八版)[M].王全志,孟祥芝等译.北京：北京大学出版社,2004.（建议阅读第十六章"父母、家庭和社区的参与：互助与合作"，第441—467页）

本书此章介绍了美国学前教育阶段家庭、社区和托幼机构合作的现状，并且就如何促进家长参与和社区参与给出了比较具体的建议。

3.周采.比较学前教育[M].北京：人民教育出版社,2010.

本书由绪论、学前教育国别研究和学前教育专题研究三部分组成，主要介绍了美国、英国、德国、法国、俄罗斯、日本、挪威、印度等国家的学前教育，并从学前教育机构及其管理、学前教育课程、学前教育师资培养和幼小衔接等方面进行了比较。本书广泛搜集了国内外近年来的研究成果，将学前教育比较发达的几个国家作为研究重点，介绍了各洲有代表性国家的学前教育，关注各国不同的民族文化传统对学前教育的影响，注重各国学前教育特点的概括和相关发展规律的阐发。

4.[美]卡洛琳·爱德华兹,莱拉·甘第尼,乔治·福尔曼.儿童的一百种语言[M].罗雅芬,连英式,金乃琪译.南京：南京师范大学出版社,2006.

本书比较全面地从历史、哲学、环境设施、课程与教学法、教师、家长、组织机构等方面对瑞吉欧教育做了全方位的介绍。同时，也描述了瑞吉欧的教育在美国课程中的延伸和应用，反映出人们对瑞吉欧的教育取向的强烈兴趣和深刻思考。

拓展练习

1.回忆并列出本章的基本要点和基本问题,并尝试给出答案。

2.比较我国在促进家庭、社区和托幼机构合作方面与瑞吉欧教育的异同,尝试找出我们能向瑞吉欧借鉴的地方。

3.去当地某所幼儿园调查,了解其和家庭、社区合作的情况,并去发现存在的问题,思考解决的方法。

第八章
世界学前教育面临的基本问题与发展趋势

21世纪以来,世界各国致力于诊断学前教育发展中存在的问题,以此来探索发展学前教育的新方法。各国都积累了丰富的理论经验与实践论证,总结世界各国学前教育发展面临的基本问题,探寻其发展趋势是未来学前教育更加繁荣不可回避的问题,也有利于各国互相学习、共同努力,找到解决问题的途径,并为顺应世界学前教育的发展趋势而调整本国学前教育发展策略提供借鉴。

◆**案例链接**

2013 年 7 月 11 日至 13 日,由世界学前教育组织(OMEP)中国委员会、中国学前教育研究会和华东师范大学共同承办的世界学前教育组织第 65 届国际学术研讨会在上海浦东隆重召开,来自 57 个国家的 1200 余名学前教育负责人、专家学者,围绕"学前教育机会与质量"这一主题探讨了世界学前教育发展面临的基本问题与未来走向。学前教育进步与发展需要克服哪些问题,基本走向又如何,这些问题已成为世界各国关心的重要问题,也是学前教育健康、科学发展需要明确与解决的问题。本次大会通过主题探讨、专题报告、论文交流、工作坊以及海报展示等多元化方式,围绕"确保起点教育质量的早期儿童教育政策和体系""早期儿童保教质量的评价和支持策略""多元文化背景下的早期学习标准和多样化课程发展""特殊需要幼儿教育"等 9 大模块展开对话与交流。此次盛会取得巨大反响,使学前教育人再次聚焦世界学前教育发展面临的问题,关注世界各国学前教育发展的基本经验,共话世界学前教育发展的未来。

◆**问题聚焦**

1. 本次学前教育国际会议的主题说明了国际学前教育在关注什么?
2. 当前世界学前教育发展面临的基本问题有哪些?
3. 未来世界学前教育会是怎样的走向?

◆**学习目标**

1. 知道世界各国学前教育发展面临的问题及各国为此采取的举措。
2. 了解世界各国学前教育发展中的价值取向及我们应该持有的价值观。
3. 归纳与理解世界学前教育发展的前沿趋势。

|第一节|
世界学前教育发展面临的基本问题

一、弱势儿童的早期教育问题(早期儿童教育的公平问题)

弱势儿童是指由于社会、家庭及个人的原因,使得她或他的基本权利难以得到切实的保障或者维护,因而其生存和发展遭遇障碍,需要借助外在力量支持和帮助的儿童。关于应将哪种儿童归于弱势儿童,已有研究并未形成统一的标准。通常来说,弱势儿童包括贫困儿童、流动人口中的儿童、偏远地区的儿童、被遗弃的儿童、流浪儿童、残疾儿童、与父母分离的儿童以及遭受各种慢性病痛苦的重症儿童。在许多落后的国家和地区,可能还包括女童。众所周知,促进公平是普及学前教育的核心要素。为有效提升学前教育质量,实现学前教育公平,世界主要国家都在关注弱势儿童现状,积极采取多种扶助政策和举措切实保障弱势儿童。

(一)弱势儿童扶助政策分析

为了保障弱势儿童获得教育权利,享受平等的学前教育,世界各国和地区通过实施干预扶助政策、不断加大投入力度、设置资助性学前教育机构、优先为各类弱势儿童提供免费或减费的学前教育、对弱势儿童提供直接的服务等措施来保障儿童权利(如表8-1)。

表 8-1 世界各国和地区扶助弱势儿童一览表

国家	扶助政策
法国	ZEP 计划
德国	慕尼黑儿童计划
匈牙利	Catch-up 计划
爱尔兰	Early Start
英国	Sure Start
荷兰	Capabel 计划
澳大利亚	儿童保育中心计划
捷克	准备班级体系
印度	ICDS
美国	Head Start
瑞典	Maria Gamla-Stan 社会—教育计划
波兰	做一个孩子计划
挪威	Sami 地区计划
印度尼西亚	家庭营养改善计划
中国台湾	扶持 5 岁弱势幼儿及早教计划
韩国	农村公立幼儿园计划
俄罗斯	社会服务性学前班
新西兰	父母支持和发展项目
墨西哥	关注和教育儿童中心

在诸多弱势儿童扶助政策与项目中,美国、英国、印度、中国台湾等地的政策与项目更被人们所熟知,且在当地都取得重大反响,为当地的学前教育公平发展做出了卓越贡献,并为世界其他地区提供了丰富经验。

1. 美国

公平与民主是美国社会的核心价值取向,在学前教育领域,美国一直致力于追求平等、公平的学前教育。20 世纪 60 年代,美国经济平等和社会公平战争的领导者约翰逊就曾呼吁"所有的美国儿童都不应该因为其出身而被宣告为失败",并开启了"开端计划"。

"开端计划"是美国联邦政府对处境不利或弱势儿童进行教育补偿,为低收入家庭儿童提供综合性和发展适宜性的学前教育服务,以促进儿童生理、认知和社会性的发展的一个项目。该计划自确立到实施的 40 多年里,已经为 2200 多万名儿童提供了服务,赢得了贫困家庭的好评。

一方面,政府持续投入资金保障该计划的运转,普惠弱势儿童群体。尤其是 1981 年出台《开端计划法案》后,政府每年至少为"开端计划"项目拨款 10.7 亿美元以支持弱势儿童群体,在此之后呈现逐年增加趋势,1990 年为 15.52 亿美元,1999 年达到 46.58 亿美元,2005 年达到了 68.43 亿美元,2008 年政府提供了 73.5 亿美元的经费支持,还增加了对无家可归儿童、身体残疾儿童、流动儿童的资助项目。

另一方面,美国的"开端计划"通过提供综合性服务保障儿童未来发展的公平。为了实现这一目标,"开端计划"主要提供 4 个方面的服务,包括儿童教育与发展服务、家长参与服务、健康服务、职员素质服务。"开端计划"重视家庭与社区的合作,发挥家庭与社区的联动作用以促进学前教育发展。教育生态学强调对幼儿的影响不止于学校教师,家庭与社区也是不可或缺的资源。"开端计划"一直信奉此种理念:要提升儿童的生活质量,必须提升家长与教师的教养理念与操作技能,缺乏家长的参与,儿童的生活质量很难保障。家长作为儿童的监护人、重要他人积极地参与到儿童教育中,已成为"开端计划"的一大特色。在社区合作方面,"开端计划"致力于与社区建立联系,充分利用社区资源,与社区达成积极合作和信息共享。

在"开端计划"的影响下,美国以立法的形式不断完善对弱势儿童的扶助与保障政策。1990 年颁布的《儿童保育与发展固定拨款法》中着重强调对低收入家庭儿童的早期看护与教育关注程度。2001 年的《不让一个孩子掉队法》中明确指出,联邦政府要致力于改变少数族裔儿童、贫困家庭儿童以及残疾儿童等弱势儿童群体在受教育状况方面的不利处境,不让一个儿童落伍。2009 年,美国总统奥巴马上任以来推行系列政策改善弱势儿童教育状况,《0～5 岁教育计划》中规定,联邦政府每年拨款 100 亿美元使每个儿童不分贫富地在幼儿时期都能获得平等的教育。

2. 英国

受到美国"开端计划"的影响与启示,英国政府实施了一项以家庭为切入口,以社区为依托,面向早期儿童及其父母的综合服务计划,即"确保开端计划"。它旨在通过综合提供早期教育、儿童保育、健康支持等服务,改善儿童及其家庭的健康和福利状况,确保每一个儿童在人生道路上都有一个良好的开端。该计划强调学前教育的公共性价值,将服务对象首先定位于贫困地区和处境不利的儿童,通过提供全面、整合式优质服务促进儿童和家庭共同发展,提高生活质量,形成教育的起点公平。

具体来说,"确保开端计划"有 4 个目标:促进儿童的社会性和情感发展;促进儿童身体健康发展;促进儿童学习能力发展;加强家庭和社区建设,尤其是确保贫困地区的资源建设。自"确保开端计划"实施以来,已取得良好的成效:到 2010 年,确保开端的组织机构已经达到 3500 个,保证了英国每个社区都有一个项目的组织机构——确保开端项目中心,拨款金额从 2002—2003 年度的 6.8 亿英镑增加到 2010—2011 年度的 19 亿英镑;已有 46 个小型确保开端地方计划专门针对贫困和农村而展开,其中有 13 个得到政府 2200 万英镑支持的计划集中在农村地区,预计将使 7500 名 4 岁以下的儿童受益。此后,英国政府分别颁布《2002 年教育法》《2005 年教育法》《2006 年儿童保育法》《每个儿童都重要》等法律和政策文本,其主旨在于对弱势儿童的扶助,保障其受教育权利的实现。

3.印度

印度作为发展中国家的典型代表,一直试图为提升弱势儿童的生活质量、促进教育公平做出努力尝试。早在 1974 年,印度政府就宣布"儿童是国家的宝贵财富",国家有责任和义务维护儿童基本权利,满足儿童需要。1975 年,印度发起了儿童综合发展服务项目,旨在促进印度幼儿的整体、均衡发展。该项目具体目的包括 5 个方面:提高 6 岁以下儿童的营养与健康状况;为儿童的心理、生理与社会的和谐发展打下良好的基础;减少死亡率、发病率、营养不良与辍学率;在政策制定与实施上达成各部门的有效合作,以促成儿童的全面发展;通过营养与健康教育,提高母亲满足儿童的正常营养与健康需要的能力。

在管理方面,安哥瓦迪是印度儿童综合发展服务项目的主要组织形式。安哥瓦迪就是指少数民族、贫困群体出门就可以得到学前教育服务。每个安哥瓦迪由一名村落工作人员与后期服务人员构成,负责日常工作的运行。

在印度,大约平均每 1000 人就有一个安哥瓦迪,每个部落约有 100 个安哥瓦迪,印度就是通过这样的形式将学前教育服务提供给各个地区的儿童与家庭。1975—1993 年的 18 年里,印度就完成了 2600 个"儿童发展综合服务计划"工程项目。至 2010 年末,又完成了 6719 个工程项目,共建 1241749 个安哥瓦迪中心,受益人群达到 4741 万。1992—1997 年间,政府对该计划的投入已达 260 亿卢布。2002—2007 年间,拨款金额已经达到 1168 亿卢布。持续增长的经费投入充分显示印度政府对弱势儿童扶助的重视。2005 年,印度政府颁布了《国家儿童行动计划》,该计划提倡解决由于性别、等级、种姓、民族、宗教和法律地位等歧视而产生的问题,从而保证平等,尤其是扶助处境不利、最贫穷的以及获得最少服务的儿童,实施干预措施保障其享有最优先的学前教育服务。

4.中国台湾

近年来,台湾地区不断推进幼儿教育改革,尤其是加大对来自中低收入家庭、原住民与残障家庭儿童的资助,以突显其追求学前教育公平的价值取向。台湾地区针对弱势儿童出台了一系列政策。诸多政策有效地均衡了台湾地区学前教育资源,较大地减轻了台湾地区中、低收入家庭幼儿教育的负担,提升了台湾地区幼儿教育的整体质量。

经费的支持也是台湾地区改善弱势儿童教育的一项重要举措,如通过减免学费使计划内的 5 岁幼儿都能接受教育。就读公立幼儿园的幼儿,每年最高补助学费 14000 新台币。此外,还会根据家庭收入情况补助其他费用,低收入、中等收入以及年收入为50万以下新台币的家庭,每年再补助新台币2万资助幼儿就读;年收入为50~70万新台币的家庭,每年最高再补助12000新台币以资助幼儿就读。

(二)弱势儿童扶助政策的特点与趋势

重视对弱势儿童群体的关注与教育扶助是全世界范围内学前教育公平理念的重要体现。当前,我国正处于社会急剧变革阶段,提升学前教育质量,促进学前教育公平,尤其是重点扶持西部农村学前教育已经被提上日程。分析与概括国际弱势儿童学前教育扶助政策的主要特点与趋势,对我国学前教育改革与发展,完善弱势学前儿童扶助政策具有启示意义。

1.立法保障弱势儿童享有平等的学前教育权利

通过对上述各国和地区弱势儿童扶助措施的分析,我们不难发现,立法已成为保障学前弱势儿童平等权利的重要趋势。例如,美国的《开端计划法案》《不让一个孩子掉队法》以及《入学准备法》都明确提出,保障每一个学前儿童特别是弱势儿童拥有平等受教育的机会,获得公平的对待。巴西在《教育指导方针和基础法》中提出,为弱势儿童提供特殊服务,资助0~6岁特殊儿童获得学前教育的平等机会。我国台湾地区的相关法规也明确要求,对各类处境不利的儿童应优先提供各类保教服务,促进台湾地区幼儿教育整体均衡发展。

2.加大对弱势儿童学前教育的投资力度,促进学前教育资源合理分配

从国际范围来看,各国尝试公平合理地将经费投入在学前教育领域,尤其是财政优先投向弱势儿童群体,并不断地加大财政投入力度,从而保障弱势儿童能够接受平等的教育。英国的"确保开端计划"每年都要讨论对该项目的政府预算并通过《拨款法》这一法律形式予以优先保障。此外,美国、英国、印度等地持续增加的投资金额体现出世界各地致力于保障弱势儿童接受教育,均衡学前教育资源的价值取向。

3.强化政府在落实扶助弱势儿童政策中的主导角色

不断明确和强化各级行政部门的责任,特别是教育财政管理部门的教育责任,是贯彻弱势儿童学前教育扶助政策的首要前提。政府作为公共教育资源的分配主体,必须使教育资源在全社会范围内进行合理配置,以确保受教育者的权利和机会的均等。许多国家和地区的政府对其扶助弱势儿童学前教育的责任做出了高位、明确的规定。如美国、英国、印度、我国台湾地区等明确指出,政府必须保障贫困、残疾、少数种族或少数民族儿童的学前教育权利。各地充分发挥政府的公共职能,完善扶助弱势儿童政策已是必然的趋势。

4.依托国家专项计划发展弱势儿童学前教育

以国家或中央政府的名义发起的针对弱势儿童的学前教育专项计划已成为世界范围内扶助弱势儿童的又一特色与亮点。美国的"开端计划"与"佩里学前教育方案"、英国的"确保开端计划"和印度的"儿童综合发展服务计划"等均属于此类计划。该种类型的专项计划起点较高,且针对性较强——改善弱势儿童的教育,影响力广泛,能够形成较好的扶助效果,如美国的"开端计划"已为2200多万名弱势儿童提供了早期教育服务。国际经验表明,依托国家名义开展的专项行动计划能够更好地满足弱势儿童的需求,保障

弱势儿童的权利,实现教育资源的均衡发展,从而在更大程度上实现教育公平。

二、早期教育质量评价标准问题

(一)早期教育质量评价标准的内涵

"质量"一词是我们理解与界定早期教育质量评价标准内涵的关键词。在关于"质量"的众多含义中,有两个解读至关重要:一是产品特性能够满足顾客要求从而让顾客满意;二是没有不足。国际标准化组织将"质量"定义为"一组固有特性满足要求的程度"。综上我们认为,质量最为本质的内涵为:首先,质量最重要的衡量标准是满足顾客需求的程度;其次,质量是相对的,不同国家、地区的人们对质量的理解不同,因此,质量标准也存在差异;最后,质量具有时效性,人们对质量的要求会随着时间的推移而变化,质量及其评价标准也需要及时修订。

在早期教育领域,有关质量问题存在诸多争议。多数学者认为,早期教育质量存在相对性、主观性与文化特殊性,质量是一个主观的、有价值的术语。如莫斯(Moss)强调,质量这一概念是与不同的价值、信念和需要相关的。达尔伯格(Dahlberg)、莫斯和彭斯(Pence)强调,质量是一个相对的概念,它建立在价值观、信心和兴趣的基础之上。质量是一个哲学术语,而不是技术术语,它不能被当作客观的、明确的、可归纳为结构或过程上的若干特征。虽然世界各国对早期教育质量评价的具体规定与内容不可避免地受本地文化与价值观的影响,但其内涵和早期教育质量评价标准的主要价值观却在很大程度上存在着共性。学者们认为,早期教育质量大体分为条件质量、过程质量与结果质量。其中,条件质量包括人员条件、物质条件、园所管理;过程质量包括师幼交往、教师对环境的创设与利用、教师与家长的互动;结果质量主要指幼儿身心各方面的发展。

从评价学视角来看,标准是一种具体的、可量的、行为化的评价准则,是根据可测和可观察的要求而确定的评价内容,它可以转化为统计数量,并能提供相关信息,以此来理解和判断早期教育发展的程度。由此,早期教育质量评价标准就是指根据早期教育发展需求而确定的具体的、可量化的、操作化的评价准则,旨在促进学前教育的发展。

(二)各国早期教育质量评价标准分析

早期儿童生理、心理特点决定了他们是一个需要受到特别保护和关爱的群体。相关研究也表明,儿童早期教育质量作为影响儿童生活经验的重要因素,对人的一生发展有着重要的影响。因此,早期教育质量及其标准问题得到了世界上不少国家的关注,它们都在积极探索适合本国的科学的、合理的早期教育质量维度与标准以提升教育质量。如各国的评价标准都强调给儿童提供一个安全、卫生和具有丰富刺激的教育环境;都强调给儿童提供足够的操作材料和自主学习的机会;都强调教师的职前专业培训和在职进修;都强调教师与儿童互动的质量以及教师对儿童的关爱、尊重和引导;都强调托幼机构通过与家长的合作来完成教育任务等。

1.早期教育质量评价构成要素

国外学者洛弗曾指出,在评价早期教育质量时,普遍涉及以下要素:托幼机构的结构,如物质环境、安全和健康特征、人数、家具;工作人员特征,如教师的培训、经验、工资与福利等;托幼机构的动态特征,如师幼交往、教师行为及教学活动;管理和支持性服务,如工作人员的发展机会、财务情况、健康服务与认证情况;家长的参与,如教师与家长的关系、家长的支持、家园共育。目前,国际上通常从两个方面来评价早期教育质量:一方面是结构性质量,包括教师与儿童的比率、班级条件、师资条件、幼儿园硬件设置等,它是一些可具体规范与操作的变量,可以通过客观的数据记录,并以量化指标呈现,相对容易评估;另一方面是过程性质量,包括儿童与教师的互动、同伴互动、学习环境、课程、家长参与等。过程性质量对儿童的影响比结构性质量大,但过程性质量通常都是以动态的形式呈现的,需要长期的观察与记录、描述以获得详细的评价资料,因此,评价难度相对较大。

2.早期教育质量评价标准

随着世界各国对早期教育质量的持续关注,各种评价标准与工具也在不断被制定与开发。

(1)全美幼儿教育协会的质量认证标准

为了保障儿童早期教育质量,全美幼儿教育协会于 1984 年颁布了幼儿程序标准与认证准则,包括 10 项内容:师生互动、课程、家长—教师互动、教师的资格与提高、行政管理、教师配备、物质环境、健康和安全、营养和饮食服务、评价。每项内容都有目的、依据、具体指标。该评价体系于 2006 年进行修订与改版,根据原有认证体系中不同的关注点,将认证内容进行了整合和归类,分成了儿童、教师员工、行政管理和家园合作 4 个领域,并将这 4 个领域扩充为 10 条标准,分别为关系、课程、教学、儿童进步评价、健康、教师、家庭、社区关系、物理环境,以及领导和管理。比如,标准 1"关系"由 6 个部分组成,分别为"在教师和家庭之间建立起积极的关系""在教师和儿童之间建立起积极的关系""帮助儿童结交朋友""创设一个可预见的和始终如一并且和睦融洽的教室""处理儿童的挑衅性行为"和"增进儿童的自我调节能力"。

(2)美国儿童早期教育环境评估量表

美国儿童早期教育环境评估量表(ECERS-R)由 Thelma Harms 和 Richard M. Clifford 研制。该评价量表在研究早期教育的过程性质量中发挥着重要作用,并被世界各国广泛运用于早期教育质量评价的研究中,产生了较大影响。最初,该评价量表共有 7 个大项:日常生活护理、家具与设备、语言/推理经验、大/小肌肉活动、创造性活动、社会性发展、成人的需要。7 大项下设 37 个子项。该评价标准于 2005 年重新修订与调整,调整后该评价体系共有 7 个大项:空间和设备、个人护理常规、语言—推理、活动、互动、项目活动结构、家长和教师。7 大项下设子项由 37 个调整为 42 个。

(3)澳大利亚早期教养国家质量框架

早在 1994 年,澳大利亚就开始尝试推广全国性的学前教育"质量提升与评审体系"。2012 年,此项评审体系做了相应完善、调整与修订,形成了"早期教养国家质量框架",它标志着澳大利亚国家质量评价标准的全面确定。该国家标准分为 7 大部分:学前课程与教学,儿童健康与安全保障,幼儿园园舍环境,人员编制安排,师幼关系,与家庭、社区的合作,以及领导与机构管理。早期教养国家质量框架为促进澳大利亚学前教育发展做出了重大贡献。

(4)德国儿童日托机构的教育质量评价

德国有着重视教育的传统,一直努力追求着高质量的学前教育。1999 年,德国联邦家庭、老人、妇女、少年儿童工作部发起了一项规模庞大的研究计划——全国儿童日托机构系统质量推动研究,试图建立全国性的学前教育质量评价体系,探索科学的评价方式以促进学前儿童的发展。该研究计划形成了系列研究成果,其中《儿童日托机构的教育质量:国家标准》备受人们关注。它以质量领域和各领域工作的主要着眼点两个维度为主线,把托幼机构的质量归纳为 20 个领域,归属于 5 个层次:

第一个层次是为儿童活动创设的基本时空结构,包括"给儿童创设的空间"和"一日流程设计"2 个领域;

第二个层次涉及对儿童日常在园生活常规的教育设计,包括"餐点与营养""健康与身体照料""睡觉与休息""安全"4 个领域;

第三个层次包括 10 个领域,关注的是狭义的教育工作,涉及"语言与交流""认知发展""情感与社会性发展""运动""想象与角色游戏""搭建构形""绘画、音乐和舞蹈""自然、环境和事物的知识""跨文化学习"和"残疾儿童的随班融合";

第四个层次为托幼机构与家庭合作领域,包括"适应""问候与告别"和"与家庭合作"3 个领域;

第五个层次只有 1 个领域,即对托幼机构的质量发展负有全面责任的"领导"工作。

(三)早期教育质量评价标准未来的趋势与走向

1.各国不断加强对早期教育质量标准的研制与修订

综观世界各国的早期教育质量行动,不断加强对教育质量评价标准的研究与修订成为一大特色。各国普遍认为,科学、严谨、合理的早期教育质量标准,一定要建立在专业组织、个体的科学调研与修订基础之上。

一方面,各国通过专业性的组织来研制早期教育质量体系与标准以确保其效度。比如,美国通过早期教育协会研究早期教育质量标准;德国是由联邦家庭、老人、妇女、少年儿童工作部发起了一项规模庞大的研究计划;澳大利亚的早期教育标准是由当地教育局统领来完成的,并且鼓励各地的学术团体与机构开展各类质量评价研究,E4Kids(Effective Early Educational Experiences)项目就是澳大利亚政府拨款、学者主持的学前教育质量评估项目。

另一方面,各国的早期教育评价标准研制不是一蹴而就的,而是通过不断论证逐渐完善的。如全美幼儿教育协会的质量认证标准于 1984 年颁布以来,在实践中不断运行与检验,并于 2006 年修订。澳大利亚则在 1994 年就开始了早期教育质量标准制定工作的尝试,2012 年修订。

2.各国追求精细化、操作性强的早期教育质量标准

各国都在追求早期教育质量评价标准的操作性,以使评价工作有据可参,落到实处。如全美幼儿教育协会的质量认证标准含 10 个大项,而美国儿童早期教育环境评估量表有 7 个大项,37 个子项;德国《儿童日托机构的教育质量:国家标准》以两个维度为主线,把托幼机构的质量归纳为 20 个领域,归属于 5 个层次,共 1364 个质量标准条目,评价标准更为详细。应该说,精细化与标准化是目前国际早期教育质量评价的一个重要趋势,一方面,防止了各国的早期教育质量评价工作泛化与虚化;另一方面,有利于评价机构获取系统化的结果。

3.兼顾过程性评价与结果性评价

各国早期教育质量评价标准不仅仅是评价早期教育的量表工具,在评价体系与标准背后反映着各国评价早期教育质量的价值取向。这些国家评价指标的内容大多集中在师幼互动、课程、家校沟通、硬件环境、卫生安全等方面,诸多评价指标兼顾了过程性评价与结果性评价。尤其是近些年来研制的"课堂师生互动评估系统"(CLASS),影响力逐渐提升,改变了以往仅仅关注结果性评价的取向,不断加强过程性指标的研发,更加全面、多元地监测与评价早期教育质量。

📖 **知识索引**

课堂师生互动评估系统(CLASS)

"课堂师生互动评估系统"是美国国家儿童健康和人类发展研究院(NICHD)与国家早期发展和学习中心(NCEDL)对3000多个从学前到五年级的班级课堂评估的运用和验证。该评估系统的信度与效度在美国之外的国家也得到了可靠的验证,成为微观领域测评学前教育质量的重要工具,可以采用非参与性观察对幼儿园半日活动中教师在教学活动、区角活动、运动活动、生活活动中的互动行为进行观察、记录、计分。课堂师生互动评估系统主要包括3个大的维度:情感支持、班级管理、教育支持。3个大的维度下面又划分为10个小的维度,其中,情感支持包括积极氛围、消极氛围、教师敏感性、尊重幼儿观点;班级管理包括行为管理、产出性、教育学习安排;教育支持包括认知发展、反馈质量、语言示范。

4.评价标准的适宜性

各国早期教育质量评价标准基于各国早期教育实际情况而定,深深地打着各国自身文化和现实的烙印,因而早期教育评价标准的普适性与差异性是其实施过程中不可回避的矛盾。就目前来看,上述的早期教育质量评价指标确实成为世界范围内公认的主流评价量表,但各国在借鉴的同时,会对评价量表进行本土化的修订与验证,在保证评价指标科学性的同时,还使其具备文化适宜性。

世界学前教育发展中的价值取向

价值取向是一种价值判断,是人们基于一定评判标准对学前教育的价值所做出的判断。学前教育价值判断应吸纳多元主体的价值分析,在综合多元主体利益和判断的基础上,系统考虑学前教育本身的特性以及社会发展对学前教育的需要,最终形成系统化的价值观。学前教育价值取向的分析有助于人们把握学前教育发展的脉络,洞察其发展趋势。

一、学前教育的功能观

功能是指一个事物系统所具备的对周围其他事物发生作用的能力或根本属性,是事物存在的重要特征,主要由物质结构所决定。由于不同物质形态具有不同的物质性能,使得功能成为不同物质相区别的重要标志。学前教育功能涉及学前教育在社会和儿童的发展中的地位、作用,涉及学前教育与社会、个人各方面的关系。学前教育功能观就是人们对学前教育功能的根本看法。深入探讨学前教育功能问题,形成正确的学前教育功能观,对于提高人们对学前教育的认识程度,正确理解学前教育与人、社会之间的相互关系,具有重要的理论意义。从世界范围来看,人们普遍认为学前教育的功能包括个体功能与社会功能。

(一)学前教育的个体功能观

学前教育的个体功能观是指人们对学前教育促进幼儿个体发展的基本观念。近年来,国内外研究表明,学前期是人的社会性行为、情绪情感、性格和认知等方面发展的关键期,也是人的一生中发展速度最快、可塑性最强的时期。一方面,学前教育对儿童的社会性发展具有重要作用。社会性是指幼儿在其生物特性基础上形成的那些独特的心理特征,它们使幼儿能够适应周围的社会环境,正常地与同伴、成人交往,接受同伴、成人的影响,反过来也在努力实现自我完善的过程中积极地影响和改造周围环境。0~6岁是发展儿童的礼貌、友爱、帮助、分享、谦让、合作、责任感等亲社会性行为的关键阶段,幼儿接受良好的教育熏陶有助于幼儿亲社会性行为的发展,促进幼儿交往能力的提升。另一方面,学前教育对儿童的认知发展具有重要影响。3岁左右儿童的脑重为成人的2/3,7岁时已基本接近成人,人脑细胞的70%~80%是3岁前形成的,处于学前期的儿童具有巨大的学习潜力,拥有很大的发展"可能性"。2~3岁是个体口头语言发展的关键期;4~6岁是儿童对图像的视觉辨认、形状知觉形成的最佳期;5~5岁半是掌握数概念的最佳年龄;5~6岁是儿童词汇能力发展最快的时期。学前期为幼儿创设良好的学习环境,根据幼儿的关键期进行合理的影响都能促进幼儿认知的发展。

(二)学前教育的社会功能观

学前教育不仅对幼儿个体有着重要影响,还对社会的发展有着重要贡献。美国几项长达二三十年的学前教育追踪研究显示,高质量的学前教育计划不仅提高了参与其中的儿童和其家庭的生活水平,而且能为社会带来巨大的经济效益。其中,通过对"佩里学前教育方案"的效益分析发现,对学前教育进行投资,其收益是投资的 3.5 倍。"高瞻学前教育方案"的经费分析表明,对学前教育每投入 1 美元,日后能够获得 7.16 美元的收益。2010 年 9 月 27 日至 30 日,首届联合国教科文组织世界学前教育大会在莫斯科召开,大会将学前教育提高到"构筑国家财富"的高度,发人深省。与会者达成的共识是:投资学前教育比投资任何其他阶段的教育都拥有更大的回报。西欧、美国、埃及等国的多项早期教育成本效益研究表明,对早期教育的投资可以降低辍学率、复读率、对社会救济的依赖率、犯罪率等,由此节约大批公共资金;拥有优质保教经验的儿童更容易接受高等教育,获得较高收入,为社会做出更大贡献。

📖 知识索引

莫斯科学前教育大会

2010 年 9 月 27 日至 30 日,首届联合国教科文组织世界学前教育大会在莫斯科召开。大会由教科文组织、俄罗斯联邦和莫斯科市共同组织举办。来自 65 个国家的部长与政府官员、学者、民间组织代表近千人参加了此次大会。大会的主题是:构筑国家财富。会议达成以下共识:学前教育具有极为重要的社会价值,能为国家积累财富;发展学前教育是政府的责任和义务;幼儿期是一个不可复制的过程,质量和机会同样重要;政策不明确,缺乏有效的体制和机制保障阻碍了全民教育保教目标的实现。大会是世界范围内学前教育领域专家的聚会,专家们共话学前教育面临的问题与未来走向,发人深省。

(三)辩证看待学前教育功能已成为主流

长期以来,人们对学前教育的两种重要功能观并没有形成动态性、系统性的审视,造成学前教育个体功能观与社会功能观存在一定的矛盾。近些年来,世界各国不断反思学前教育的功能与价值,慎思二者的内在联系:一方面,学前教育对个体的发展功能受到社会的经济、政治、文化等因素的影响,这些社会因素影响着儿童个体发展的方向,因而不能离开社会关系与社会实践谈儿童个体的发展,也不能离开社会关系、社会实践去认识教育对儿童的发展功能;另一方面,学前教育的个体发展功能是社会功能形成的基础,即学前教育社会发展功能的形成与发挥必须通过培养社会所需要的人来实现。因此,二者是相互联系、相互影响的关系,具有动态、系统性关联。

此外,世界各国应理性地看待学前教育功能,防止学前教育个体功能和社会功能的异化。在个体功能层面,让每个儿童都有一个良好的人生开端固然重要,然而在现实生活中,它却催生了各种极富功利色彩、压制儿童天性的早期教育方案,使得儿童在其成长过程中付出了苦涩的代价,严重误导了儿童的发展,忽视了儿童本应有的快乐、轻松,漠视了儿童好玩、好动、好游戏的天性。为了防止此种趋势蔓延,把儿童看作独立的个体,尊重孩子的天性,基于孩子的兴趣、生活,给孩子提供原本应有的机会去探索、发现、幻想,还孩子一个快乐幸福的童年就成为各国的主流学前教育个体功能观。

在社会功能层面,学前教育能够实现社会效益已成为共识,然而,人们并没有清楚地认识到学前教育本体功能所带来的价值,一味地追求学前教育机构与各种兴趣班带来经济效益,违背了学前教育作为公益性、福利性事业的初衷。鉴于此,世界各国致力于学前教育的公共性及强化政府主导性职责,促进学前教育健康发展。

二、儿童观

儿童观是人们对儿童总的看法和态度,具体涉及儿童的特性、权利与地位,儿童期的意义以及教育和儿童发展之间的关系等问题。儿童观是人类自我意识中的重要内容,它的形成与发展遵循着"历史与逻辑的一致性",即人们对儿童的认识和人类主体的认识水平是一致的,并且不同的儿童观是不同时代精神的产物,带着那个时代的痕迹。不同的时代,不同的文化,不同的地域,不同的社会成员会产生不同形态的儿童观。

(一)儿童观的历史演进

在中世纪,文化与教育由基督教会控制,蒙昧主义和文化专制盛行,流行着"原罪说"和"预成论"的儿童观。原罪说认为,儿童天生有罪、邪恶且需要救赎。预成论主张儿童与成人仅有尺寸大小、知识多寡的区别,否认二者在身心特征上的重大差异,把儿童看作缩简的小大人,是成人的预备。

文艺复兴阶段,人们开始重新审视"人"的价值,认为人是自由的,人文主义应运而生。该阶段试图打破中世纪的儿童原罪说,认同"儿童是自由而具有发展可能性的存在"这一儿童观,这就为后期儿童观的转变奠定了重要基础。

到了17世纪,英国教育家洛克倡导"白板说",声称儿童的心灵好比一张白纸,后天的一切观念都是经验在心灵上刻下的印迹。这属于外铄论范畴的儿童观。

18世纪,法国启蒙思想家卢梭被誉为"发现儿童"的第一人,他旗帜鲜明地提出了儿童中心的观念,实现了儿童观发展史上"哥白尼式的革命"。他倡导尊重儿童,重视儿童的天性,关注儿童期价值,珍惜儿童幸福童年。此外,卢梭特别强调儿童的发展由内在机制控制,应让儿童按照自然的方式成长。

19世纪的教育家继承和发展了卢梭的儿童本位思想,代表人物有裴斯泰洛齐和福禄贝尔。他们都认为,儿童具有内在天赋和力量萌芽,儿童具有重要的能量。他们是内发论的重要支持者。

19世纪末20世纪初,欧美兴起了新教育运动和进步主义教育运动。其中,蒙台梭利将儿童看作人类伟大的导师、舵手、先知、领路人。进步主义集大成者杜威承认儿童是未成熟的、发展中的人,但他指出"未成熟状态"不是儿童的弱点,而是预示着儿童具有发展的潜在能力和巨大的可塑性。他极其重视儿童的内驱力和能量,认为儿童是具有独特生理和心理结构的人,儿童的心理活动本身是其本能发展的过程。

杜威在卢梭儿童观的基础上完善了儿童观的相关理论,奠定了西方现在儿童观的理论基础。由此,世界各国人们对儿童的认识经历了从无知、不解到认同、理解的过程;从对儿童的无视,甚至摧残到认识儿童、尊重儿童、保护儿童、关爱儿童的过程;从把儿童当作被动的接受体到把儿童看作主动的活动主体的过程。

(二)现代儿童观

现代的儿童观是在吸取儿童观历史演进过程中的精髓的基础上,并以新的历史条件下人们对儿童观的进一步反思为依据形成的。总体来看,现代儿童观包括以下几个方面。

1.儿童具有独特地位

首先,儿童是人,是自然人与社会人的统一;其次,儿童是儿童,他不是成人,也不是小大人,是人个体发展的一个特殊阶段,具有独特性和特殊价值。

2.儿童有着独特的身心结构,应尊重儿童的自然天性

关注儿童、尊重儿童就是要承认儿童的世界、儿童的需要、儿童的想法,儿童有着他们自己独特的视角。成人应该尊重儿童的本性和兴趣,让其依据兴趣自由发展,但是又要给予儿童以适合社会发展、人类进步,以及儿童自身成长和发展的正确观念和良好习惯。

3.儿童是未成熟的,但儿童是主动的有机体,具有极强的学习能力

儿童身心尚未成熟,还在不断发展中,儿童内部具有很强的能量,能够与环境相互作用,主动吸取环境中的养分,获得经验与成长。

4.儿童有着自己当下的生活

儿童是一个完整的人,是这个世界中生长着的人,而不只是未来的成人。儿童成长的目的是从其现实存在和现实生活中获得、体验生活和存在的意义,而不只是为了未来的生活做准备。关注儿童现有的生活,是重视儿童、尊重儿童的重要体现。

三、教师观

教师观是社会及公众对教师这种职业及其从业人员的观点和看法。教师观在一定程度上反映着教师这种职业在社会中的地位与价值,同时也是考察教师是否被社会公众认可的重要凭据。从世界范围来看,各国公认的幼儿教师观主要包括幼儿教师在社会及教育系统中的地位、价值、职业特性等,以及在一定的社会背景下,对幼儿教师应该具备的各种素质与能力的综合看法。由此,我们从幼儿教师的角色观与幼儿教师的素质能力观两个角度进行分析与阐述。

(一)教师角色观

角色是指个体在特定社会生活中的身份以及由此而规定的行为规范和模式的总和。教师角色观就是社会公众对教师身份的性质、特征与价值的认知。幼儿教师的角色观经历了一个从"保姆"到"阿姨"再到"职业幼儿教师"的演变过程,在这个过程中,人们对幼儿教师的职业特性、社会地位以及教育作用的认识起着至关重要的作用。

第一,人们认识到幼儿教师作为社会中的一个特殊群体,有其职业方面的特殊性,即一方面,幼儿教师是作为教师群体中的一个小群体而存在的,有教师的共性;另一方面,他们的职业对象是幼儿,幼儿教师的工作必须遵循幼儿的年龄阶段特点和发展规律。幼儿教育具有专业性,有着行业的准入标准;幼儿教师是专业性群体,不是任何人都可以成为幼儿教师的。

第二,人们逐渐认同幼儿教师在促进儿童智力和社会性发展的过程中发挥着重要作用。正如杜威所倡导的,教师是幼儿思维能力的领导者,教师是教育活动的发起者和组织者,教师是儿童发展的促进者。蒙台梭利则更加全面地论述了幼儿教师的角色,并认为教师是促进儿童发展的关键因素。她认为,教师是幼儿权利实现的保障者,是幼儿自由活动的观察者,是幼儿内在秘密的研究者,是幼儿活动环境的创设者,是幼儿自我成长

的指导者,是家园双向合作的联络者。

目前,有关幼儿教师角色的观点更是呈现出多样化。比如,教师是儿童学习和实践的支持者、引导者、启发者,是问题的设置者、儿童探究的指导者,是儿童自我发展的咨询者,也是儿童体验、学习、探究的合作者

1.教师是幼儿学习发展的建构者

在传统的教师观念中,幼儿教师是幼儿知识的灌输者,是通过"填鸭式"和"满堂灌"的方式来完成对幼儿的教授过程,教师在这种僵化的模式中完成传递知识的教育使命。而现在,人们认为,幼儿是知识、技能建构的主体,教师是幼儿知识、技能建构的促进者。正如冯·格拉塞斯费尔德所言:"教师不是放弃自己作为指导者的角色——他要鼓励和引导幼儿努力去建构知识,而不是仅通过呈现所准备的结果,扼杀幼儿的自主性。"因而,教师要通过讨论、激励、鼓励等方式集中精力从事有创造性的教育活动,必须从传统的知识权威、知识的提供者和灌输者转变为幼儿学习和意义建构的帮助者、支持者、促进者。

2.教师是幼儿学习的组织者与合作者

在传统的根深蒂固的等级观念以及权力压迫的影响下,幼儿要被迫接受教师的指令与要求,这种教育的后果就是塑造了幼儿的奴性,磨灭了幼儿学习的主动性、积极性与创造性,使教师与幼儿的交往关系处于一种严格的等级压迫中。为了转变此种状况,教师与幼儿应形成对话关系,教师应成为幼儿学习的组织者与合作者。"对话"是指双方的"敞开"和"接纳",是对"对方"的倾听,是指双方共同在场,相互吸引,相互包容。这种对话更多地是指相互接纳和共同分享,指双方的交互性和精神的相互承认。教师作为平等者中的首席,不仅是教育活动中的教育者、引导者,更要成为幼儿的伙伴,成为幼儿"对话"的对象。因此,教师和幼儿的关系不是主宰与被主宰、支配与被支配的主客关系,而是平等的主体,在幼儿学习的过程中,教师更多地充当提供支持的合作者,双方相互启发、相互帮助、相互促进。

3.教师是促进幼儿发展的智慧星

人归根到底是一个生成的人。生成中的人是自由的人、超越的人、创造中的人,幼儿更是如此。教师面对的是活生生的幼儿,他们有着不同的气质、爱好、禀赋、性格、情感,而且时时处于变化过程中,由此造成的教育过程就是一个计划性与不可预测性、确定性与不确定性的统一过程。这意味着教育过程是情境复杂的过程,教师的工作不可能千篇一律,没有一个固定的模式。诸多特性要求教师要善于捕捉教育情境中的细节,要关注幼儿在学习过程中的变化与差异性,要时刻准备调整预设计划,根据幼儿的变化不断生成新的计划。这需要教师具备丰富的教育智慧。

(二)教师的素质能力观

学前阶段的儿童具有独特的身心发展特征。新生儿大脑皮层表面较光滑,沟回很浅,构造十分简单。幼儿期神经细胞突触的数量增多、长度增加,神经纤维开始以不同的方向越来越多地深入到各层皮层,神经元之间的联系也越来越多,这就导致大脑重量的迅速增加,突触与树突快速增长。在此阶段,幼儿以具体形象思维为主,非逻辑性特征突出,具有明显的自我中心特征。幼儿以游戏为主要活动形式,心理过程的形象性和不随意性特点明显,开始形成最初的个性特征。此种特殊的身心发展特征就对幼儿的引导

者、合作者——教师提出了特殊的要求。幼儿教师的素质能力观就是指针对幼儿身心发展的特点,人们对幼儿园教师应具备哪些素质能力的基本看法。幼儿园教师的素质能力是其职业专业性的重要体现,幼儿园教师只有不断提升自身的素质能力,才会赢得社会公众的更多认可,提升自身的专业性。

全美幼儿教育协会提出,作为一个幼儿教师,必备的能力是精通如何帮助儿童学习合作,提供适合于学前教育的有趣的学习行为,保证儿童安全,身为教师团队的一员能够协同工作以及与家长互动。在美国,要想成为幼儿教师,需满足的素质和条件主要包括如下几个方面:关于幼儿的成长、发展、学习方面;关于家庭和社区关系方面;关于课程的进程、内容、实施方面;关于健康、安全、营养方面;关于专业知识方面。

在中国台湾,幼儿教师的素质能力包括 5 个向度和 33 个项目,其中 5 个向度分别为:教师专业基本素养、敬业精神与态度、课程设计与教学能力、班级经营与辅导、研究发展与进修。

新西兰于 2005 年由国家教育部颁发了《幼儿园教师专业标准与绩效管理制度整合指南》,成为全国性的幼儿园教师专业标准。该指南中明确指出,幼儿园教师应该具备 6 种基本素质与能力:

第一,学习与教学能力,即教师应该为幼儿创设具有挑战性的问题情境,同时为幼儿提供鼓励和支持,促使幼儿积极学习与探索。

第二,学习环境创设能力,就是要做到积极正面地指导、充实幼儿的学习,创建并保持学习环境,对幼儿的发展充满期望。

第三,沟通交流能力,教师不仅是信息的收集者,更是信息的分享者,掌握有效的沟通策略与技巧有利于教师与同事、幼儿及其家长间的信息传递和互动交流。

第四,支持并与同事合作的能力,要求教师能与同事分享有关课程和教学法方面的知识,提升教学实践能力并学会支持他人,共同拓展教学资源、策略和方法。

第五,对幼儿园的业务贡献,教师不仅要关心自身教育教学能力的提升,也要关心所在幼儿园的各项事务,为园所业务的发展和扩大贡献力量。

第六,参与幼儿园管理的能力,教师应了解幼儿园各部门的作用及相互之间的联系,熟悉并遵循幼儿园及所属协会的政策。

四、课程观

课程观就是人们对课程的基本看法,具体包括幼儿园课程的本质、幼儿园课程的价值、幼儿园课程的要素与结构、课程中幼儿的地位等问题。课程观支配着课程设计、课程实施,影响着幼儿的发展。课程观是幼儿园教师组织教育活动的内在依据和基础,直接决定了教师组织教育活动时的态度、策略、方法、行为等,以此影响教育活动效果,进而对幼儿发展产生影响。从世界范围来看,人们普遍认为有三种课程观。

(一)理性主义课程观

这种课程观把课程视为"学科",或者把课程视为"知识",认为课程的价值在于为幼儿未来生活提供充足的理性准备。理性主义课程观将课程作为联结儿童与知识的重要桥梁,其总目的是发展儿童的心智,着重于儿童认知的培养。在课程理论上,强调"课程即计划性的学科"或"课程即教学科目的总和"等观念。在课程价值上,坚持把知识培养推向极致,使儿童成为理智、理性的人。在课程结构上,把课程的构成要素看成静态的知识,主张按照学科的逻辑体系使知识结构化,即形成学科,再按照某种顺序依次为幼儿开设这些课程。在课程实践上,强调课程实施的预设性与实施过程的统一化处理。

(二)经验主义课程观

经验就是个体在某种情境中与客体进行互动经历的过程体验以及在过程体验中获得的理性和非理性的结果。经验主义课程观不是把课程看作静止的学科,也不是知识的象征,课程是儿童在幼儿园所经历的经验。在课程理论上,强调课程是实现幼儿园教育目的的手段,能帮助儿童获得有益的学习经验,活动则成为经验实现的载体。在课程价值上,坚持"儿童本位",即把儿童作为教育的中心,重视儿童的本能、兴趣、自由和独立性的发展,把儿童的自我实现看成教育的价值。在课程结构上,任何能够增加和改造经验的活动都属于课程的内容,要求考虑儿童心理的发展次序,提倡"心理学化",即直接经验化,把各门学科的知识恢复到原来的经验形式,使间接经验转化为儿童的直接经验。在课程实践上,强调课程实施的生成性与实施过程中的差异化对待。

(三)建构主义课程观

建构主义在当代教育心理学中具有重要的地位,它是在杜威的经验主义、皮亚杰的发生认识论的基础上,总结 20 世纪 60 年代以来的各种教育改革方案的经验而逐渐演变和发展完善的。建立在建构主义儿童观、发展观、知识观基础上的课程观,打破了长期以来把课程仅仅理解为静态的"文本课程"的局面,认为课程是一个互动生态体系,这种体系是由教师、儿童、教材、环境之间的动态交互作用构成的。建构主义课程观强调要具备分析儿童现有经验的能力,教师通过选择适宜的内容、创设刺激的环境、提供活动材料等方式,尽可能让幼儿在最近发展区内与教师、环境、材料的相互作用中得以发展。在课程目标层面,建构主义课程观强调课程目标的生成—表现性。生成—表现性目标是指每一个幼儿在与教育情境的种种交互作用中所产生的个性化表现。幼儿是主动发展的、个性化的,当幼儿个性充分发展时,在具体的教育情境中的行为表现是很难预先确定的,幼儿的反应具备多元性、创造性,而不是同一性。这就要求在幼儿园课程实践中应抛弃课程目标完全事先预定的观念,将预设与生成、确定与不确定统一起来,注重在儿童、教师与教育情境的交互作用过程中产生课程目标。在课程内容层面,注重课程内容的意义建构。建构主义认为,知识是由人创造的并受他们的文化、环境、价值观影响,是基于个体学习者自身的经验背景而进行的意义建构。幼儿园课程内容要以个体经验为基础,同时要根据幼儿个体经验的调整与变化做出应对。课程内容不是孤立的、静止的、幼儿被动接受的信息,而是在幼儿与外界环境相互作用过程中不断建构的。在课程实施层面,打破了传统课程模式中的单向、线性的控制流程,主张课程应该以幼儿兴趣为出发点,教师应最大限度地促进幼儿与情境、材料的相互作用,同时课程实施过程中应关注幼儿在情境中的变化,随时做出调整。

综上所述,从重视知识到重视儿童的存在、儿童的经验和活动的价值,强调课程作为儿童自我实现的中介和手段,主张课程是幼儿主动建构的活动,这无疑是课程观的一种进步。

本章小结 📝

本章主要介绍了两个部分的内容：第一部分是世界各国学前教育发展面临的基本问题与发展趋势。弱势儿童的早期教育与早期教育质量评价标准问题成为目前世界各国较为关注的问题。世界主要国家都在关注弱势儿童现状，积极采取多种扶助政策和举措切实保障弱势儿童，尤其以美国、英国、印度、中国台湾地区为代表，为世界各国提供了丰富的经验。早期教育质量及其标准问题得到了世界上不少国家的关注，它们都在积极探索适合本国的、科学的、合理的早期教育质量维度与标准以提升教育质量。全美幼儿教育协会的质量认证标准、美国儿童早期教育环境评估量表、澳大利亚早期教养国家质量框架等都成为目前世界上极具代表性的质量评价量表。第二部分是世界学前教育发展中的价值取向。了解学前教育价值取向，有助于人们把握学前教育发展的脉络，洞察其发展趋势。本章从学前教育的功能观、儿童观、教师观、课程观四个层面分析了当前世界学前教育的价值取向。

阅读导航 📝

1. 朱家雄. 国际视野下的学前教育[M]. 上海：华东师范大学出版社，2007.

本书有一篇文章叫"早期教育的趋势和展望"，作者是德国著名早期教育家瓦西里奥斯·费纳克斯。这篇文章分为三个部分，以早期教育课程为线索，从回顾历史切入，论述了学前教育发展的趋势，并提出了新的构想。

2. 杨佳，杨汉麟. 关于世界幼儿教育发展趋势的展望[J]. 教育导刊（下半月），2010(2).

文章对世界幼儿教育的未来发展趋势做了展望。这些趋势是：幼儿教育得到进一步重视并被纳入终身教育体系，不断完善幼儿教育立法及义务教育，注重情商教育，适度开发儿童智力，幼儿教育体现"双中心"论，让幼儿认识并适应多元文化及具有国际视野，进一步利用现代心理学及认知科学的成果，提升幼儿教师的学历、素质及调整性别比例。

拓展练习 📝

1. 熟悉一些概念：弱势儿童、开端计划、早期教育质量评价标准、学前教育功能观。

2. 对比各国弱势儿童扶助政策，分析其特点与共同趋势。

3. 案例分析。

在一次以植树节为主题的活动中，教师设计了一系列活动让幼儿对植树节有更多的了解。其中一个环节，教师要求幼儿观看图片，并让幼儿讨论图片中传递了什么信息。

教师：孩子们，看看这幅图片中画的是什么啊？

幼儿 A：一个小朋友！

教师：除了小朋友呢？你们还能看到什么？

幼儿 B：小树。

幼儿群体：对啊，还有小树，我也喜欢小树，呵呵呵……

教师：好，好，你们猜对了，不过我还是喜欢举手告诉老师的小朋友！那你们再看看图片中小朋友在做什么呢?

幼儿C:在看那棵小树呢。

幼儿D:在那边散步呢。

教师:今天可是植树节啊,我们前面讲了那么多关于植树节的故事,你们看看这个小朋友蹲在那里,仔细想一想他在做什么?

幼儿E:在植树。

此时前排的一个小朋友一直在下面喊道:"他在摘掉那棵树。"小孩子已经重复过几次,教师并没有理会他,孩子越来越加大他的声音。

教师:是的,他是在植树,我们都在讲植树节的故事呢,这个小朋友多乖啊,在植树节的日子里植树。

这时前排的那个小朋友并不满足教师对他的冷漠与忽视,教师也被那个孩子的吵闹声打断,"嘘,你别打岔,明明就是植树,怎么会是摘掉小树呢!"教师狠狠地瞪了那个孩子一眼。

试分析上述案例中教师的行为是否合理,并结合案例谈谈当代的教师观。

参考文献

1. 刘占兰等.中国学前教育发展报告·2012[M].北京:教育科学出版社,2013.

2. 曹能秀.学前比较教育[M].上海:华东师范大学出版社,2009.

3. 蔡迎旗.幼儿教育财政投入与政策[M].北京:教育科学出版社,2007.

4. 陈时见,何茜.幼儿园课程的国际比较——侧重幼儿园课程设置的经验、案例与趋势研究[M].重庆:西南师范大学出版社,2011.

5. 陈玉琨.教育评价学[M].北京:人民教育出版社,1999.

6. 胡鞍钢.影响决策的国情报告[M].北京:清华大学出版社,2002.

7. 柳华文.儿童权利与法律保护[M].上海:上海人民出版社,2009.

8. 李永连,李秀英.当代日本幼儿教育[M].太原:山西教育出版社,1997.

9. 刘晓东,卢乐珍等.学前教育学[M].南京:江苏教育出版社,2009.

10. 刘存刚.学前比较教育[M].北京:科学出版社,2007.

11. 陈永明.主要发达国家教育[M].天津:天津教育出版社,2006.

12. 陈文华.中外学前教育史[M].北京:科学出版社,2011.

13. 简楚瑛等.幼教课程模式:理论取向与实务经验[M].台北:台湾心理出版社,2003.

14. 简楚瑛.幼儿教育与保育的行政与政策(欧美澳篇)[M].上海:华东师范大学出版社,2005.

15. 高敬.幼儿园课程[M].杭州:浙江教育出版社,2010.

16. 邢利娅.幼儿园管理[M].北京:高等教育出版社,2010.

17. 周采,杨汉麟.外国学前教育史[M].北京:北京师范大学出版社,1999.

18. 杨汉麟,周采.外国幼儿教育史[M].南宁:广西教育出版社,1993.

19. 王小英,蔡珂馨.国内外幼儿教育改革动态与趋势[M].长春:东北师范大学出版社,2004.

20. 中国学前教育发展战略研究课题组.中国学前教育发展战略研究[M].北京:教育科学出版社,2010.

21. 王承绪,顾明远.比较教育[M].北京:人民教育出版社,1999.

22. 周采.比较学前教育[M].北京:人民教育出版社,2010.

23. 许卓娅.幼儿园课程理论与实践[M].南京:南京师范大学出版社,2008.

24. 虞永平,王春燕.学前教育学[M].北京:高等教育出版社,2012.

25. 石筠弢.学前教育课程论[M].北京:北京师范大学出版社,2014.

26. [意]玛丽亚·蒙台梭利.童年的秘密[M].马荣根译.北京:人民教育出版社,1990.

27. [意]玛丽亚·蒙台梭利.蒙台梭利幼儿教育科学方法[M].任代文译.北京:人民教育出版社,2001.

28. 袁爱玲.当代学前课程发展[M].广州:广东高等教育出版社,2007.

29. 朱家雄.幼儿园课程[M].上海:华东师范大学出版社,2011.

30. [德]福禄贝尔. 人的教育[M]. 孙祖复译. 北京：人民教育出版社,1991.

31. 薛烨,朱家雄等. 生态学视野下的学前教育[M]. 上海：华东师范大学出版社,2007.

32. 周兢. 国际学前教育政策比较研究[M]. 上海：华东师范大学出版社,2012.

33. Zigler,E & Valentine,J. *Project Head start：A legacy of the war on poverty*[M]. New York：Free Press,1979.

34. Joseph M. Juran, A. Blanton Godfrey. *Juran's Quality Handbook*[M]. New York：McGraw-Hill,1998.

35. Dahlberg,G. ,Moss,P. & Pence,A.. *Beyond Quality in Early Childhood Education and Care：Post-modern Perspectives*[M]. London：Falmer Press,1999.

36. 杨晓萍,何孔潮. 美国幼儿教师职前培养的历史、现状与走向[J]. 比较教育研究,2013(2).

37. 李迎生. 弱势儿童的社会保护：社会政策的视角[J]. 西北师大学报(社会科学版),2006(3).

38. 庞丽娟,夏靖,孙美红. 世界主要国家和地区弱势儿童学前教育扶助政策研究[J]. 教育学报,2010(5).

39. 周欣. 托幼机构教育质量的内涵及其对儿童发展的影响[J]. 学前教育研究,2003(7).

40. 李克建,胡碧颖. 国际视野中的托幼机构教育质量评价——兼论我国托幼机构教育质量评价观的重构[J]. 比较教育研究,2012(7).

41. 王海英. 复杂性思维视野下的儿童观[J]. 学前教育研究,2004(3).

42. 庞丽娟,胡娟,洪秀敏. 论学前教育的价值[J]. 学前教育研究,2003(1).

43. 庞丽娟,韩小雨. 中国学前教育立法：思考与进程[J]. 北京师范大学学报(社会科学版),2010(5).

44. 沙莉,庞丽娟. 明确学前教育性质,切实保障学前教育地位——法国免费学前教育法律研究及其对我国的启示[J]. 学前教育研究,2010(9).

45. 潘世钦. 建立与完善教育机构内部管理体制思考——兼论依法治教与从严治校[J]. 江西教育学院学报(社会科学),2001(5).

46. 罗泽林,杨晓萍. 银行街教育方案：一种值得借鉴的幼教课程[J]. 学前课程研究,2008(Z1).

47. 朱细文. "最先进"的幼儿学校——意大利瑞吉欧课程模式简述[J]. 教育导刊(幼儿教育版),1999(3).

48. 王春华. 瑞吉欧幼教模式述评[J]. 比较教育研究,2001(10).

49. 张燕. 行事活动：日本幼儿教育的一大特色[J]. 学前教育研究,2001(1).

50. 李生兰. 澳大利亚教师如何设计幼儿教育计划[J]. 外国中小学教育,1994(1).

51. 邬春芹. 西方发达国家促进幼小衔接的国际经验[J]. 比较教育研究,2013(2).